AF330183

ENCYCLOPÉ...

CHAUFF...

ET

VENTILATION

PARIS

LIBRAIRIE ENCYCLOPÉDIQUE DE RORET

RUE HAUTEFEUILLE, 12

ENCYCLOPÉDIE-RORET

CHAUFFAGE

ET

VENTILATION

MANUELS-RORET

NOUVEAU MANUEL COMPLET

DU

CHAUFFAGE

ET DE LA

VENTILATION

CONTENANT

la description des Procédés de Chauffage
des Monuments et des Edifices par l'Air chaud,
la Vapeur et l'Eau chaude,
le Chauffage des Serres, des Bains publics et privés,
des Wagons de chemins de fer,
le Séchage, le Chauffage des Liquides,

TRAITANT

DES APPAREILS DE VENTILATION

ET DE LEUR EMPLOI DANS LES DIVERSES CONSTRUCTIONS

Par M. A. ROMAIN

Ingénieur, ancien Elève de l'Ecole Polytechnique.

OUVRAGE ORNÉ DE FIGURES

ET ACCOMPAGNÉ DE PLANCHES

PARIS

LIBRAIRIE ENCYCLOPÉDIQUE DE RORET

RUE HAUTEFEUILLE, 12

1884

Tous droits réservés.

AVIS

Le mérite des ouvrages de l'**Encyclopédie-Roret** leur a valu les honneurs de la traduction, de l'imitation et de la contrefaçon. Pour distinguer ce volume, il porte la signature de l'Editeur, qui se réserve le droit de le faire traduire dans toutes les langues, et de poursuivre, en vertu des lois, décrets et traités internationaux, toutes contrefaçons et toutes traductions faites au mépris de ses droits.

Le dépôt légal de ce Manuel a été fait dans le cours du mois d'Octobre 1884, et toutes les formalités prescrites par les traités ont été remplies dans les divers Etats avec lesquels la France a conclu des conventions littéraires.

PRÉFACE

Ce nouveau Manuel, destiné à faire suite au *Manuel du Poêlier-Fumiste*, et à compléter tout ce qui se rapporte à l'industrie du chauffage, s'occupe spécialement des procédés de chauffage et de ventilation des monuments, des édifices publics et, en général, de tout établissement où un seul foyer sert, par des procédés convenables, à verser de la chaleur dans toutes les diverses parties d'un même bâtiment.

L'étude de ces procédés de chauffage, qui prennent tous les jours une nouvelle extension, nous ont paru devoir faire l'objet d'un Manuel spécial, afin de pouvoir la traiter avec tous les développements qu'elle comporte, et d'y présenter tous les éléments nécessaires pour guider un constructeur dans des installations de cette nature.

La première partie traite d'abord du chauffage, la seconde est consacrée à la ventilation, qui ne pouvait venir qu'en seconde ligne, puisque, se pratiquant souvent à l'aide de dispositions dépendantes du mode de chauffage, ceux-ci devaient par suite être déjà connus.

Nous avons d'abord exposé les notions préliminaires indispensables à connaître pour suivre le fonctionnement des procédés de chauffage, tout en supposant connues les notions théoriques élémentaires, qui ont déjà été exposées au début du *Manuel du Poêlier-Fumiste*, en ne nous attachant qu'aux points vraiment relatifs aux matières qui nous occuperaient par la suite. Ce chapitre contient le problème général du calcul des éléments de l'installation d'un chauffage, qui intéresse au plus haut degré tout constructeur, afin de déterminer les dimensions et les capacités d'un appareil destiné à remplir un but donné dans les conditions déterminées.

Puis nous avons étudié successivement les divers procédés employés, chauffage par l'air chaud, par la vapeur, par l'eau chaude, ainsi que le remarquable procédé mixte du chauffage par la vapeur et l'eau concurremment, en examinant d'abord chacun d'eux d'une façon générale, puis en donnant la description des appareils et des installations les plus remarquables dans chacun de ces procédés.

Avant d'aborder la question de la ventilation, nous avons exposé un certain nombre d'applications de ces procédés qui, tout en se rapportant bien à des questions de chauffage, sortent cependant du chauffage proprement dit des habitations. Telles sont les questions du chauffage des serres, des bains, le séchage, le chauffage des liquides, au point de vue de leur distillation et de leur évaporation. Cet exposé nous a paru former le complément indispensable de notre étude, bien que nous ne l'ayons présenté que d'une façon générale, renvoyant pour les questions spéciales aux Manuels de la collection où l'on trouvera ces matières développées avec des détails tels que nous n'aurions pu les faire entrer dans le cadre de ce volume. Nous nous sommes étendu un peu plus sur le chauffage des wagons de chemin de fer, question d'un intérêt de premier ordre et dont s'occupent toutes les nations. Les efforts sincères des diverses compagnies françaises, qui n'ont reculé devant aucun sacrifice pour faire l'essai de nombreux systèmes proposés, laissent en droit d'espérer que la question marche vers une prompte solution, et que bientôt on sera fixé sur celui de tous ces systèmes présentés qui offre le plus d'avantages et dont l'application sera faite alors sur toutes nos voies ferrées, ainsi qu'il résulte à ce sujet d'une entente entre les compagnies et le ministère des travaux publics.

Enfin, l'étude des procédés de ventilation, et la description de nombreux exemples, embrassant les divers cas qui peuvent se présenter, termine ce volume, dans lequel nous nous sommes efforcé de réunir le plus d'éléments pratiques sur ces questions si intéressantes pour l'agrément et l'hygiène de la vie.

NOUVEAU MANUEL COMPLET

DU

CHAUFFAGE

ET

DE LA VENTILATION

PREMIÈRE PARTIE

DU CHAUFFAGE

CHAPITRE PREMIER.
Notions préliminaires.

---

§ **1.** DES DIVERS PROCÉDÉS DE CHAUFFAGE.

Le chauffage des édifices, des grands établissements, des ateliers, etc., ne pourrait être obtenu à l'aide des appareils tels que les cheminées ou les poêles ordinaires, dont l'étude et la description ont fait l'objet du *Manuel du Poêlier-Fumiste*, à cause : de la capacité considérable de ces espaces, de la multiplicité des appareils de ce genre qu'il deviendrait nécessaire d'installer, des difficultés de service, des dépenses considérables de combustible, bien qu'en ne produisant que des effets incomplets. Les appareils ordinairement employés dans ces divers cas, et désignés sous le nom général de *calorifères*, se composent d'un générateur de chaleur, placé en dehors des espaces à échauffer, et l'effet produit dans ces espaces est à son tour obtenu de deux manières différentes, suivant le mode d'emploi qui en est fait.

Le chauffage peut avoir lieu par de l'air pris au dehors, chauffé dans les calorifères placés loin de la pièce, et versé à la température convenable dans ces pièces par une canalisation spéciale; ou bien c'est l'air renfermé directement dans ces pièces qui se chauffe par le rayonnement et au contact d'appareils divers, renfermant : de l'air chaud, de la vapeur ou de l'eau chaude en mouvement.

On conçoit très-bien que ce mode de chauffage peut fonctionner concurremment avec le chauffage local par les cheminées, ce qui est très employé par exemple dans les hôtels particuliers, où le calorifère sert à entretenir dans toutes les parties de l'immeuble entier, et à tous les étages, une température moyenne; les pièces réservées spécialement à l'habitation, comme les salons, les chambres à coucher, étant pourvues de cheminées destinées à complèter le chauffage qui doit être plus énergique sur ces points, en même temps qu'elles réjouissent la vue par la présence du feu.

Sans entrer ici dans l'examen comparatif des divers procédés de chauffage qui sera mieux placé après la description détaillée de chacun d'eux, nous nous contenterons de les définir. Ces procédés sont au nombre de quatre, dont l'un n'est en réalité qu'une combinaison des deux précédents, mais qui cependant, par suite des avantages qu'il offre, ainsi qu'on le verra, tient une des premières places. Ce sont :

Le chauffage par l'air chaud, où les appareils employés sont plus spécialement désignés sous le nom de calorifères.

Le chauffage par la vapeur circulant dans des tuyaux.

Le chauffage par la circulation d'eau chaude dans des conduits.

Le chauffage par l'emploi combiné de la vapeur et de l'eau chaude.

Nous pensons inutile de revenir ici sur l'exposition des principes que contient le *Manuel du Poêlier-Fumiste*, au sujet des questions de tirage, d'appareils propres à l'assurer, etc., qui nous entraîneraient forcément à des redites. Nous ferons seulement précéder la description des divers procédés, de l'examen de quelques considérations qui se rapportent spécialement aux cas du chauffage sur grande échelle, et qui n'ont pas trouvé leur place dans le *Manuel du Poêlier-Fumiste*.

§ 2.   DES FOYERS.

D'après les définitions que nous venons de donner des systèmes de chauffage, dont l'étude va suivre, on peut déjà remarquer que leur mode d'action diffère complétement de celui des cheminées. La chaleur, dégagée dans la combustion, n'est plus utilisée par rayonnement, et est transmise, soit à l'air, soit à l'eau, par la conductibilité des parois des appareils divers, qui séparent les gaz provenant de la combustion, et le véhicule adopté pour transporter au loin cette chaleur.

Il est assez intéressant de connaître quelles seront les conditions d'établissement les plus avantageuses à donner à l'espace où se produit la combustion, *aux foyers* en un mot, pour utiliser le mieux les effets résultant de cette combustion.

Pendant longtemps les foyers étaient disposés à l'air libre, puis on les renferma dans un espace clos muni d'une porte d'introduction pour les combustibles et l'air d'alimentation ; ce ne fut que plus tard qu'on ajouta les grilles sur lesquelles on place le combustible.

D'une façon générale un foyer se compose d'un espace clos, établi en briques réfractaires, muni d'une ouverture qui donne accès à l'air, d'un espace où s'accumulent les cendres, *le cendrier;* de *la grille,* sur laquelle on place le combustible ; et d'un espace plus ou moins étendu, dans lequel se développe la flamme, lequel est en communication avec la cheminée qui provoque le tirage.

L'ouverture du cendrier, par laquelle pénètre l'air du dehors, pour alimenter la combustion en traversant la grille et le combustible qu'elle supporte, doit être au moins égale à celle des carneaux que traversent les produits de la combustion. Elle doit être garnie d'une porte, qui permette de régler cet accès de l'air, afin de pouvoir activer ou ralentir la combustion. La prise d'air extérieur se fait généralement par un conduit plus ou moins étendu, les appareils de chauffage se trouvant le plus souvent disposés dans *les caves des édifices.* Cette prise d'air doit être, de préférence, établie sur la face des bâtiments, qui se trouve le moins exposée aux vents ordinaires de la localité ; la section du canal doit être d'autant plus grande que celui-ci est plus long.

Le cendrier est généralement pourvu à sa partie inférieure d'une cuvette en fonte, où se rassemblent les escarbilles, que l'on peut retirer à la pelle sans crainte de détériorer rapidement le fond de cette partie de l'appareil. Cette cuvette est ordinairement remplie d'eau, usage très utile. Cette eau, en effet, s'échauffe en absorbant par rayonnement la chaleur des parois du cendrier, ce qui les protége ; elle agit de même sur la surface inférieure des grilles. Enfin la vapeur produite en traversant le combustible allonge la flamme.

Les grilles sont formées de barreaux en fer ou en fonte, posés parallèlement. La meilleure disposition consiste à les disposer isolément ; les têtes, un peu plus larges que le corps, reposant sur des pièces scellées dans la maçonnerie ; les réparations sont ainsi beaucoup plus faciles à faire. Leur section est carrée ou en forme de trapèze, la plus large base disposée en haut.

Les dimensions des barreaux sont assez variables, mais le plus ordinairement elles ont pour largeur $0^m.03$ à $0^m.025$, toujours avec 1/4 environ de cette largeur comme espace libre entre deux barreaux consécutifs.

La surface nécessaire à donner à la grille dépend naturellement de la quantité de combustible qu'on doit y brûler dans un temps donné, et de la nature de ce combustible. Voici à cet égard des données pratiques qui résultent de l'expérience.

La surface des grilles est de 1 décimètre carré pour 1^k ou $1^k.2$ de houille à brûler par heure, on va même jusqu'à $1^k.5$ et 2^k.

L'épaisseur de la houille sur la grille varie de $0^m.05$ à $0^m.08$, suivant qu'elle est plus ou moins menue. Pour les foyers à combustibles qui brûlent sans flamme, et où la consommation descend à $0^k.6$ à $0^k.75$ par heure et par décimètre carré, l'épaisseur de la couche varie de $0^m.20$ à $0^m.30$.

La distance entre la grille et le toit du foyer varie suivant les cas. Elle est de 0.45 à 0.30, quand le foyer plus ou moins grand est recouvert directement par une chaudière, si le combustible brûlé est de la houille;.et est d'environ $0^m.50$ pour le coke.

Le foyer proprement dit, c'est-à-dire la portion où s'accumule le combustible au-dessus de la grille, est fermé par une porte qui permet le chargement de la grille, tout en interdisant cette voie à l'air d'alimentation, qu'il est bien préférable de faire venir sous la grille afin qu'il traverse la masse du combustible. Cette porte doit être un peu en avant du combustible, pour éviter de la faire rougir, environ 30 à 50 centimètres. Elle est établie dans une embrasure pratiquée dans la maçonnerie et garnie de plaques de fonte, dont l'inférieure se prolonge au moins jusqu'à la grille. Elles ont généralement 15 à 30 centimètres de hauteur, et une largeur qui dépend de celle de la grille. Cette porte est souvent formée par deux plaques de fonte, entre lesquelles l'air peut passer, ce qui s'oppose à un trop grand échauffement. Elles roulent sur des gonds, et sans liberté, de façon à se maintenir ouvertes ou fermées. Un crochet qui y est fixé, permet de les manœuvrer facilement.

§ 3.　DU MOUVEMENT DE L'AIR CHAUD
DANS LES CONDUITS.

L'étude de la physique a établi au sujet des propriétés des gaz quelques notions qui servent de bases à l'étude des installations de chauffage. En particulier, on doit se rappeler que les volumes d'un même gaz, sous des pressions et à des températures différentes, sont entre eux dans le rapport inverse des pressions, et dans le rapport direct des volumes que prend l'unité de volume en passant de $0°$ aux températures du gaz. D'autre part, on sait que les variations de volume proportionnelles à la température, sont mesurées à l'aide d'un coefficient, dit coefficient de dilatation des gaz, et dont le valeur est 0,00367 qu'on désigne dans cette nature de calcul par l'indice a.

Ainsi le poids d'un mètre cube d'air atmosphérique à $0°$, et sous la pression $0^m.76$, est de $1^k.293$ ou approximativement pour les calculs pratiques $1^k.3$. Si la pression devient h, la température t, un mètre cube d'air dans ces nouvelles conditions pèsera :

$$1.3 \, \frac{h}{0,76} \, \frac{1}{1 + 0,00367 \, t}.$$

Lorsqu'une masse d'air, isolée, est à une température supérieure à celle de l'air environnant, elle tend à s'élever en vertu d'une force égale, à l'excès de poids de l'air déplacé sur son propre poids. Si l'on considère cette même masse d'air renfermée dans un tube vertical ouvert par les deux bouts, il en sera encore de même. Il est facile de voir que ce cas est tout à fait analogue à celui de deux liquides de densités différentes renfermés dans un siphon, où les hauteurs des liquides au-dessus du niveau de séparation, sont en raison inverse des densités de ces liquides ; d'où en continuant la même comparaison, on déduit la force qui détermine l'ascension de la colonne d'eau chaude, et par suite sa vitesse.

Cette vitesse sera donnée par la formule

$$V = \sqrt{2\,gh}$$

dans laquelle g est l'accélération de la pesanteur $9^m.8088$, et h la dilatation qu'une colonne d'air de diamètre constant éprouverait en passant de la température de l'air extérieur, à celle de l'air chaud. Si H est la mesure de cette colonne, t, t' les températures respectives de l'air à ces deux états,

$$h = H\,a\,(t' - t).$$

g étant exprimé en mètres, H devra être exprimé avec la même unité, par suite v. Il est bon de remarquer que l'air chaud, tel qu'il se présente dans le chauffage, n'est plus exactement de même nature que l'air atmosphérique, sa constitution se trouvant changée. Mais comme cet air chaud, appelé souvent air brûlé, est en réalité un mélange d'air atmosphérique et de gaz divers, il en résulte que la différence de densité entre l'air extérieur et ce mélange est tellement petite, que l'on n'a pas à en tenir compte dans les calculs.

Lorsque l'on considère le mouvement de l'air dans une conduite ouverte aux deux bouts, il faut tenir compte dans le calcul de la vitesse d'écoulement, de la résistance opposée au mouvement par les frottements sur les parois de la conduite. Cette question a été étudiée particulièrement par M. Peclet, et le résultat de ses expériences l'a conduit aux conclusions suivantes. Admettant, que les choses se passent de la même façon pour l'air chaud et l'air froid, si on appelle P la pression statique calculée en air chaud, par p également évaluée en air chaud, la pression qui produit la vitesse effective, par H la hauteur de la colonne, par D son diamètre, et par K le coefficient qui mesurera cette action de frottement, on a

$$P - p = \frac{K\,H}{D}\,v^2$$

et comme la vitesse v est liée à la pression p, par la relation

$$p^2 = \frac{v^2}{2g}$$

on a, pour la valeur de v, en fonction des éléments que l'on peut mesurer :

$$V^2 = \frac{2g\,P\,D}{D + 2g\,K\,H}.$$

M. Péclet a trouvé, par expérience, que les valeurs de K varient avec la nature de la substance qui forme les conduits. Ainsi, pour

les conduits en poterie. . . . . . . K $=$ 0,0127,
   —   tôle. . . . . K $=$ 0,0050,
   —   fonte. . . . . . K $=$ 0,0025.

Les mêmes expériences ont encore donné les deux conclusions suivantes :

La valeur de K est indépendante de la longueur ou de la courbure des tuyaux ; avec des raccords arrondis on peut négliger l'influence des coudes.

Comme les calculs précédents ont été établis en évaluant les pressions, en hauteur d'air chaud, il est évident que si la température de l'air varie, il faudra tenir compte des modifications qui en résultent dans la valeur de P, et si on désigne par δ le rapport des densités de l'air à la première température et à la seconde, il faut dans l'expression

$$P - p = \frac{H\,K}{D}\,v^2, \text{ remplacer P par P}\,\delta.$$

1.

Dans une colonne d'air chaud en mouvement, la vitesse tend à varier sous l'empire de deux causes : l'une, résultant de la différence des pressions aux deux extrémités, qui tend à accroître la vitesse ; l'autre, provenant du refroidissement dans la colonne et qui agit au contraire sur la vitesse pour la diminuer.

Or, si l'on examine les volumes d'air qui passent par une section du conduit dans l'unité du temps, on voit qu'il varie proportionnellement à la vitesse, mais comme ces volumes à leur tour sont en raison inverse des densités, on voit que les vitesses, dans deux sections différentes, sont entre elles en raison inverse des densités de l'air qui les traverse.

Pour apprécier les effets dus aux deux causes citées plus haut, il suffit de chercher quelles variations elles font subir dans le rapport des densités.

En se plaçant dans les conditions extrêmes de la pratique, en prenant par exemple une colonne haute de 40^m, ce qui est un maximum, et l'air chauffé à $300°$, on peut voir que le rapport des densités dans ce cas est encore très voisin de l'unité, donc cette cause est sans influence sur la vitesse.

Si, au contraire, on admet une différence un peu grande de température en deux points de la conduite, on voit que ce rapport est rapidement modifié. Ainsi, pour une différence de $100°$, il est comme $1 : 1,35$. Il semble difficile d'établir le calcul du débit dans ces conditions. Mais des vérifications diverses montrent qu'en prenant pour valeur de la température une valeur moyenne entre les deux extrêmes, la vitesse moyenne obtenue ainsi, diffère assez peu de la vitesse réelle, pour que son emploi ne cause pas d'erreur appréciable au point de vue pratique.

Il est assez intéressant de se rendre compte des variations que subit la vitesse d'écoulement d'une masse d'air chaud, circulant dans un canal composé de branches verticales réunies par des branches horizontales, d'un diamètre uniforme, et où la température est variable, cette forme de conduit devant se retrouver dans un grand nombre des appareils que nous aurons à étudier.

Considérons d'abord le cas le plus simple, de deux branches verticales réunies dans le bas par une branche horizontale, la température variant de l'une à l'autre, H et H' étant les hauteurs de ces branches, t et t' les excès de température qu'elles renferment sur celle de l'air extérieur.

Il est d'abord facile de trouver par quelle branche se fera l'écoulement. En effet, dans la branche horizontale, une même branche supporte sur ses deux faces la pression résultant de la pression atmosphérique au sommet de chaque colonne, augmentée de celle due à l'air chaud de la colonne même. En traduisant cette condition par le calcul, et négligeant des termes très petits qui n'en peuvent modifier la valeur, on trouve que, suivant que le produit de la hauteur d'une colonne par la température qui y règne, est plus grand que le produit correspondant pour l'autre, l'écoulement se produira par cette branche ou par l'autre.

En effet, h étant la pression atmosphérique au sommet de la plus grande branche, la pression exercée du côté de cette branche sera :

$$h + \frac{H'}{1 + at'}$$

du côté de l'autre :

$$h + H' - H + \frac{H}{1 + at}.$$

et la différence se ramène à l'expression

$$\frac{a\,(\mathrm{H}'\,t' - \mathrm{H}\,t)}{(1 + at)\,(1 + at')}$$

Pour avoir la valeur de la vitesse correspondante à la pression motrice, il n'y a qu'à évaluer la pression en une colonne d'air chaud à t', et la substituer à celle de P dans la formule :

$$\mathrm{V}^2 = \frac{2\,g\,\mathrm{P}\,\mathrm{D}}{\mathrm{D} + 2\,g\,\mathrm{K}\,\mathrm{H}}$$

qui deviendra :

$$\mathrm{V}^2 = \frac{2\,ga\,(\mathrm{H}'\,t' - \mathrm{H}\,t)\,\mathrm{D}}{(1 + at)\,[\mathrm{D} + 2\,g\,\mathrm{K}\,\lambda]}$$

λ désignant la longueur totale du conduit, égale à la somme des hauteurs des colonnes verticales, et de la longueur du conduit horizontal.

Nous avons supposé le conduit horizontal disposé au bas des branches verticales ; avec une disposition inverse, on arrive par le même procédé de calcul à une formule analogue, différant de la précédente par la substitution de $\mathrm{H}\,t$ à $\mathrm{H}\,t'$ et réciproquement.

$$\mathrm{V}^2 = \frac{2\,ag\,(\mathrm{H}\,t - \mathrm{H}'\,t')\,\mathrm{D}}{(1 + at)\,[\mathrm{D} + 2\,g\,\mathrm{K}\,\lambda]}$$

Jusqu'ici nous avons supposé le diamètre de la conduite constant, mais il arrive souvent que cette condition ne se présente pas. Ainsi dans les cheminées, la partie supérieure est généralement rétrécie ; la vitesse doit également varier, comme dans le débit de l'eau, lorsque l'orifice de sortie est percé en mince paroi avec un ajutage de forme variée. En observant que les vitesses sont en raison inverse du carré de la section ; la formule :

$$\mathrm{P} - p = \frac{\mathrm{K}\,\mathrm{H}}{\mathrm{D}}\,v^2$$

devient, en appelant S la section du conduit, s la section de l'orifice d'écoulement et μ le coefficient de contraction :

$$P - p = \frac{K H}{D}\, v^2 \times \frac{s^2\, \mu^2}{S^2}$$

d'où, remplaçant p par $\dfrac{v^2}{2g}$, la formule générale pour la valeur de v devient :

$$V = \sqrt{\frac{2g\, P D S^2}{D s^2 + 2g\, K H\, \mu^2\, s^2}}$$

d'où l'on tire les conclusions suivantes :

Si on suppose $\dfrac{S}{s}$ très grand, on peut négliger $2g\, K\, H\, \mu^2\, s^2$ devant $D s^2$, et la formule devient :

$$V = \sqrt{2g\, P.}$$

La vitesse de sortie redevient donc égale à la vitesse théorique. Le maximum de v s'obtiendra si la section S du conduit est 2 à 3 fois plus grande que celle de l'orifice de sortie.

La disposition inverse dans la cheminée, c'est-à-dire un étranglement disposé à l'entrée de l'air, alors que l'orifice de sortie est plus large, peut être étudiée par le calcul ; mais, ainsi que l'a reconnu M. Peclet, les résultats obtenus ne concordent pas avec ceux fournis par l'expérience, desquels on peut seulement tirer des résultats utiles pour la pratique, et que M. Peclet a formulés ainsi :

Que la vitesse réelle d'écoulement au sommet de la conduite, est supérieure à celle qui résulterait du calcul, et la différence est d'autant plus grande que le diamètre de l'orifice à l'entrée est plus petit relativement à celui de la conduite ;

Que dans une conduite d'air, la perte de hauteur motrice produite par un étranglement est beaucoup plus petite que la hauteur qui correspond à la différence des vitesses, dans et après l'étranglement ;

Que la perte réelle est un peu plus grande que la différence des hauteurs correspondant aux vitesses multipliées par le rapport de la surface de l'orifice à celle du canal qui suit l'étranglement ;

Que le rélargissement brusque d'un canal, du moins dans une certaine étendue et dans certaines limites, a peu d'influence ;

Enfin que si l'on augmente progressivement le diamètre d'une conduite, dont l'orifice inférieur reste constant, on n'augmente la vitesse dans l'orifice que jusqu'à une certaine limite, due à la hauteur de la colonne d'air chaud, et que, comme dans le cas précédent, il n'y a pas lieu d'augmenter le rapport de ces deux orifices au delà de 2 ou 3. Ainsi, le rélargissement progressif d'une cheminée à la suite de l'orifice d'entrée, apporte une augmentation considérable sur l'appel, considération importante dans les installations de chauffage ou de ventilation, puisqu'elle permet de vaincre les mêmes résistances avec la même dépense de chaleur, ou de produire le même effet en abaissant la température de l'air brûlé.

Lorsque plusieurs conduits débouchent dans un même canal, si les vitesses dans ces conduits ne sont pas égales, elles réagissent l'une sur l'autre, et la plus grande a pour effet de diminuer la plus petite, et de ralentir ou même d'annuler l'appel dans cette dernière. Il n'en serait pas de même si les directions des deux vitesses étaient parallèles, la plus grande agirait au contraire par entraînement pour augmenter l'appel dans la seconde conduite. Aussi, dans un semblable cas, faut-il toujours disposer dans le canal unique, en regard du débouché commun, un diaphragme suffisamment prolongé pour assurer aux deux courants en présence une direction parallèle.

Lorsqu'un courant d'air chaud débouche horizontalement dans une cheminée verticale d'appel, cet appel peut être totalement anéanti si la vitesse du courant d'air chaud est assez grande; aussi faut-il là encore disposer un diaphragme pour redresser le courant d'air chaud et le faire déboucher parallèlement à la cheminée.

Lorsqu'un gaz est en mouvement dans un tuyau, si on pratique une ouverture en un point de cette conduite, ou bien les gaz s'échapperont par cette ouverture, ou bien au contraire l'air extérieur y pénètrera, suivant la différence des pressions supportées sur les parois intérieures et extérieures. Si l'on pouvait facilement calculer ces pressions, on saurait si l'ouverture ainsi faite donnera lieu à une prise d'air chaud dans un tuyau ou à un appel de l'air extérieur. Voici les conclusions qui peuvent guider dans la pratique pour cette question.

Dans une cheminée ouverte librement à son sommet, et communiquant avec un canal de section constante, la pression extérieure au bas de la cheminée est plus grande que la pression intérieure; cette différence décroît uniformément jusqu'au sommet où elle est nulle.

Dans une cheminée rétrécie seulement à son sommet, il existe un niveau où les pressions intérieures et extérieures sont égales, au-dessus duquel la pression intérieure diminue progressivement jusqu'à l'orifice de sortie, et au-dessous duquel c'est l'inverse.

Les étranglements brusques modifient ces lois; toutefois on peut admettre que la pression intérieure autour de l'étranglement, et à une petite distance avant et après, diffère peu de la hauteur d'air qui correspond à l'accroissement de vitesse.

D'où ces deux règles pratiques :

Pour faire une prise d'air dans une cheminée, il faut faire suivre l'orifice d'appel d'un étranglement.

Pour appeler l'air extérieur dans une cheminée, il faut faire précéder l'orifice d'appel d'un étranglement.

Ces modifications dans la section de la conduite s'obtiennent à l'aide de registres mobiles qui permettent de régler pratiquement la grandeur de l'étranglement jusqu'à ce qu'on obtienne l'effet désiré, tout en respectant la circulation générale dans la conduite.

§ 4. DES CHEMINÉES.

Dans les installations de chauffage des édifices, on est généralement conduit à établir des appareils d'une grande importance, où le poids de combustible brûlé en 24 heures s'élève à des chiffres considérables. Les cheminées, ou conduits spéciaux d'évacuation de la fumée, dépassent les proportions ordinaires de celles qui servent aux petits appareils pour les usages domestiques, et ne sauraient être établies dans l'intérieur des murs des habitations. L'emplacement, isolé des bâtiments habités, qu'on cherche d'ailleurs à donner aux appareils de chauffage, a encore pour conséquence d'exiger une construction particulière pour ces mêmes cheminées.

Tout le monde connaît les cheminées d'usine, qui sont le type de celles dont nous allons nous occuper. Ce sont des sortes de petites tours en briques, d'un diamètre très petit relativement à la hauteur, de formes diverses : soit une pyramide continue ou composée de prismes de diamètres décroissants, soit un grand tronc de cône. Ainsi que nous aurons l'occasion de le voir, dans la partie de ce Manuel consacrée à la Ventilation, l'installation d'un service de ce genre, qui peut être établi en dehors de tout appareil de chauffage, nécessite également l'emploi de ces mêmes cheminées.

Le rôle des cheminées est double : elles servent d'abord à rejeter à des grandes hauteurs dans l'atmosphère l'air brûlé provenant de la combustion, et toujours chargé de matières nuisibles qu'il faut autant que possible ne pas répandre dans les couches inférieures de l'atmosphère ; et de plus elles produisent dans le foyer l'appel d'air nécessaire à la combustion.

Ces deux rôles distincts, étant tous deux liés intimement aux dimensions de la cheminée, il faut se rendre compte de l'influence des variations de ces dimensions dans chaque cas en particulier, pour en déduire les meilleures conditions de construction.

Dans toute étude de ce genre, on possède un premier élément fondamental : le volume d'air qu'il faut faire évacuer en dehors de la cheminée dans un temps donné, et qui résulte du poids de combustible brûlé dans l'appareil de chauffage.

Pour la houille, le volume d'air froid nécessaire pour brûler 1^k. de combustible, est de 18 mètres cubes, et pour le coke 15 mètres cubes ; les volumes correspondants d'air chaud évacué seront $18,44\,(1 + at)$ et $15\,(1 + at)$, t étant la température des gaz au sommet de la cheminée.

Connaissant la vitesse d'écoulement de la fumée à l'extrémité de la cheminée, la section de celle-ci, on peut calculer le volume ou le poids débité par seconde, poids déterminé d'autre part par celui du combustible à consommer, ou permettant à son tour de déterminer cet élément.

En se rapportant à ce que nous avons vu dans le paragraphe précédent, on peut d'une façon générale exprimer la vitesse d'écoulement par la formule :

$$V = \sqrt{\frac{H\,a\,(t' - t)}{M}}$$

dans laquelle H représente la longueur de la cheminée, a le coefficient $0,00367$, t la température de l'air extérieur, t' la température moyenne de l'air chaud dans le conduit, et M un coefficient qui dépend de la forme de la cheminée.

Si D est la section, le volume V écoulé par seconde sera :

$$V = D^2 v = D^2 \sqrt{\frac{H\,a\,(t' - t)}{M}}$$

et le poids de cet air

$$Q = V \frac{1^k.3}{1 + at'}$$

Si on substitue dans cette dernière expression à V, sa valeur tirée de la formule précédente, on en obtient une nouvelle :

$$Q = 1^k.3\ D^2 \sqrt{\dfrac{H a\,(t' - t)}{M\,(1 + a t')^2}}.$$

qui apprend : que la valeur de Q est susceptible, pour une valeur déterminée de H, d'un maximum ; et le calcul montre que ce maximum correspond à la valeur de t' :

$$t' = \dfrac{1}{a} + 2t.$$

t' étant égale à 273°, si $t = 0$°, à 285 si $t = 15$ et ainsi de suite. On adopte comme valeur pratique $t' = 300$°. En supposant que l'on se place dans ces conditions, les plus favorables, admettant que $t = 0$°, et $t' = 300$°, on peut encore exprimer Q sous une nouvelle forme :

$$Q + 0{,}64\ D^2 \sqrt{\dfrac{H a}{M}}$$

Voici donc un premier élément de connu, parmi ceux qui influent sur le tirage, c'est-à-dire sur le but pour lequel on construit une cheminée. La température moyenne des gaz s'échappant de la cheminée doit être de 300° environ, pour placer, quant à ce qui dépend de cet élément, la cheminée dans les conditions les plus avantageuses.

La température moyenne de l'air chaud dans la cheminée dépend en réalité d'une foule de causes multiples : la température de l'air à la sortie du foyer, et les refroidissements divers qu'elle subit depuis ; elle est de plus assez difficile à évaluer pratiquement. Il est utile de faire encore remarquer à ce propos, que si l'on cherche à se rendre compte, par le calcul, des valeurs de Q, pour des valeurs assez différentes de t', on voit que ces variations sont beaucoup plus lentes que celles de la température ; ainsi, le coefficient 0,64 pour $t' = 300$, devient 0,58 pour $t' = 100$ et 0,62 pour $t' = 500$. On voit donc que l'écart entre la valeur de t' et son maximum peut être assez grand, sans qu'il en résulte un grand changement dans le tirage produit.

Cherchons maintenant la part afférente aux dimensions mêmes de la cheminée.

Le tirage se produit rarement directement du foyer à la cheminée, les gaz résultant de la combustion parcourent généralement auparavant un conduit que nous supposerons du même diamètre que la cheminée, et d'une longueur L, calculée de telle façon que la résistance, présentée par ce conduit conventionnel, égale celle qu'offre le conduit quelconque qu'on rencontre dans la construction.

La vitesse d'écoulement peut s'exprimer, ainsi qu'on l'a vu dans le paragraphe précédent, par la formule :

$$V = \sqrt{\frac{2g\,H\,a\,(t' - t)\,D}{D + 2g\,K\,(L + H)}}$$

Cette vitesse tend donc à croître, à mesure que H augmente, aussi devra-t-on donner à cette hauteur, la plus grande valeur possible jusqu'à la limite imposée par les conditions pratiques de la construction, qui est de 30 mètres environ.

Il faut maintenant déterminer la section. Si l'on se rapporte à ce qui a été dit précédemment, sur le calcul de la vitesse d'écoulement de l'air chaud dans les conduits, on verra que la valeur de la section exerce une influence considérable. Nous avons dit que la perte de pression due aux frottements de diverses natures, pouvait s'exprimer ainsi :

$$P - p = \frac{K H}{D} v^2, \quad p = \frac{v^2}{2g}$$

formule qui, d'une façon plus générale, peut s'écrire :

$$P - \frac{v^2}{2g} = \frac{K L}{D} v^2 + R v^2$$

en désignant par D la section à l'orifice de sortie de la cheminée, par L la longueur totale d'un circuit de diamètre D, qui produirait la même résistance que le circuit réel, compté depuis le foyer jusqu'à l'orifice de la cheminée, et par $R v^2$ la somme des résistances dues au passage de l'air dans le foyer. R est un nombre à déterminer par expérience. M. Peclet a établi, que dans les foyers bien construits, où l'on brûle 1^k. à $1^k.2$ de houille par heure et décimètre carré de surface de grille, en donnant au combustible une épaisseur sur la grille de 6 à 8 centimètres, R = 0,61.

La valeur de la vitesse peut alors se mettre sous la forme :

$$V = \sqrt{\frac{2g\,P\,D}{D + 2g\,K\,L + 2g\,R\,D}}$$

Nous sommes maintenant à même de déterminer tous les éléments relatifs au calcul d'établissement d'une cheminée. En effet, en adoptant pour K la valeur 0,0025 et pour R, 0,61, on peut écrire :

$$V = \sqrt{\frac{2g\,P\,D}{13\,D + 0,05\,L}}$$

Soit V le volume d'air chaud qui doit s'écouler par la cheminée en une seconde, si Q est le poids du combustible brûlé par heure, V, le volume d'air froid

nécessaire pour cette combustion, t, la température
de sortie des gaz :

$$V = \frac{Q\,V_1\,(1 + at)}{3600}$$

On a aussi :

$$V = v\,D^2$$

d'où, en remplaçant v par sa valeur, une formule qui
permet de calculer D, et l'on a :

$$D^5 = \frac{V\,(13\,D + 0{,}05\,L)}{2g\,P}$$

Pour obtenir la valeur de D, on néglige d'abord le
terme 0,05 L ; on obtient donc une formule approxi-
mative $D^4 = \dfrac{13\,V}{2g\,P}$, qui donne une première valeur
de D, qu'on reporte dans la formule plus compliquée
telle qu'elle est plus haut, et d'où l'on peut tirer une
valeur plus exacte, qu'on adopte pour la pratique.

La température de l'air sortant du foyer est donnée par la formule :

$$T = \frac{E \times 4}{V \times 1{,}3}$$

E étant la puissance calorifique du combustible
employé, et V le volume de fumée, ramené à 0°, produit par un kilogramme de ce combustible.

Si l'on désigne par t la température des gaz à leur
arrivée dans la cheminée, la perte de chaleur produite sur celle développée dans la combustion, peut
s'exprimer par :

$$E\,\frac{t}{T}$$

En appliquant le calcul, on conclut qu'en moyenne
cette perte est de 1/4 environ.

Nous ne nous étendrons pas sur les détails relatifs à la construction proprement dite de la cheminée, ce travail faisant partie de l'industrie du maçon, il nous suffira de résumer les conditions ordinaires de la pratique, qui guideront dans sa conduite.

Les cheminées sont généralement construites en briques ; lorsqu'elles sont basses, on peut les faire prismatiques à l'intérieur, en ne donnant du fruit qu'à la paroi extérieure ; lorsqu'elles sont hautes, on donne du fruit aux deux parois. Elles reçoivent plus souvent une forme conique que pyramidale.

On donne généralement à la maçonnerie, l'épaisseur d'une brique au sommet, la pente extérieure varie de $0^m.024$ à $0^m.030$ par mètre, et la pente intérieure de $0^m.015$ à $0^m.018$.

L'on ne saurait apporter trop de soins dans l'établissement des fondations, car de là dépend le bon résultat de l'œuvre, et en particulier la verticalité de la cheminée. On les asseoit au sortir de terre sur un premier massif rectangulaire, muni de deux ouvertures, l'une à laquelle aboutit le conduit venant du foyer, l'autre fermée par une porte permettant d'y introduire un homme pour le nettoyage ou les réparations. Quand elles sont très hautes et isolées, il est prudent de les munir d'un paratonnerre.

Pour les cheminées communes à plusieurs fourneaux, on adopte pour la section de la cheminée, la somme des sections partielles des cheminées qui correspondraient à chaque fourneau. On se place ainsi au-dessus des conditions théoriques, mais le tirage n'en est que mieux favorisé, d'ailleurs l'emploi de registres permet toujours de le modérer à volonté.

§ 5.   PROBLÈME GÉNÉRAL DU CALCUL
DES ÉLÉMENTS D'UNE INSTALLATION DE CHAUFFAGE.

L'installation d'un système quelconque de chauffage, nécessite une série de calculs, permettant de déterminer la dépense de combustible nécessaire pour produire l'effet désiré, en tenant compte des données du problème à résoudre, et des conditions d'utilisation de la chaleur produite par les combustibles brûlés. En un mot, c'est à l'aide de ces calculs qu'on pourra déterminer les dimensions des appareils à construire, pour maintenir la température à un degré fixe et constant dans une enceinte connue. Nous allons nous occuper de cette question fondamentale, en la considérant d'abord à un point de vue tout à fait général, nous aurons lieu par la suite, en étudiant chacun des systèmes particuliers de chauffage, d'y revenir et d'en montrer les applications spéciales propres à chacun de ces systèmes.

Nous rappelons quelques données de physique, qui servent de point de départ à tous ces calculs.

Un mètre cube d'air, pris à la température de $0°$ et à la pression normale de $0^m.76$, pèse $1^k.3$. Pour faire varier de $1°$ la température d'un kilogramme d'air, il faut une quantité de chaleur exprimée par $0,24$ de l'unité adoptée ou calorie. Par conséquent, pour élever de $1°$ la température d'une masse d'air mesurant 1 mètre cube, il faut :

$$0,24 \times 1,3 = 0,312 \text{ calories.}$$

Ceci posé, pour chauffer un espace déterminé, il faut introduire un volume d'air exprimé en mètres cubes par V, lequel sera porté à la température de t

degrés, en désignant par θ la température à laquelle cet air se trouve naturellement au dehors; il faut de plus, par un procédé quelconque, faire sortir du même espace un autre volume d'air V', qui sera à une température t'; ce volume V' pouvant être plus grand que V, si l'on a ajouté à côté du système de chauffage, un système de ventilation dans le but de remplacer l'air plus ou moins vicié de l'espace par de l'air pur pris au dehors. Nous désignons par K la somme totale des pertes de chaleur provenant d'une foule de causes, telles que l'échauffement des parois de l'enceinte, l'action des parois vitrées, etc. Il est bien évident que la chaleur dégagée par le volume V, lorsque sa température s'abaisse de t^o à t'^o, sera égale à la somme des chaleurs absorbées par la différence V'—V quand sa température s'élève de θ à t', plus la somme des pertes K, ce qui peut s'exprimer ainsi :

$$0{,}312 \times V (t - t') = 0{,}312 (V' - V)(t' - \theta) + K$$

On peut encore écrire cette formule ainsi :

$$0{,}312 \left[V (t - \theta) - V'(t' - \theta) \right] = K$$

d'où l'on pourra déduire une des inconnues V, ou t, en se fixant préalablement l'autre, ou bien encore le nombre de calories dépensées, en se fixant les deux éléments V et t.

Si en particulier il n'y a pas de ventilation spéciale, on peut admettre sans grand erreur que V = V', puisque les différences de ces deux volumes ne proviennent que des variations de densité dues aux modifications de température, et la formule se présente alors sous la forme plus simple :

$$0{,}312 \, V (t - \theta) = K$$

On peut donc déterminer le nombre de calories qu'il faudra dépenser dans l'unité de temps, pour introduire un volume d'air V, porté à la température de t^o, nous le désignerons d'une façon générale par Q. On peut, à l'aide de cet élément, calculer la quantité de combustible qu'il faudra dépenser.

On sait, en effet, que 1^k. de houille en brûlant dégage 7500 calories environ ; mais comme dans tout calorifère l'air qu'on y chauffe n'est pas seul à absorber cette chaleur, qu'il faut tenir compte de la quantité absorbée par les matériaux qui servent à construire l'appareil, on admet qu'il n'y a que 5000 calories utilisées effectivement au chauffage réel ; il en résulte que, pour la houille ou le coke, le poids du combustible brûlé par heure, sera donné en kilogrammes par l'expression :

$$\frac{Q}{5000}$$

Nous avons vu que pour bien utiliser la chaleur développée dans la combustion, il fallait que la surface de grille fût proportionnée à la quantité de combustible brûlé ; et que, en particulier pour la houille, elle était de 60^k. par mètre carré de surface. La surface de la grille du calorifère sera donc de :

$$\frac{Q}{5000 \times 60}$$

En appelant d'une façon générale surface de chauffe, la surface suivant laquelle le volume V est mis en présence des produits de la combustion, pour élever la température à t^o, cette surface comprenant : celle de la cloche où se brûle directement le combustible, et celle des appareils où circulent les produits de la combustion ; comme les surfaces en fonte qu'on peut prendre pour type laissent passer environ 3000 calories par heure et par mètre carré, la surface de chauffe du calorifère sera donnée par l'expression :

$$\frac{Q}{3000}$$

Lorsque la surface que présente l'appareil est non plus unie, mais pourvue de nervures, on ne compte pas la surface de chauffe d'après le développement total des surfaces des nervures, car il y a une perte sur celle-ci, provenant du rayonnement de ces surfaces très voisines entre elles ; on admet que 2^{m2}. de surface de nervures remplacent 3^{m2}. de surface lisse, en un mot que les surfaces à nervures ont une puissance de 1,1/2 par rapport aux surfaces lisses. Dans ce cas, la surface de chauffe est donnée par l'expression :

$$\frac{Q}{4500}$$

Dans les calorifères où l'appareil est en terre réfractaire, la transmission est beaucoup plus lente, on l'évalue à 700 calories, par heure et mètre carré ; la surface de chauffe sera alors :

$$\frac{Q}{700}$$

Toutefois il ne faut considérer ces valeurs que comme des minimums, et, dans la pratique, il est indispensable de se tenir toujours au-dessus.

Les dimensions de la cheminée qui détermine le tirage dans un appareil de chauffage, ont une grande importance, car du bon état de tirage dépend la marche régulière de la combustion, et l'utilisation convenable de l'effet produit. Dés circonstances locales d'établissement limitent généralement la hauteur de la cheminée qui est connue, h; il n'y a donc plus qu'à déterminer sa section. Connaissant le poids de combustible brûlé à l'heure, la section de la cheminée sera donnée par la formule :

$$\frac{p}{70 \times \sqrt{h}.}$$

Enfin, un des derniers éléments de l'installation, élément très important, c'est la section des conduits d'air chaud, dont dépend la bonne répartition du calorique. On comprend en effet, qu'avec une section trop faible, ces conduits ne débiteraient le volume nécessaire que si l'on donnait à l'air une vitesse très grande, ce qui apporterait une gêne pour l'habitation de ces espaces.

M. Planat donne, pour établir la vitesse de l'air chaud dans les conduits, la formule générale suivante :

Si l'on désigne par h la hauteur de la bouche de sortie, au-dessus de celle de prise de l'air chaud dans le calorifère, par t la température de l'air chaud, par t' sa température lorsqu'il sort de la pièce, la vitesse est donnée par la formule :

$$V = 0{,}09 \sqrt{h\,(t - t')}$$

Il en résulte que pour des bouches situées à des étages assez différents de hauteur, on devra faire varier la section des conduits.

Cette section s'obtient facilement à l'aide du volume V à débiter et qui est connu, car on a en appelant D le côté de la section :

$$V = \pi\, D^2 \times v.$$

Généralement on adopte pour v la valeur de $0^m.60$, ce qui permet de déduire la section πD^2. Tout en restant dans ces données, il sera toujours utile pour l'installation d'un chauffage dans un bâtiment à plusieurs étages, et élevé, de tenir compte de la variation naturelle de la valeur de la vitesse, et de ne pas tenir égales les sections des conduits conduisant l'air à tous les étages; cette section devant diminuer à mesure que le conduit correspondant possède plus de hauteur.

Les calculs précédents s'appliquent particulièrement au cas où le combustible est employé à chauffer directement l'air distribué pour le chauffage, en un mot au chauffage par l'air, ou aux calorifères à air chaud.

Il existe encore deux autres modes de chauffage, l'un par la vapeur, l'autre par l'eau chaude, la chaleur dégagée dans la combustion étant appliquée au chauffage direct de l'eau pour la transformer en vapeur, ou simplement pour élever sa température, et ce sont ces nouveaux agents qui transmettent ce calorique à l'air ambiant des espaces, et en opèrent ainsi le chauffage. Il nous suffira d'ajouter peu de mots, à ce qui précède, pour montrer comment le problème se résout dans ces deux derniers cas.

Ayant d'abord déterminé le nombre de calories Q qu'il faut dépenser, il suffit de se rappeler que, si on désigne par T la température de la vapeur d'eau, 1^k. de vapeur, en se condensant, dégage une quantité d'unités de chaleur :

$$537 + 0{,}475 \, (T - 100)$$

On admet généralement pour cette valeur, en considérant l'effet utile réel, le nombre 500.

2.

La quantité de vapeur par heure à produire sera donc, exprimée en kilogrammes :

$$\frac{Q}{500}$$

Un élément nouveau qu'il faut alors calculer dans le chauffage par la vapeur, c'est la surface qu'il faut donner aux appareils où s'opère la condensation, ce qui donne lieu au chauffage de l'air ambiant. Pour cela, il suffit de connaître la quantité de vapeur d'eau qui se condense par mètre superficiel de la surface de condensation. En réalité, cet élément varie un peu avec la nature et la disposition de cette surface, ainsi que nous aurons l'occasion de le dire en traitant ce sujet plus en détail dans le chapitre consacré au chauffage par la vapeur ; mais d'une façon générale on peut adopter comme moyenne : $1^k.80$ de vapeur par mètre carré de surface condensante.

Comme chaque kilogramme de vapeur, en se condensant, dégage 500 calories, 1 mètre carré de surface condensante donnera :

$$1,80 \times 500 = 900 \text{ calories,}$$

et la surface de condensation sera donnée par l'expression :

$$\frac{Q}{900}$$

Lorsque la vapeur ne chauffe pas directement l'air, mais sert à échauffer de l'eau contenue dans des sortes de poêles, qui eux à leur tour servent à chauffer l'espace clos, il faut remplacer le nombre 900 par 700.

Pour les dimensions propres de l'appareil de chauffage, qui est ici une chaudière, il faut se reporter aux propriétés de ces appareils, sur lesquelles nous nous étendrons plus loin. Bornons-nous à dire ici :

Que 1^k. de houille donne lieu à la production de 6^k. de vapeur, ce qui permet de calculer la dépense en combustible.

Que dans les grilles de chaudières on brûle 80^k. de houille à l'heure par mètre carré.

Enfin que la surface de chauffe est basée sur ce que, dans les chaudières, on produit 15^k. de vapeur à l'heure par mètre carré de surface de chauffe.

La formule donnée plus haut pour le calcul de la section de la cheminée devient :

$$\frac{p}{78,7\sqrt{h}}$$

S'agit-il du chauffage par l'eau chaude : ayant toujours calculé la quantité Q de calories nécessaires, on se base sur les données suivantes :

Un mètre cube d'eau chaude, qu'il faut considérer comme ayant une température moyenne de 60°, dégage 50,000 calories ; la quantité à fournir par heure est donc en mètres cubes :

$$\frac{Q}{50000}$$

Enfin, pour obtenir la surface de chauffe, dans l'espace considéré, on admet que l'eau à cette température moyenne de 60° cède 500 calories par mètre carré de surface. La surface totale sera donc :

$$\frac{Q}{500}$$

Les autres éléments relatifs à la quantité de combustible brûlé, à la surface de grille, à la surface de chauffe du générateur, se calculent comme dans le cas précédent.

§ 6. INFLUENCE DU REFROIDISSEMENT PAR LES PAROIS SUR LE CHAUFFAGE DES ESPACES CLOS.

Lorsqu'il s'agit de déterminer le volume d'air échauffé, que l'on introduira d'une façon constante dans un espace clos, pour y maintenir la température à un point fixe, il faut, pour calculer la quantité de chaleur apportée par l'air chaud introduit afin d'établir un équilibre dans toute la masse, tenir compte non seulement de la capacité de cet espace, du volume d'air qu'il contient, air puisé au dehors à la température qu'il y possède, mais encore d'un ordre de faits qui ont une importance considérable : les pertes causées par le refroidissement des parois.

La chaleur apportée par l'air échauffé se transmet non seulement dans l'air ambiant, mais encore aux parois de l'espace, qui en absorbent une certaine quantité, qu'il est indispensable de connaître pour pouvoir établir un calcul exact, et obtenir les résultats cherchés.

Ces considérations découlent de faits connus en physique sous le nom de Phénomènes du refroidissement. Notre intention n'est pas d'étudier cette question au point de vue général, mais seulement d'en exposer les conséquences pratiques, relatives au sujet qui nous intéresse spécialement ici.

Si l'on considère une enceinte fermée de toute part, par des vitres et des murailles, et que, par un procédé quelconque, l'air y soit maintenu intérieurement à une température constante, supérieure à la température extérieure, cherchons à nous rendre compte de ce qui va se passer. Si, au commencement du chauffage, les murailles ont la température extérieure, elles s'échauffent progressivement, et, au bout d'un certain temps, chaque point aura atteint un certain degré de température qui restera le même, tant que les températures intérieures et extérieures n'auront pas changé. Dans cette situation d'équilibre, les parois forment une sorte de conduit d'écoulement, à travers lequel il passe régulièrement une même quantité de chaleur du dedans au dehors; et l'on peut admettre que les parois intérieures seront à la même température que l'air ambiant de l'espace clos.

En désignant par C la quantité d'unités de chaleur qui traverse dans une heure une plaque homogène de 1 mètre carré de surface, de 1 mètre d'épaisseur, et dont les deux faces sont maintenues à des températures différentes entre elles de 1°, on sait que pour une plaque de même matière, d'une épaisseur e, dont les faces sont exposées à des températures t, t', la quantité de chaleur qui la traverse dans une heure s'exprime par la relation :

$$\frac{C\,(t + t')}{e}$$

Mais, si l'une des faces est exposée à l'air extérieur, il est à peu près impossible de connaître sa température t', à cause de son peu d'élévation au-dessus de celle de l'air, et des causes multiples qui la modifient. Les pertes que cette surface éprouve sont dues à la fois au contact de l'air et au rayonnement. On admet dans ce cas, que la perte totale est proportionnelle à la différence de température entre la face du mur considérée et celle de l'air extérieur ; de telle sorte, qu'en désignant par K la quantité de chaleur que perdrait par heure et par mètre carré pour une différence de température de 1° la surface exposée à l'air, la perte de chaleur à travers les murailles par heure et par mètre carré de surface peut s'exprimer par :

$$\frac{KC\,(t - t')}{K\,e + C}$$

où t est la température intérieure, et t' la température extérieure.

Il suffit donc d'avoir déterminé les coefficients K et C pour les divers matériaux employés dans la construction.

En particulier pour la pierre de taille $K = 9, C = 0,8$.

Pour les vitres, on ne peut pas admettre que la surface intérieure soit à la température de l'air ambiant de la pièce, la différence est toujours trop grande et les formules précédentes ne sauraient être appliquées dans ce cas.

M. Péclet, qui a étudié la question expérimentalement, cite le résultat suivant de ses expériences.

Quantité de chaleur transmise, par mètre carré, par heure et pour une différence de 1°, entre l'air intérieur et extérieur :

Une seule vitre.	3.66
Une seule vitre avec un rideau de mousseline intérieur.	3
2 vitres à une distance de $0^m.04$.	1.70
— — $0^m.02$.	1.70
— — $0^m.05$.	2
2 vitres en contact.	2.5

Il propose, pour les calculs du chauffage, d'adopter pour la déperdition par les vitrages, une perte proportionnelle à la surface, à la différence de température entre l'intérieur et l'extérieur, et l'emploi d'un coefficient égal à 3,7.

Le problème général de la déperdition de la chaleur à travers les parois est en réalité extrêmement complexe, car tout ce qui précède repose sur des hypothèses qui ne sont pas toujours réalisées. Ainsi, en supposant que la température des parois intérieures soit au début à un même point que l'air extérieur, voisin de 0°, il faut un temps considérable pour l'amener au degré de l'air ambiant, supposé devoir être porté à 20°, état d'équilibre que nous avons admis.

D'autre part, le chauffage des édifices est généralement intermittent, les murailles ne se refroidissent jamais complétement, et à chaque chauffage il ne faut fournir, en réalité, qu'une partie de la chaleur nécessaire pour se trouver dans les conditions d'équilibre admises.

L'expérience dans ce cas permet de poser des données pratiques suffisantes, et qui seront plus avantageuses à employer que les résultats des formules.

M. Péclet qui a eu l'occasion d'étudier expérimentalement cet intéressant problème, a posé les données suivantes, qu'il suffira toujours d'appliquer.

Pour des chauffages intermittents et pour des épaisseurs de murailles de $0^m.33$ à $0^m.35$, il faut calculer la puissance des appareils de chauffage en comptant à peu près sur 70 unités de chaleur de perte, par heure et par mètre carré de murailles, et sur 80 unités par mètre carré de vitrage, la différence maxima de température entre l'espace et l'extérieur étant de 20°.

Ces nombres varient entre eux comme la différence particulière l'est à 20, si l'on s'écarte du cas qui est le plus général, où la chaleur perdue pendant la période d'arrêt du chauffage, ou la nuit, est restituée pendant les trois ou quatre premières heures de chauffage le matin.

M. Péclet, tout en faisant remarquer que ces résultats seraient sensiblement modifiés, pour des murailles de très minime épaisseur, donnant lieu à des pertes beaucoup plus considérables, dit qu'on peut l'adopter en pratique, tant que les épaisseurs restent comprises entre $0^m.25$ et $0^m.50$.

Dans les édifices où les locaux sont occupés par de nombreux assistants, il faut aussi tenir compte à côté des pertes de chaleur provenant des parois ou des vitrages, des accroissements dus à la présence des habitants, à celle des appareils d'éclairage, etc.; mais cette considération est surtout importante au point de vue de l'assainissement de l'air, et c'est une des raisons qui nécessitent absolument, dans de semblables conditions, l'adjonction d'un système de ventilation à côté de celui du chauffage. Nous examinerons cette question en détail dans la partie consacrée à la ventilation.

CHAPITRE II.

Chauffage par l'air chaud.

§ 1. ÉTABLISSEMENT DE CE MODE DE CHAUFFAGE.

Ce mode de chauffage consiste à échauffer, à l'aide d'un foyer disposé dans une construction particulière, de l'air pris au dehors, et qui est ensuite amené par des conduits spéciaux dans les locaux à chauffer. Ces appareils portent le nom de *calorifères;* ils ne diffèrent, en principe, des poêles, que parce qu'ils sont placés en dehors des salles mêmes à chauffer.

Si l'on n'oublie pas que l'air chaud a toujours une tendance à s'élever, on voit que le premier principe à observer dans une semblable installation sera de disposer toujours la marche de l'air chaud, *ascendante,* en évitant même les trajets horizontaux où il circule mal. Les calorifères devront donc toujours être placés au point le plus bas de l'immeuble à chauffer, aussi les dispose-t-on généralement dans les caves.

L'éloignement obligé entre les calorifères et les pièces qu'ils doivent chauffer, a pour conséquence certaines obligations dont il faut tenir compte dans la construction de ces appareils. En particulier, on les renferme dans une construction en briques assez épaisse pour empêcher toute déperdition de chaleur, alors que la partie intérieure réservée au chauffage proprement dit sera en métal afin d'utiliser le mieux possible les effets de la combustion, et de ne laisser évacuer la fumée que lorsque la température est descendue au point minimum nécessaire pour le fonctionnement du tirage.

Quant au mode même de chauffage de l'air à envoyer dans les emplacements désignés, il peut être produit de deux façons différentes : ou bien cet air enveloppe l'appareil de circulation des produits de la combustion, en circulant autour de tuyaux traversés par les gaz brûlés; ou bien, au contraire, il est traversé par eux, en circulant dans des tuyaux métalliques que les produits de la combustion enveloppent de toute part.

Les conditions générales que tout constructeur devra toujours ne pas perdre de vue, et qui, d'ailleurs, ne sont pas spéciales pour ces calorifères, mais indispensables dans tous les appareils de chauffage en général, sont les suivantes :

L'appareil devra toujours être aussi simple que possible afin d'être facilement monté ou démonté, et par conséquent entretenu toujours en bon état. Tout en cherchant à refroidir la fumée au point le plus bas, propre au tirage, il ne faut pas, pour atteindre ce but, se laisser entraîner à des complications inutiles de formes, et lui disposer de préférence un chemin uniforme, sans coudes brusques, ni retours superflus ; car loin d'atteindre le but que l'on recherche, on se place dans des conditions déplorables en nuisant au tirage, ce qui a pour conséquence d'augmenter les frais de dépense de combustible ou de diminuer l'effet utile de l'appareil.

L'air pris au dehors, chauffé dans le calorifère, puis versé dans les appartements, ne doit jamais se trouver en contact avec des surfaces métalliques portées au rouge, ce qui lui ferait contracter une mauvaise odeur, et le rend nuisible pour l'usage auquel on le destine. Il faudra donc donner aux surfaces qui reçoivent le premier coup de feu, assez d'étendue pour qu'elles ne rougissent que très légèrement.

Un des grands reproches que l'on entend tous les jours adresser aux calorifères en général, c'est que le chauffage qu'ils fournissent est peu agréable, sinon malsain, que la chaleur ainsi produite est desséchante et porte à la tête. Ce reproche justifié dans certains cas, ne peut se produire que par l'oubli d'une condition essentielle dans l'installation, celle de rendre à l'air chauffé, avant de le déverser dans les appartements, l'humidité qu'il a perdue par son passage dans le calorifère, humidité indispensable pour la salubrité.

Si l'on se trouve exposé à séjourner dans une pièce chaude contenant de l'air sec, il se produit un phénomène très nuisible pour l'économie. Cet air tend à se charger d'une nouvelle quantité de vapeur d'eau, qu'il ne peut trouver que dans la vie animale, de là une série de phénomènes qui troublent la santé. Rien n'est cependant plus facile que d'éviter cet inconvénient, il suffit de mettre cet air chaud en contact avec une surface d'eau, avant de le laisser pénétrer dans les appartements. Tout bon calorifère est généralement pourvu d'une chambre à eau, mais le plus souvent elle est en partie inefficace par suite de ses dimensions trop restreintes.

Nous avons eu l'occasion d'assister à l'installation d'un chauffage à air chaud, dans un hôtel particulier d'une grande importance, où l'architecte a résolu ce problème d'une façon complète, et à la grande satisfaction du propriétaire très opposé tout d'abord à cette installation, par la crainte de cet inconvénient. Nous pensons qu'il sera intéressant d'indiquer le procédé employé qui s'applique à tous les systèmes possibles. L'air chaud à la sortie du calorifère, et avant d'être distribué dans les divers conduits qui l'amenaient à toutes les bouches de chauffage dans l'hôtel, débouchait par un seul conduit de section rectangulaire, au-dessus d'une sorte de bassin rempli d'eau.

La section de ce conduit offrait une très large base, relativement à la hauteur, de telle sorte que l'air arrivait sous la forme d'une large nappe peu épaisse. Le bassin construit dans un massif de briques, avait une surface encore plus large que le conduit, et le niveau de l'eau y était toujours maintenu au ras du débouché du conduit d'arrivée. Grâce à cet artifice très simple, l'air chauffé se trouvait ainsi mis dans tous ses points en contact avec l'eau, pendant le temps nécessaire pour traverser la voûte qui recouvrait l'eau, et se chargeait d'humidité en quantité suffisante, pour que le chauffage n'ait jamais donné lieu à aucune plainte. Cette installation supplémentaire donnera bien lieu à un petit surcroît de dépense, mais nous pensons qu'elle ne saurait entrer en ligne de compte à côté des avantages qu'elle procure.

On doit à M. D. Savalle, si connu par ses nombreuses applications de la chaleur, et en particulier par ses magnifiques appareils distillatoires, un calorifère au moyen duquel, outre le bon rendement du combustible dépensé et la grande rapidité dans l'obtention de la température désirée, on chauffe les appartements avec de l'air échauffé par la vapeur d'eau nécessaire à son action hygiénique.

La figure I représente cet appareil en coupe verticale avec une partie de la distribution de l'air échauffé

Fig. I.

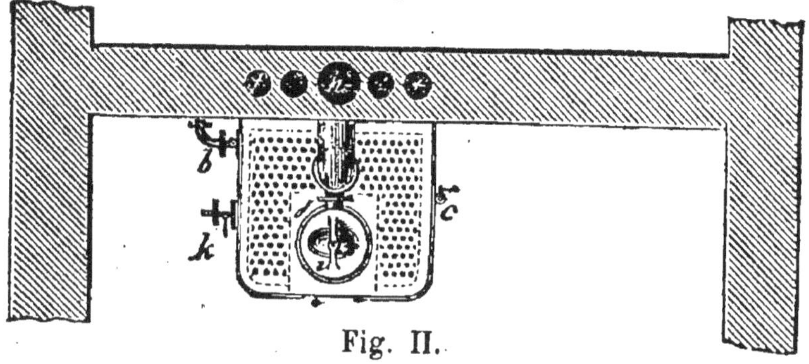

Fig. II.

au premier étage de l'habitation. La figure II montre
le plan de l'appareil.

A est une chaudière verticale pleine d'eau, traversée par un faisceau tubulaire en cuivre. Mais ce ne sont pas les gaz chauds résultant de la combustion qui passent dans ces tubes : c'est l'air à échauffer.

Le foyer est placé en *d*, au centre de la chaudière, il est chauffé à la houille : les produits de la combustion s'en vont par la cheminée *h*, visible sur le plan. L'alimentation se fait par le robinet *b*, et la vidange s'opère en *k*. Le niveau d'eau est en *c*.

L'air à échauffer est admis par les carneaux *e*, *e'*, *e''*, et lorsqu'il sort du faisceau tubulaire, il est distribué par les conduits *f*, dans les appartements aux différents étages de l'habitation ; les bouches de chaleur sont en *g*. La vapeur émise par l'eau chaude se réunit en un petit dôme *i*, d'où elle s'échappe librement par un tuyau *j*; elle se mélange alors à l'air échauffé. Elle est d'ailleurs en assez petite quantité, car la température de l'eau dans la chaudière, ne doit jamais dépasser 100 degrés.

Cet appareil est d'une excessive simplicité, il ne présente aucune chance d'accident, les produits de la combustion ne peuvent se mélanger en aucune façon avec l'air échauffé. Il présente donc toutes les conditions désirables au point de vue de la salubrité.

Les issues de sortie de l'air chaud doivent être assez grandes pour qu'il puisse circuler librement, et et qu'il ne sorte pas du calorifère à une trop haute température, condition essentielle pour la salubrité.

Tout calorifère doit être surmonté d'une chambre à air chaud, réservoir métallique d'où partent les tuyaux de distribution qui le conduisent à sa destination. Il faut toujours éviter dans ces distributions, les coudes brusques, les étranglements, en un mot, tous les obstacles susceptibles de ralentir la vitesse de l'air, car par suite de sa température peu élevée, cette vitesse est toujours faible, et on peut en l'annulant ne pas obtenir un chauffage égal dans toutes les parties de l'édifice.

Les conduits correspondants à des étages et à des pièces différentes, devront toujours être distincts, autant que possible, et partir directement du réservoir d'air chaud, afin de ne pas se nuire mutuellement. Des registres établis sur chaque conduite au point de départ, permettront de régler leur débit particulier. Ces conduites doivent avoir une section de 30 centimètres carrés au moins, car la vitesse de l'air ne dépasse guère 0ᵐ.50.

On emploie des tuyaux en poterie, dans les installations faites lors de la construction, ou des tuyaux en tôle galvanisée, et ceux-ci uniquement pour les installations après coup.

Il faut toujours avoir soin dans la pose de ces tuyaux de les isoler de la maçonnerie enveloppante, pour éviter les déperditions de chaleur, et les refroidissements trop rapides.

Les tuyaux de prise d'air chaud sur les calorifères sont disposés à des points plus ou moins élevés sur le réservoir, suivant qu'ils conduisent cet air chaud plus ou moins loin, l'air au sommet du réservoir ayant la température la plus élevée. A la sortie du calorifère, on les établit courant, sous le plafond de la pièce où celui-ci est établi. On les soutient par des crampons, en double équerre, scellés dans le plafond, et on fait par-dessus un pigeonnage, isolé des tuyaux.

Lorsque le calorifère est placé dans des conditions telles, que l'on doive faire traverser au conduit d'air chaud, un espace découvert, pour se rendre dans les bâtiments, on le place dans un caniveau à doubles parois, formées en le construisant en briques creuses.

On donne généralement à ces tuyaux une pente de 1/20.

La marche de l'air chaud dans les tuyaux doit toujours être ascendante, sans passer par des coudes brusques. Quand un tuyau se divise en plusieurs, il doit avoir comme section, la somme des sections de ses subdivisions.

Enfin, dans les bâtiments élevés à plusieurs étages, pour obtenir le même chauffage en tous les points, il est bon de diviser le réservoir par des cloisons en autant de subdivisions qu'il y a d'étages, établissant ainsi pour chacun d'eux une prise isolée, sans cela l'air tendrait de préférence à s'engager dans les colonnes les plus hautes, et les étages inférieurs se chaufferaient difficilement.

Lorsqu'un tuyau se divise en branchements, il faut que la section d'arrivée soit égale à la somme des sections des branchements. Un pareil système ne peut fonctionner dans de bonnes conditions, que s'il n'y a pas de différence sensible de niveau dans les ouvertures des branchements, sinon le débit aurait lieu principalement par les bouches les plus élevées, aux dépens de celles placées en contre-bas.

§ 2. DESCRIPTION DE DIVERS TYPES DE CALORIFÈRES.

Calorifère à circulation extérieure, de DÉSARNOD.

Le moyen à employer pour élever la température des grands appartements à l'aide de l'air chaud, a l'avantage de mettre à l'abri de l'incendie, d'être économique et agréable; on peut, par des dispositions convenables, porter très promptement le calorique dans la pièce où l'on en a besoin. La chaleur se répand uniformément et sans aucune mauvaise odeur. Il ne peut jamais y avoir de courant d'air froid : l'air est continuellement renouvelé, ce qui rend les appartements très sains.

Le calorifère à circulation extérieure, dont nous allons donner la description, réunit tous les avantages ci-dessus indiqués, et les expériences faites dans de grands établissements ne laissent aucun doute sur son efficacité.

Le foyer a la forme d'une cloche; il est muni, dans sa partie inférieure, d'une grille mobile, et il est posé sur un socle formant un cendrier.

Le foyer a une ouverture garnie d'une gueule par où l'on introduit le charbon. On bouche cette gueule avec un tampon qui s'y adapte et la ferme hermétiquement.

Le cendrier a aussi une porte à coulisse que l'on ouvre pour attiser le feu et dégager la grille des cendres et des autres matières qui l'obstruent.

Au-dessus du foyer est une espèce de lanterne ou tambour avec lequel il communique par un collet.

3.

La fumée monte d'abord dans cette lanterne, puis descend par six tuyaux dans une gargouille ou canal circulaire qui entoure horizontalement et aux trois quarts la partie inférieure du foyer. Elle remonte de là par sept autres tuyaux dans une lanterne placée au-dessus de la première; elle s'y réunit et passe ensuite dans un tuyau ordinaire qui aboutit au-dessus des toits.

Cet appareil est recouvert par une double enveloppe qui ne descend pas plus bas que le canal circulaire; l'air passe aisément dessous, circule autour du foyer et des tubes, puis se répand dans les salles par un conduit de 3 décimètres 66 centimètres carrés.

On place chacun de ces calorifères dans un caveau d'environ 3 mètres 30 centimètres en tous sens, construit sous la salle. Ces deux caveaux sont fermés par une porte à deux vantaux; mais l'air entre par deux ouvertures pratiquées en haut, et ces ouvertures peuvent s'agrandir ou se rétrécir à volonté, au moyen de coulisses.

Pour alimenter la combustion, l'air vient de l'extérieur par un canal souterrain qui l'amène sous la grille, de manière qu'il n'ait aucune communication avec l'air du caveau; autrement, si celui-ci pouvait être attiré pour entretenir le feu, on perdrait le calorique qu'il contient, puisque cet air irait avec la fumée se répandre au-dessus des toits.

Si l'appareil n'avait qu'une seule enveloppe, le calorique aurait bientôt pénétré à travers une aussi mince paroi, et la température du caveau parviendrait à un degré d'élévation tel qu'il ne serait pas possible d'y entrer pour le service du calorifère; d'ailleurs les murs en absorberaient une portion considérable en pure perte ; mais la couche d'air qui passe rapidement entre les deux enveloppes s'empare du calorique qui se dégage de la première, et la température du caveau ne s'élève pas au delà d'un degré supportable ; déjà échauffé, cet air circule autour du foyer, de plus de 26 mètres de tuyaux presque rouges, et lance dans la salle un jet rapide qui a plus de 70 degrés de chaleur à l'embouchure du conduit.

Le calorifère qui était placé dans le cirque des frères Franconi, faubourg du Temple, élevait et maintenait la température à 15 et 18 degrés pendant 5 à 6 heures, dans une salle contenant 40 mille pieds cubes, avec la modique dépense de 4 francs pour deux fourneaux.

Dans une expérience faite en présence des commissaires de la Société d'Encouragement, un calorifère semblable à celui du cirque d'été, à Paris, a élevé la chaleur d'une pièce contenant 8700 pieds cubes d'air, à 28 degrés au delà de la température qu'elle indiquait, et cela en 4 heures de temps et avec une dépense de 4 francs de combustible : le lendemain il y avait encore 13 degrés de chaleur produite.

Pour nettoyer les endroits où la suie peut s'engager, on a ménagé le moyen d'y parvenir à l'aide de portes convenablement placées. On pénètre sans peine à travers les chemises dans les lanternes, dans les tuyaux et dans le canal circulaire où ils abouchent, de sorte qu'en peu de temps le calorifère est parfaitement nettoyé au moyen de brosses et d'instruments appropriés à cet usage.

Le rapporteur ajoute : « C'est beaucoup, sans doute, d'échauffer rapidement un vaste espace ; mais, si l'appareil dont l'établissement occasionne déjà une forte dépense, exigeait de fréquentes réparations, le but d'économie ne serait pas atteint; ce point essentiel n'a pas été négligé : toutes les pièces qui peuvent être détruites par l'effet de la haute température à laquelle elles sont exposées, sont en fonte, c'est-à-dire le foyer, le cendrier, les lanternes et les tuyaux servant à la circulation intérieure de la fumée; le foyer même est divisé en deux pièces, de sorte que la partie inférieure, la plus exposée à l'action du feu, peut, à peu de frais, être renouvelée, et encore doit-elle durer dix ans. Quant aux autres pièces, il est démontré, par l'expérience, qu'elles peuvent servir à plusieurs générations.

« Mais les localités ne permettent pas toujours de placer le calorifère sous la pièce que l'on veut échauffer; il y a même des circonstances où il est plus avantageux qu'il soit au-dedans; c'est ce qui a lieu lorsqu'on a besoin d'échauffer en même temps plusieurs étages, et c'est la circonstance qui se présente le plus souvent dans les manufactures où l'on a de vastes ateliers. Dans ce cas, l'appareil ne doit pas être revêtu d'enveloppes extérieures; on doit toujours tirer du dehors l'air servant à la combustion, et cela est essentiel, afin qu'aucune partie de l'air chaud de la pièce ne soit entraînée dans le tuyau du foyer. On conduit cet air chaud dans les étages supérieurs sans employer aucuns tuyaux particuliers; on se contente de percer les planchers, de manière à établir un courant qui mêle, le plus promptement et le plus également possible, l'air chaud d'en bas avec celui des pièces au-dessus. »

La figure 38, pl. II, représente le cendrier et la porte extérieure du calorifère.

La figure 36, le plan de cet appareil.

La figure 37 est une coupe de l'élévation suivant la ligne B de la figure 36.

A, socle, dans lequel est renfermé le cendrier, composé d'un tiroir en tôle.

B, anneau sur lequel repose la grille.

CD, cloche ou fourneau.

E, collet qui entoure le sommet de la cloche.

f, lanterne inférieure.

F, chapeau de la lanterne f.

GG, tuyaux courts descendants, au nombre de six.

HH, gargouilles dans lesquelles circule la chaleur fournie par les tuyaux GG.

II, pièces à trous pour recevoir les tuyaux.

LL, tuyaux longs ascendants, au nombre de sept.

M, lanterne supérieure.

m, faux fond de cette lanterne.

N, chapeau de la même lanterne.

O, porte du foyer.

P, gueule ou ouverture aboutissant à la porte du foyer.

Toutes ces pièces sont en fonte de fer, les suivantes sont en tôle.

Q, tuyau à fumée ajusté sur le chapeau de la lanterne supérieure.

RR, deux cheminées ou enveloppes en tôle, divisées en seize parties ou panneaux, réunies par des cercles de fer; elles sont établies sur des supports o o, fixés à vis et à écrou sur le socle.

S, conducteur de l'air chaud entre les deux cheminées.

T, cendrier établi sur deux coulisseaux de fer et portant deux poignées.

Pour faciliter le ramonage, on a pratiqué un portillon U dans un socle A, deux portes *vv* aux cheminées, un tampon double dans la gueule, avec sa poignée ; deux portes à chacune des lanternes, deux tampons simples sur le devant de la gargouille, une porte dans son milieu : ces quatre derniers objets n'ont pu être indiqués sur les figures.

Les mêmes lettres désignent les mêmes objets dans toutes les figures.

Lorsqu'on veut chauffer un rez-de-chaussée et des étages au-dessus, il faut préalablement construire le caveau souterrain dont nous avons parlé, de 3 mètres à 3 mètres 30 centimètres en carré sur autant de profondeur, fermé par une porte à deux vantaux, laquelle est percée d'une ouverture qu'on peut augmenter ou diminuer à volonté. Un canal en maçonnerie est amené d'une distance de 4 à 5 mètres et passe par-dessus la porte ; il débouche sous le cendrier et fournit au calorifère l'air nécessaire pour alimenter le feu, sans que celui-ci puisse en tirer du caveau.

Pour établir l'appareil, on commence par placer le socle de fonte A bien de niveau sur une dalle de pierre, et on le calfeutre en dedans avec du plâtre et de l'argile ; on pose dessus l'anneau B qui reçoit la grille C et la cloche D, qu'on surmonte du collet E et de la lanterne inférieure F.

Les quatre angles du socle portent la gargouille, qui, à son tour, reçoit la pièce percée de treize trous I, sur laquelle on établit les six tuyaux descendants G, qu'on place de deux en deux dans les trous pairs ; on approche leur sommet contre la lanterne F, et on les fait entrer dans les doubles rebords de cette lanterne, puis on pose les sept tuyaux ascendants L dans les trous impairs, et on réunit leurs extrémités à la lanterne M, qu'ils soutiennent. Au fond de cette seconde lanterne on place le faux fond m, et on le ferme avec son couvercle N ; on place de même le chapeau F de la première lanterne.

Tout étant ainsi disposé, on assemble les chemises ou enveloppes de tôle, on fixe la gueule de fonte P contre la cloche, au moyen de vis, et on surmonte le chapeau de la lanterne M du tuyau Q, de 16 centimètres de diamètre, destiné à conduire la fumée au dehors ; ce tuyau est entouré d'un autre tuyau de 30 centimètres de diamètre, qui s'adapte au sommet de la seconde chemise, pour recevoir et conduire la chaleur au lieu de sa destination, et qu'on scelle dans les trous faits à la voûte des caveaux, de manière à ne laisser échapper aucune portion d'air.

On allume avec du menu bois sec un feu clair sur la grille, on y ajoute du charbon de terre en médiocre quantité ; la fumée s'élève d'abord au sommet de la cloche, et passe par le collet dans la lanterne inférieure ; celle-ci la divise et l'introduit dans les six tuyaux descendants, qui la portent dans la gargouille, où elle plonge pour remonter ensuite dans les sept tuyaux ascendants, et de là dans la deuxième lanterne, où elle se réunit pour être conduite au-dehors par le tuyau Q, après avoir parcouru un espace de plus de 26 mètres dans l'intérieur des chemises, et pendant ce trajet s'être dépouillée de presque toute sa chaleur.

Les enveloppes ou chemises étant ouvertes par le bas, la chaleur de la cloche et des tuyaux descendants et ascendants, se faisant fortement sentir dans la première chemise, s'échapperait en grande partie par les pores, si une couche d'air interposée entre elles et la seconde chemise ne s'y opposait. Cette couche d'air, ayant une libre circulation de bas en haut, s'empare sans cesse de la chaleur qui lui arrive à travers la première chemise; elle l'emporte au sommet des deux, où se trouve le tuyau conducteur de la chaleur, dans lequel elle se réunit avec celui de l'intérieur de la première chemise, pour passer de là dans les lieux destinés à être chauffés.

Cependant, si, en faisant un très-grand feu, la deuxième chemise recevait de la chaleur par l'excès de celle communiquée à l'air par la première, cette chaleur se répandrait dans le caveau; mais elle n'y serait pas perdue, parce que l'air qui se précipite d'en haut par les guichets, se mêle de suite avec celui du caveau déjà tiède, et ces deux airs, ainsi confondus, entrent ensemble sous les chemises pour s'échauffer en passant autour des surfaces brûlantes qu'elles contiennent.

Avant de mettre le feu, l'air est en stagnation dans le canal souterrain, dans le caveau, dans l'intervalle des deux chemises, autour des tuyaux de chaleur et de fumée et de la cloche ; mais, aussitôt qu'on allume, il met en mouvement d'abord celui du canal souterrain qui l'alimente; ensuite il chauffe, dilate et raréfie l'air qui l'environne, et, dans cet état, il s'élève rapidement par la légèreté qu'il vient d'acquérir d'une part, et de l'autre par la pression de l'atmosphère, qui vient le remplacer à mesure par les guichets. Il en résulte qu'il s'établit un courant tellement rapide, lorsque le feu est allumé, qu'à 2 mètres de distance on ne peut tenir la main devant une bouche de 50 pouces carrés, par laquelle sort l'air chaud.

Calorifère circulaire, dit calorifère à ballon.

Cet appareil qu'on doit à **M.** Désarnod, est représenté :

Figure 1, Pl. I, vue de face.

Figure 2, coupe horizontale.

Figure 3, coupe verticale sur la ligne A B, fig. 1.

a, base ou socle.

b, *c*, *d*, *e*, quatre cylindres creux formant l'enveloppe extérieure.

f, cendrier.

g, trois planchers.

h, grille.

i, ballon.

k, trémie.

l, huit tuyaux.

m, huit autres tuyaux.

n, huit courbes.

o, comble.

Le plancher inférieur *g* de ce calorifère est percé de dix-sept trous ronds, dont un grand au centre portant embase, pour recevoir la grille *h*, et seize petits placés autour avec rebords ; huit de ces seize trous servent de supports au ballon en même temps qu'ils y conduisent l'air, et les huit autres amènent l'air directement du réservoir P au sommier *q*, où aboutissent également les huit courbes *n* sortant du ballon.

Le feu se fait sur la grille *h*, et les cendres et les scories tombent dans le cendrier *f*.

L'air extérieur, amené par un canal dans le réservoir *p*, s'introduit autour du cendrier dans les huit tuyaux *l* ; il en remplit le ballon, d'où les huit courbes *n* le conduisent dans le sommier *q*, ainsi qu'on vient de le dire. De même, les huit tuyaux *m* le reçoivent du réservoir *p* et le portent de suite dans le sommier *q*, qui, à son tour, le dégorge dans la pièce où est le calorifère par huit bouches *r* placées au pourtour de ce sommier entre les deux astragales supérieurs *s*, *t*, fig. 1, pl. I.

On conçoit : 1° que les seize tuyaux *l*, *m*, étant renfermés dans le cylindre d'enveloppe *c*, au centre duquel se trouve le feu, doivent communiquer une grande chaleur à l'air qu'ils contiennent; 2° que le ballon qui se trouve placé directement sur le feu, et qui se trouve enveloppé d'une fumée presque incandescente, doit également ajouter une grande chaleur à l'air déjà échauffé par les huit tuyaux *l* qui l'y amènent; 3° que, tout étant chaleur dans ce calorifère, il doit, tant par ses bouches que par toutes ses surfaces, en procurer une très considérable dans la pièce où il est, de même qu'il doit la donner très saine, d'après la quantité d'air neuf qu'il échauffe et qu'il répand.

Cet appareil ne peut bien aller qu'au charbon de terre.

Calorifère pour la dessiccation des poudres et salpêtres; du même.

Cet appareil, de forme rectangulaire, se voit de face fig. 4, pl. I, de côté extérieurement fig. 5, et en coupe horizontale fig. 6; il peut être placé dans un lieu éloigné de celui où l'on veut profiter de ses effets par une masse considérable d'air échauffé à la température que l'on veut. Cet air y est conduit par des souterrains sans aucun rapport avec le feu; d'ailleurs, des toiles métalliques très-serrées, interposées de distance en distance dans son passage, assurent plus encore la tranquillité des personnes qui craignent sans concevoir et sans juger.

Ce calorifère, qui brûle le bois et le charbon, moyennant une pièce de rechange, est composé de soixante-quatorze pièces de fonte, qui, toutes, se montent et s'assemblent solidement par leur propre combinaison ; on l'ouvre et ferme au moyen d'une porte double portant bascules et vasistas à tourniquet. Il y a, de plus, deux ouvreaux sur les côtés pour laisser échapper, si l'on veut, de l'air chaud dans la pièce où il se trouve, et une grande ouverture carrée sur le comble par où sort un torrent d'air chaud que l'on reçoit et conduit dans le lieu qui doit servir à la dessiccation.

Si ce lieu est éloigné, les tuyaux conducteurs exigent des enveloppes propres à ne pas laisser perdre le calorique dans son trajet.

*Calorifère à feu de bois, spécial pour bureaux ;
du même.*

Fig. 7, pl. I, vue de face de cet appareil.

Fig. 8, coupe verticale par le centre.

Fig. 9, coupe horizontale faite à la hauteur de la ligne A B dans la figure 8.

Fig. 10, deuxième coupe horizontale prise à la hauteur C D.

Fig. 12, troisième coupe horizontale prise à la hauteur E E.

Cet appareil conçu principalement en vue de brûler du bois pour chauffer de très grandes pièces, tient à la fois par sa nature des poêles et des calorifères. Il est composé de vingt-trois pièces qui sont :

Un socle; trois planchers; quatre cercles dont un de rechange pour la fumée par derrière; deux pièces droites intérieures pour la chauffe; deux pièces cintrées, deux petites cheminées; sept pièces intermédiaires entre le troisième plancher et le comble; un comble à fumée par dessus, et un comble à fumée par derrière.

Ce calorifère est muni en outre d'une porte en tôle de cinq bouches de chaleur en cuivre qui versent l'air extérieur qui s'est échauffé dans les différents passages qu'il a été obligé de parcourir, toujours à côté du feu ou de la fumée, avant de pouvoir s'échapper dans la pièce.

Autre calorifère, de M. DESARNOD.

Cet appareil est représenté dans les figures suivantes.

Fig. 13, pl. I, élévation de face.

Fig. 14, coupe verticale en travers des barreaux de la grille.

Fig. 11, section faite horizontalement suivant la ligne A B, fig. 13.

Cet appareil, dit *calorifère simple,* destiné aux grandes bibliothèques et aux salles publiques, est composé de quatre pièces de fonte, qui sont : un socle, une hausse ou anneau, une grille et une cloche; plus un cendrier, une porte et un tuyau de tôle.

Ce calorifère, ainsi composé, échauffe beaucoup la pièce dans laquelle il se trouve ; mais si l'on veut en échauffer une ou plusieurs au-dessus, on le couvre d'une enveloppe en tôle *a,* doublée, et contre laquelle vient rayonner la chaleur, qui pénètre, échauffe et dilate l'air contenu entre cette enveloppe et l'appareil, ce qui fait que cet air est raréfié, et que, par sa légèreté acquise, il s'élève dans les pièces supérieures.

C'est par un appareil de ce genre que l'ancienne bibliothèque du jardin des plantes, qui contenait neuf mille mètres cubes d'air, avait été échauffée avec satisfaction, tous les hivers, depuis le mois de mars 1804, moyennant une voie trois quarts de charbon de terre chaque année.

Calorifères à air chaud; de M. WAGENMANN.

Ces calorifères sont formés de tuyaux de fonte qui circulent dans un espace clos par de la maçonnerie; ils livrent passage à l'air provenant de la combustion, et ils échauffent de l'air froid avec lequel ils sont constamment en contact.

Le plus grand de ces deux calorifères présente sept mouvements de tuyaux dans des plans verticaux; la figure 23, pl. I, est une coupe horizontale de ce calorifère; la chambre de chaleur en maçonnerie est fermée par *de doubles parois entre lesquelles l'air est confiné;* la figure 27 est une vue antérieure du calorifère : on y a figuré *la porte du foyer, l'ouverture du cendrier,* deux orifices pour l'arrivée de l'air froid à échauffer, et une porte A qui permet d'entrer dans la chambre de chaleur; la figure 25 offre la coupe transversale de la chambre à feu, et la figure 26 la coupe perpendiculaire par le milieu du poêle.

La figure 22 est le plan d'un poêle avec cinq tuyaux; le poêle est ici de côté et en travers dans la chambre de chaleur : cette dernière est également revêtue d'une couche de pierre qui résiste au feu sans être séparée de la paroi principale par une couche d'air. Les ouvertures pour l'air froid, et le canal pour l'air chaud, sont les mêmes que dans les grands poêles. La figure 24 est une vue devant, avec la porte du foyer et le cendrier, les ouvertures pour l'air froid et la porte pour entrer dans la chambre.

La figure 15 offre la perspective du poêle. Dans la figure 16, *a* est la coupe longitudinale d'une barre du gril ; *b*, la coupe transversale ; *c*, une barre vue en dessus et en profil, et *d*, vue devant.

La figure 17 représente la coupe d'un tuyau coudé inférieur ; dans les deux figures, on aperçoit une ouverture pour nettoyer les tuyaux ; la figure 18 est la coupe du dernier tuyau coudé supérieur qui conduit à la cheminée ; la figure 19 est une coupe des tuyaux coudés supérieurs ; la figure 20 est la coupe du premier tuyau perpendiculaire qui repose sur le poêle ; la figure 21 est aussi une coupe des autres tuyaux perpendiculaires.

Calorifère à circulation d'air chaud,
par M. MEISSNER.

Ce calorifère est établi dans une petite chambre que l'auteur nomme *réservoir de chaleur*, et d'où l'air chaud se distribue par des tuyaux aux pièces que l'on veut échauffer, tandis qu'on fait repasser dans le réservoir de chaleur l'air le plus froid qui occupe la partie inférieure de ces pièces, ce qui établit une circulation qui embrasse toute la masse d'air dont on veut élever la température : cette circulation ne cesse qu'au moment où s'évanouit entièrement la différence de température dans toutes les couches d'air qui sont en communication près ou loin du foyer. A cet effet, le courant d'air chaud, spécifiquement plus léger, passe par des tuyaux qui partent des points les plus élevés du réservoir de chaleur, et débouchent, à différentes hauteurs, dans la pièce à échauffer, suivant les circonstances ; au contraire, l'air froid, spécifiquement plus pesant, s'écoule par des tuyaux qui commencent immédiatement près du sol des pièces et se terminent aux points les plus bas du réservoir de chaleur.

On établit ce réservoir au rez-de-chaussée ou dans la cave ; on peut aussi placer l'appareil dans un coin de la cuisine, ou bien dans une cheminée commune à plusieurs appartements ; dans le premier cas, le calorifère communique avec les appartements par de simples orifices percés dans les murs ; dans le second, la communication se fait par des tuyaux. Les orifices et les tuyaux sont pourvus de clapets pour régler à volonté le courant d'air, le diminuer ou même l'intercepter instantanément ; lorsqu'on a besoin de renouveler l'air, il y a une communication entre l'atmosphère, d'une part, et le réservoir de chaleur de l'autre ; il y en a une pareille entre l'atmosphère et chaque pièce avec les mêmes moyens pour l'interrompre si l'on veut : ces appareils sont économiques, d'un service commode et occupent peu d'espace.

Calorifère à circulation d'air, par M. A.-A. LETURC.

On donne généralement le nom de calorifère à air à tout appareil avec lequel on prend l'air extérieurement pour le chauffer à une haute température, et le répandre ensuite dans les appartements.

S'il ne s'agit que de chauffer une ou deux pièces contiguës d'étendue limitée, on établit l'appareil dans l'une de ces pièces, et l'air chaud est distribué par des bouches de chaleur dans celle qui lui fait suite; la pièce où il est placé reçoit la chaleur rayonnante qui lui est transmise à travers l'enveloppe de cet appareil, qui prend alors la dénomination spéciale de poêle de construction.

Mais, s'il s'agit de chauffer plusieurs pièces ou un grand espace, ou bien encore des pièces situées à différents étages d'un bâtiment, alors l'appareil, construit sur de plus grandes dimensions, s'établit dans la cave d'où l'air s'élève et se distribue dans les étages supérieurs; c'est dans ce cas que l'appareil est plus particulièrement désigné sous le nom de *calorifère à air*.

Le poêle de construction n'est donc qu'un calorifère de petites dimensions, avec quelques modifications de détail dans son exécution; d'où il suit que le système qui remplira le mieux toutes les conditions d'un bon calorifère est applicable au poêle de construction.

Les inconvénients le plus souvent reprochés aux calorifères à air sont : l'odeur de fumée qu'ils répandent assez souvent dans les appartements qu'ils doivent chauffer; le prix élevé de leur construction première, et leur entretien coûteux.

Par suite, l'usage de ce mode de chauffage est resté longtemps très restreint, surtout chez les personnes de fortune médiocre. Cependant il est incontestable que de tous les moyens de chauffer l'intérieur d'un appartement, celui que procure un bon calorifère à air est préférable sous tous les rapports.

En effet, avec une faible dépense en combustible on peut produire une chaleur fort intense et la répandre assez uniformément sur tous les points d'un grand espace; de plus, l'air vicié des appartements est sans cesse renouvelé par l'air pur pris au dehors et que le calorifère y transmet.

Il serait donc bien important de pouvoir trouver un nouveau système de calorifère dans lequel la fumée ne pût jamais se mêler à l'air chaud, les prix de construction modérés, et les dépenses d'entretien peu considérables.

Les calorifères à air dont on se sert maintenant, peuvent être réduits à deux espèces bien distinctes.

Dans l'une, l'air est introduit dans des tuyaux en fonte placés au milieu du brasier; il s'y échauffe au passage et se rend dans un réservoir supérieur, d'où il est distribué.

L'autre espèce (dont le calorifère Désarnod est le type) fait, au contraire, passer la flamme et la fumée dans un système de tuyaux disposés dans une double enveloppe bien close, dans laquelle est introduit l'air du dehors, qui s'y échauffe par le contact des surfaces extérieures de ces tuyaux et s'élève ensuite dans le réservoir de distribution.

Dans l'un et l'autre système, les tuyaux sont assemblés à leurs extrémités par des collets qui s'emboîtent soit dans des plaques en fonte percées pour les recevoir, soit dans d'autres tuyaux faisant suite aux premiers. Ce sont ces assemblages qui offrent les imperfections qu'il importe le plus de corriger.

En effet, le seul lut que l'on puisse employer pour sceller les collets de ces tuyaux, est la terre grasse ou argile; mais, par suite de la chaleur intense à laquelle elle est exposée, elle éprouve une sorte de cuisson qui en diminue le volume; le retrait qu'elle éprouve est encore augmenté par la forte compression qu'exercent sur elle les collets des tuyaux dilatés par une chaleur rouge.

Dans cet état, la fumée ne peut trouver aucune issue par laquelle elle puisse passer pour se mêler à l'air qui doit porter la chaleur dans les appartements. Mais lorsque le refroidissement arrive, l'argile conserve le volume auquel la première chaleur l'a réduite; tandis que les collets des tuyaux, en se contractant et reprenant leur volume primitif, laissent entre eux et l'argile un vide ou fissure par où passe la fumée; et cet effet a lieu pendant tout le temps nécessaire pour pouvoir, par une nouvelle chauffe, rétablir dans les tuyaux l'augmentation de volume qu'ils avaient acquise lors de la première.

Il est donc physiquement démontré que dans ces deux espèces de calorifères il est impossible d'empêcher que la fumée ne se mêle plus ou moins à l'air chaud, jusqu'à ce que les tuyaux aient atteint le rouge que leur donne chaque chauffe successive. Les prix de ces calorifères sont très élevés : ceux de la première espèce, qui ont de vingt-cinq à quarante tuyaux, coûtent fort cher avec leurs accessoires; on ne peut les chauffer qu'au bois, ce qui ajoute encore à leur dépense, puisque le prix comparatif de la chauffe au bois ou à la houille, est à peu près de trois à un.

Les tables en fonte percées pour recevoir les collets des tuyaux sont exposées à se fendre fréquemment à cause de l'inégale dilatation des parties alternativement pleines ou vides de ces tables.

Pour les remplacer, ainsi que les tuyaux que le feu brûle assez promptement, il est indispensable de démontrer tout l'appareil, et cette opération est fort coûteuse.

Un calorifère de cette espèce peut chauffer un volume d'air intérieur de 1,300 à 1,400 mètres cubes.

Le calorifère Désarnod, dans les mêmes proportions que celui qui précède, coûterait tout compris beaucoup plus. On les peut chauffer au charbon de terre ou au coke. Il est aussi plus économique que le précédent, sous le rapport de son entretien, car on peut, dans ce système, remplacer chaque pièce qui viendrait à manquer, sans être obligé de tout démonter. Il lui reste cependant l'inconvénient de répandre, comme le précédent, une odeur de fumée dans les appartements qu'il chauffe. En outre, il est facile de prouver qu'il n'utilise pas tout le pouvoir calorifique du combustible employé ; en effet, la couche d'air qui s'élève et circule entre les tuyaux et la double enveloppe ne reçoit le calorique que d'un côté, tandis qu'elle en perd du côté opposé. L'air froid devrait, pour un meilleur résultat, cheminer entre deux surfaces de chauffe ; et dans l'espèce sa route s'opère entre une surface de chauffe et une surface de refroidissement ; car, en effet, la double enveloppe, les parois des murs et le plafond du caveau dans lequel on place le calorifère, sont des surfaces absorbantes ou de refroidissement, leur étendue est de près de 60 mètres carrés, tandis que la surface de chauffe n'est pas de 30 mètres.

Dans le nouveau calorifère que nous allons décrire sous le nom de *calorifère à circulation hélicoïde*, on s'est proposé :

1° De porter remède aux imperfections signalées dans les deux premiers calorifères dont nous venons de parler;

2° D'absorber, au bénéfice de l'air que l'on veut échauffer, une partie bien plus considérable du pouvoir calorifique du combustible que l'on emploie;

3° D'isoler assez le courant d'air chaud de celui de la fumée, pour que dans aucun cas il n'y ait possibilité de mélange;

4° Enfin de produire un appareil dont le prix d'établissement fût moindre que celui de ses devanciers, l'entretien plus facile, moins dispendieux, et dans lequel on puisse, à volonté, brûler du charbon de terre ou du bois.

Un calorifère de cette espèce a été comparé pour les effets à un autre de la première espèce de vingt-trois tuyaux.

Dans la partie supérieure du réservoir à air chaud, ainsi qu'à la sortie de la fumée, on avait pratiqué, dans l'un et l'autre, de petites ouvertures avec portes, afin de pouvoir y introduire des capsules en cuivre dans lesquelles on avait placé du plomb et de l'étain, fusibles l'un et l'autre à des degrés de température connus.

On a brûlé dans l'ancien calorifère que nous désignerons par b, 26 kil. de bois, et dans le nouveau a, 13 kil. de houille. Une heure après avoir allumé, on a retiré les capsules des réservoirs d'air chaud : dans l'a, l'étain était complètement fondu, le plomb commençait à s'amollir, et toutes les arêtes se trouvaient arrondies, ce qui a fait estimer la température à 250°.

Dans b, le plomb et l'étain étaient intacts, l'alliage de 2 de bismuth et de 1 d'étain fusible à 160° était ramolli, mais non fondu ; la température a été estimée à 150°.

Dans *a*, la température de la fumée à sa sortie était de 160° ; dans *b*, elle était de 130°.

Dans le calorifère *a*, soumis à l'expérience, la fumée ne faisait que deux révolutions et demie autour de la cloche ; on lui en fait faire quatre maintenant.

En résultat, la température de l'air chaud s'est trouvée de 100° plus élevée dans le calorifère *a* que dans celui *b*.

1° *Cheminement des produits de la combustion.*

Pl. I, fig. 34 et 36, *i*, porte pour introduire le combustible ; *m*, *a*, grille et cendrier.

a a a' a', cloche en tôle de 6 millim. d'épaisseur, dans laquelle s'opère la combustion.

h, cloison en briques réfractaires qui force la flamme à frapper la calotte de la cloche et à redescendre ensuite dans le tuyau *k k*.

q q q, cloison en tuiles, disposée en hélices autour du cylindre en tôle *b b b b*, de 4 millim. d'épaisseur.

j j j j, cheminement hélicoïde de la fumée, qui peut faire quatre révolutions autour du cylindre avant de s'échapper dans le tuyau de la cheminée.

2° *Cheminement de l'air à chauffer.*

e e e, prise de l'air froid, et son cheminement pour arriver en *e'* du plan où il s'introduit dans l'espace compris entre la cloche *a a a* et celle cylindrique *b b b*.

c, c, c, diaphragmes en tôle disposés en hélice entre la cloche et le cylindre ; c'est entre ces diaphragmes que l'air circule en montant, et fait quatre révolu-

4.

tions autour de la cloche *a*, avant de se rendre dans le réservoir de distribution *d*.

n n, tiges verticales en fer qui traversent tous les diaphragmes en tôle, et servent à les maintenir invariablement dans leur position au moyen d'une petite traverse horizontale en fer, assemblée sur ces tiges, et dont la longueur égale la largeur des diaphragmes ; ceux-ci reposent et sont fixés sur cette traverse.

g, ouverture par laquelle arrive l'air chaud dans le réservoir *d*, en glissant sur la calotte rougie de la cloche *a a a*.

p p, partie conique du réservoir d'air chaud.

p, p, p, partie cylindrique du même réservoir, entre laquelle et la maçonnerie de l'enveloppe, on laisse un vide de 12 centimètres. C'est de là que partent les tuyaux qui conduisent l'air chauffé aux bouches de chaleur.

v v, maçonnerie de l'enveloppe circulaire ; au milieu de son épaisseur et dans toute la hauteur on laisse un vide de 10 centimètres de largeur. On remplit cet espace de poussière de charbon ou de sable glaiseux non conducteur *x x*.

v, voûte qui recouvre et ferme le haut de l'enveloppe ; on la supporte par quelques barres de fer pour en détruire la poussée ; l'extrados est recouvert d'une couche de charbon ou de sable glaiseux. Avec quelques modifications, ce calorifère peut être transformé en poêles de toutes dimensions pour être placés dans l'intérieur des appartements, où ils auront le double avantage de répandre un courant d'air chaud dans les pièces où ils seront placés et de soutirer constamment la couche d'air froid qui reste stationnaire sur la surface des carrelages ou planchers. Ils atténueront ainsi considérablement l'inconvénient des poêles ordinaires, qui est de laisser les pieds froids, tandis qu'ils échauffent le corps. Ce genre d'appareil, au contraire, aspire l'air froid qui rase le sol et le rend échauffé à la hauteur de la tablette qui couronne le poêle.

Le système est toujours le même, puisque l'air à chauffer est introduit dans l'appareil, et y est maintenu dans son parcours entre deux surfaces de chauffe, sans rencontrer de surfaces absorbantes, et que tous les produits de flamme, de fumée et de chaleur rayonnante sont absorbés au profit de l'air qui circule entre les deux cloches. Seulement, par la forme hélicoïde de ses conduits, le volume se trouve restreint à l'ouverture que l'on pouvait laisser dans le fond inférieur des cloches, dont il fallait augmenter les proportions pour pouvoir augmenter aussi le volume d'air. Dans la disposition nouvelle, l'air étant introduit par toute la circonférence de l'appareil, et son volume étant déterminé par le vide laissé entre les diaphragmes en tôle et les parois des cloches, on peut, en donnant moins de largeur aux diaphragmes, laisser le passage libre à une plus grande quantité d'air.

Dans l'ancien système, les produits de flamme et de fumée n'ayant qu'une seule issue pour sortir de la cloche intérieure, l'action calorique détériorait promptement ce conduit; tandis que maintenant la flamme et la fumée sont lancées dans une grande bâche en fonte par deux longues ouvertures qui n'ont qu'une très petite largeur et paralysent l'action destructive de la chaleur.

La cloche intérieure, qui peut également être en tôle ou en fonte, s'ajuste par une double languette dans une rainure double ménagée autour de la bâche, en fonte ou en tôle, qui reçoit les produits de flamme et de fumée. Ce double ajustement, qui est le seul point de communication entre l'air chaud et les émanations combustibles, étant convenablement garni d'argile ne peut permettre aucun accès à la mauvaise odeur dans les appartements.

Les expériences faites de ce perfectionnement ont donné les résultats les plus satisfaisants sous le double rapport de l'économie de combustible et sous celui de la quantité plus grande de calorique.

Fig. 35 et 37, pl. I, *a*, bouche en fonte pour introduire le combustible.

c, cendrier et courant d'air pour alimenter la combustion.

d, trémie en fonte où s'opère la combustion.

e, cloche en tôle ou en fonte recevant la chaleur rayonnante.

f, ouvertures pratiquées dans la trémie en fonte pour le passage des produits de flamme et de fumée.

g, bâche en fonte recevant la flamme et la fumée, et les conduisant autour de la cloche extérieure.

h, conduits en spirale dirigeant la fumée autour de la cloche extérieure.

i, tuyau de sortie de la fumée hors de l'appareil.

j, ouverture pratiquée pour le ramonage.

k, revêtement en brique.

l, vide laissé dans le revêtement et rempli de sable ou de charbon pilé pour empêcher l'expansion extérieure du calorique.

m, cloche extérieure en tôle.

n, diaphragme en tôle forçant l'air à se griller contre les parois des cloches.

o, air froid introduit dans le bas de l'appareil.

p, air chaud circulant dans les hélices.

q, tuyaux d'échappement de l'air chaud.

Calorifères pour un nouveau système de chauffage,
par M. J.-F. PERRÈVE.

Ces appareils comprennent :

1° Le chauffage des appartements, lieux publics, séchoirs, etc. Ces appareils peuvent aisément s'adapter aux poêles calorifères, dont ils augmentent considérablement les effets calorifiques ;

2° Le même système d'appareils, convenablement disposés, s'applique au chauffage des liquides, notamment aux bains, à la production de la vapeur, pour les machines à feu, aux distillations, évaporations ;

3° Enfin, les lois du refroidissement étant les mêmes que celles du réchauffement, ces appareils, modifiés, peuvent servir de condensateurs réfrigérants.

Ce système consiste à prendre la chaleur et les produits fuligineux à la sortie du foyer pour les conduire dans des appareils disposés de manière à diviser, étendre et pour ainsi dire laminer la chaleur, de telle sorte que, en faisant passer, à plusieurs reprises, les produits de la combustion sur de grandes surfaces, on utilise la totalité du calorique dans certains cas, et l'on augmente toujours considérablement les effets utiles de la chaleur produite.

Chauffage des appartements, lieux publics,
séchoirs, etc.

Pl. I, fig. 39. Au-dessus du foyer *e*, en face la gorge *ff* destinée au passage de la fumée, on emboîte un premier cône tronqué *g, g,* qui a, à cet effet, à sa troncature, une gorge-tuyau *hh;* ce premier cône ayant également à sa base une gorge *ll,* reçoit un second cône tronqué *mm,* qui, comme la première, a deux gorges : la gorge *nn,* destinée à emboîter d'autres appareils semblables, et la grande gorge *ii* de la base du cône. Ces gorges des bases des cônes s'emboîtent l'une sur l'autre, à la manière ordinaire, ou bien la gorge du cône inférieur, en laissant entre elles un intervalle suffisant pour pouvoir luter avec de la terre réfractaire. C'est cette dernière disposition qui se trouve indiquée dans la figure.

Dans l'intérieur de ces deux cônes tronqués, ainsi réunis par les gorges des bases, on met un troisième cône *oo,* en tôle, fonte ou fer cuite qui vient s'appuyer extérieurement sur le premier cône, au moyen de trois supports-arêtes *k,* en fer, rivés sur le cône *oo,* quand le cône sera en fer, posés de champ, coupés de biais pour s'appuyer dans l'intérieur du premier cône *gg,* et ayant des arêtes pour maintenir le cône *oo* droit et stable dans sa position. Ces supports-arêtes seront en fonte ou en terre, faisant corps avec les cônes si les cônes sont en fonte ou en terre.

Le diamètre et la hauteur des cônes *o* seront tels que, ayant leurs bases renversées, ils doivent entrer dans l'intérieur des cônes *gg,* et que ces deux cônes, ainsi superposés intérieurement, doivent toujours, et dans tous les cas et applications dont il sera parlé ci-après, laisser entre eux, au moyen des supports-arêtes *k,* un intervalle suffisant, eu égard aux frottements, pour le passage de la fumée. Par suite de cette disposition, le sommet des cônes *oo* doit se trouver suspendu précisément au centre de la gorge-tuyau *hh* et un peu au-dessus, pour concourir à diviser la fumée et la chaleur provenant du foyer, afin que les produits de la combustion s'étendent également sur les surfaces intérieures des cônes.

Sur le premier appareil, ainsi disposé, on emboîte successivement plusieurs autres appareils semblables, au moyen des gorges-tuyaux des cônes supérieurs qui entrent dans les gorges des cônes des appareils inférieurs, en laissant entre les appareils ainsi superposés, un intervalle de quelques centimètres, plus ou moins.

Les tuyaux de communication des appareils auront les diamètres ordinaires, en raison de la quantité et de la nature des combustibles qu'on doit brûler dans le foyer.

Quant aux diamètres des appareils, ils ne peuvent être fixés ; leurs proportions et leur nombre dépendent des localités et des résultats qu'on veut obtenir.

Dans tous les cas, la gorge supérieure du dernier appareil sera toujours d'un plus grand diamètre que les gorges-tuyaux des appareils inférieurs, afin d'emboîter sur cette gorge des tuyaux de conduite pour la fumée, dont les diamètres soient assez grands pour avoir un bon tirage, ce qui est essentiel. La figure 39 représente cette dernière gorge avec des tuyaux un peu plus grands, ce qui, au surplus, n'offre pas d'inconvénient.

Les sommets des cônes *o*, *o*, étant exposés à une assez forte chaleur, principalement les cônes des premiers appareils, on peut les mettre en fonte, comme l'indique la figure ; dans ce cas, les petits cônes en fonte *p* viendront s'appuyer, au moyen d'une gorge ménagée, à cet effet, dans l'intérieur des cônes *o, o,* qui auront alors une troncature pour les recevoir.

Pour supporter et tenir les appareils stables et empêcher l'écrasement, lorsqu'il y aura nécessité de le faire, par suite du nombre et de la grandeur des appareils, on met de petits colliers en fer *s' s,* ayant trois, quatre et cinq montants-supports *t, t* rivés aux colliers ; ces cônes entrent aisément dans les gorges des cônes inférieurs, et les montants-supports qui y sont attachés sont d'une hauteur suffisante pour que les appareils viennent se poser dessus.

Ces colliers pourraient être également tenus par une branche en fer qui viendrait se boulonner sur un montant en fer plat ou en bois qui supporterait tous les appareils.

On peut aussi, comme on le voit fig. 39, placer immédiatement au-dessus du foyer et à 24 à 27 centimètres de hauteur, le premier appareil qui, dans ce cas, s'emboîterait sur le foyer même, au moyen d'une gorge d'un diamètre et d'une hauteur suffisants.

Ces appareils peuvent être en tôle, cuivre, fonte, terre cuite ou faïence.

On voit par la description que nous venons de faire de ces appareils, qu'ils sont indépendants les uns des autres, et qu'on peut en varier le nombre et la disposition.

On peut encore établir des courants d'air sur les cônes supérieurs *m, m,* en superposant d'autres cônes *r, r* au moyen de bouts de tôle coupés convenablement, ce qui est suffisamment indiqué dans la figure 1, et l'on peut varier leurs formes.

Nous ne dirons rien des ornements de toute genre qu'on peut ajouter à ces appareils.

Grands calorifères.

Les grands calorifères (fig. 38 à 42, pl. I) ne diffèrent des appareils décrits précédemment que par la transformation des cônes intérieurs en de petites chambres *i, i*, en mettant des gorges de 13, 16, 18 et 21 centimètres de hauteur aux cônes et en fermant les gorges des cônes intérieurs *i, i, i* par des couvercles *g, g*.

On dispose dans les chambres intérieures, des séparations *h, h*, espacées et distribuées de façon que l'air extérieur, amené par les bouches *m* qui traversent les gorges des cônes, soit forcé de passer sur toutes les surfaces des cônes-chambres intérieurs, et après s'être échauffé par le contact des parois, sorte par les bouches *m*.

Les couvercles *g, g* seront placés de biais et couverts d'une légère couche de cendre ou de sable, pour absorber l'eau de condensation, qui s'évapore peu après.

Nous ne dirons rien des ornements de tout genre qu'on peut ajouter à ces appareils : ce sont des détails insignifiants dans les descriptions qui nous occupent ici.

Calorifère à air de M. A. PERTUS.

Les détails de construction de cet appareil sont donnés par les figures.

Fig. 1, 2, 3, pl. II, *a a*, grands tuyaux en tôle, servant à conduire la chaleur dans les pièces ou appartements des divers étages.

b, b, dessus du poêle : il est d'abord couvert d'une plaque en tôle à laquelle on ajoute, à volonté, une

Chauffage.

seconde plaque en cuivre ou une table de marbre ou de pierre.

c, c, enveloppe en forte tôle du corps du poêle.

d, d, socle en tôle, qui sert de base et de support au poêle.

e, e, tiroir pour recevoir les cendres qui tombent du foyer du calorifère.

h, h, h, trois bouches de chaleur qui communiquent à l'intérieur par des petits tuyaux en tôle indiqués par des points, à trois trous pratiqués au pourtour du tambour ou réservoir de chaleur ; à ces bouches de chaleur on adapte d'autres petits tuyaux en tôle, aussi indiqués par des points pour diriger la chaleur et la répandre dans les appartements voisins ; on place ordinairement six bouches de chaleur à chaque poêle ; ce nombre varie nécessairement selon le nombre de pièces que l'on veut chauffer.

i, clef de la soupape qui ouvre et ferme, dans l'intérieur du grand tuyau en tôle *a, a,* l'ouverture pratiquée dans la plaque en tôle qui forme le couronnement du tambour ou réservoir de chaleur ; c'est par cette issue que s'échappe ou se retient la chaleur destinée à chauffer les appartements supérieurs.

1 1 1, masse en fonte nommée calorifère : elle est ordinairement de forme ronde ou carrée ; on peut en faire de forme ronde allongée et aplatie par les deux bouts ; l'intérieur est creux ; sur le devant est une ouverture nommée gueulard, qui va en s'évasant jusqu'à la porte du poêle *g, g,* par où l'on introduit le charbon de terre, c'est là le foyer de la chaleur ; au haut de la masse il y a deux trous ronds, de chaque côté, et qui traversent la masse de part en part dans son milieu ; à leur ouverture extérieure, qui forme un rebord en saillie, sont adaptés deux tuyaux qui se réunissent en un seul, comme il est figuré au sommet de la masse; ce tuyau qui n'a que 55 à 80 millim. à sa naissance, reçoit un autre tuyau qui, après avoir traversé le tambour, va sortir à 10 centim. en dehors de la plaque qui forme le dessus du poêle; tous ces tuyaux sont en fonte ainsi que la masse.

2222, seconde enveloppe en tôle placée dans la partie basse de l'intérieur du poêle, à une distance de 80 millim. de son enveloppe extérieure : elle occupe, en hauteur, depuis le dessus du socle jusqu'au dessous du fond du tambour qui est appuyé circulairement sur l'extrémité d'en haut de cette enveloppe.

3333, espace vide qui se trouve entre cette seconde enveloppe et la masse en fonte du calorifère, qui forme la chambre chaude et retient toute la chaleur qui sort de cette masse.

44, espace vide qui existe entre l'enveloppe du corps du poêle et celle de la chambre chaude; on remplit cet espace avec du sable fin ou avec de la terre jaune.

55, espace resté libre par où passe la chaleur de la chambre chaude, dans le tambour où elle se trouve concentrée.

666, trous pratiqués dans la partie antérieure du pourtour du tambour, qui reçoivent les tuyaux qui conduisent la chaleur de ces trous aux bouches de chaleur placées à la partie antérieure de l'enveloppe extérieure.

7, point où s'arrête le tuyau en fonte, conducteur de la fumée et où est adapté le premier tuyau en tôle qui continue le conduit de fumée jusqu'à son issue;

c'est au même point qu'est fixée la couverture du tambour qui est en tôle.

8, petit conduit en tôle, haut de 13 à 16 centimètres, qui prend naissance à une ouverture de forme ovale un peu allongée, pratiquée dans la couverture du tambour, et qui se termine par une soupape s'ouvrant et se fermant à volonté pour retenir la chaleur dans le tambour ou l'introduire dans le grand tuyau en tôle qui conduit la chaleur aux étages supérieurs.

9, clef servant à ouvrir et fermer la soupape.

9 *bis*, ligne pointillée, indiquant l'endroit où s'arrête l'appareil qui a rapport à l'action de chauffer la pièce où le poêle est placé, ainsi que les pièces voisines au même étage.

10, continuation du tuyau en tôle conducteur de la fumée jusqu'à son issue, soit dans une gaîne de cheminée, soit au dehors; ce tuyau doit avoir un diamètre de 13 centimètres environ.

11 11, continuation du grand tuyau en tôle de 32 à 35 centimètres de diamètre et qui doit conduire la chaleur aux étages supérieurs, dans les pièces qui doivent être chauffées; on perce à ce tuyau des ouvertures où l'on ajuste des tuyaux plus petits aboutissant à des bouches de chaleur que l'on dispose et multiplie selon la dimension et le nombre des pièces à chauffer. Là où cesse l'utilité de ce tuyau, il est bouché hermétiquement par une plaque en tôle, dans laquelle est pratiquée une ouverture ronde par où passe le tuyau conducteur de la fumée; c'est à ce point que l'on peut désigner l'issue que peut avoir ce dernier tuyau; jusque-là ces deux conduits se sont élevés, à partir de la couverture du tambour, l'un dans l'autre, et c'est l'espace vide obtenu en circon-

férence par la différence de leurs diamètres respectifs, 10 centimètres environ, qui sert de tambour ou de réservoir de chaleur pour la distribuer dans les pièces des étages supérieurs.

Fig. 2, vue de la partie inférieure et intérieure de la masse en fonte du calorifère, placée où elle doit être dans le corps du poêle, et de la partie qui forme la chambre chaude.

11, enveloppe extérieure du socle en tôle.

22, enveloppe extérieure du corps du poêle en tôle.

33, foyer du calorifère.

44, masse en fonte du calorifère, qui a la forme d'un globe creux, excepté une ouverture qui est devant.

5, ouverture appelée gueulard qui communique de l'intérieur à l'extérieur, par où l'on introduit le charbon de terre.

6, porte fermant cette ouverture.

77, trou rond percé au fond de la masse, en fonte, et garni d'une grille par où passent les cendres pour tomber dans le tiroir placé au-dessous.

88, double enveloppe en tôle placée dans l'intérieur du poêle, qui prend sa base immédiatement au-dessus du socle, et se termine à la plaque de dessous du tambour, à laquelle elle sert de support dans tout le pourtour intérieur du poêle.

99, espace vide qui fait la chambre chaude.

Fig. 3, tambour ou réservoir de chaleur placé dans la partie supérieure et intérieure du poêle, sur la plaque en tôle qui supporte ce tambour et entoure la chambre chaude située dans la partie inférieure.

11, enveloppe extérieure du poêle.

2, ouverture par où passe le tuyau conducteur de la fumée.

3 3, cercle indiquant la forme du tambour ou réservoir de chaleur ; ce tambour commence au-dessus de la chambre chaude, d'où il reçoit la chaleur qu'il concentre pour la répartir selon que les besoins l'exigent, et se termine à 8 centimètres d'élévation au-dessus de la table du poêle.

4 4, fond du tambour qui est appuyé, par ses extrémités, sur la double enveloppe en tôle qui forme le pourtour de la chambre chaude.

5 5, plaque en tôle formant la couverture ou le couronnement du tambour ; elle est percée d'une ouverture par où passe le tuyau en fonte qui conduit la fumée. Le tambour a 32 ou 35 centimètres de hauteur sur autant de diamètre.

6 6, six tuyaux en tôle adaptés, d'une part, à autant de trous percés dans le pourtour extérieur du tambour, et, de l'autre part, à six bouches de chaleur placées au pourtour extérieur du poêle, et servant à conduire la chaleur de l'intérieur au dehors.

7 7, six bouches de chaleur, placées, comme il vient d'être dit, au pourtour extérieur du poêle, recevant la chaleur du réservoir intérieur ou tambour par six tuyaux en tôle, et la répandant dans les pièces où il est besoin, par des tuyaux placés extérieurement, et qui sont indiqués par des points.

Le grand tuyau conducteur de la chaleur, qui prend son origine au-dessus de la table du poêle, est une sorte de prolongement du tambour ou réservoir de la chaleur ; sa seule fonction étant de chauffer les pièces placées aux étages supérieurs, à chacun de ces étages on place un corps de tuyau en forme de globe qui établit, dans l'endroit convenable, un plus spacieux réservoir de chaleur ; c'est de là que partent les bouches de chaleur qui servent à chauffer la pièce où se trouve ce réservoir, et au besoin les pièces voisines, comme il a déjà été expliqué aux figures 44 et 48 ; et lorsque les circonstances l'exigent, ce qui est très rare, on peut donner une autre direction au tuyau conducteur de la fumée.

Il est bon d'observer encore que le poêle calorifère qui vient d'être décrit, est de forme ronde.

On peut également en construire de carrée, en suivant la dimension ordinaire : la largeur serait de 1 mètre et la profondeur de 80 centimètres.

On peut adopter aussi la forme triangulaire pour occuper les angles.

La forme extérieure ne changerait rien à la construction intérieure, dont toutes les parties doivent conserver une forme ronde ou circulaire.

La dimension de chaque poêle doit nécessairement varier selon la quantité de chaleur qu'il est destiné à produire.

Les poêles carrés, placés dans de beaux appartements, peuvent être revêtus d'ornements extérieurs, tels que plaques en marbre, pour figurer des poêles de marbre ou moulures et sculptures en métaux ou en terre cuite ; ces dernières ornementations peuvent également s'appliquer sur des poêles ronds.

Calorifère à air, de M. V. BENOIT.

Ce calorifère, pl. II, fig. 4, 5, 6, 7, est construit et fonctionne ainsi :

Sa principale pièce est un tambour *c*, soit de fonte ou de forte tôle, se présentant sous la forme d'une boîte dont les côtés sont quatre trapézoïdes, et le dessus trois qui se réunissent sur une seule ligne horizontale formant le côté placé sur le mur. Nous ne donnerons pas ici des mesures, car il est impossible de ne point les varier, selon l'importance et le nombre de pièces que le calorifère aura à chauffer.

Le dessous dudit tambour est en arc de cloître ; cette disposition ne sera observée que pour les calorifères qui seront faits sur une grande échelle. Les lignes courbes de notre arc de cloître aboutissent à trois tuyaux qui sont percés au fond du tambour, dont deux *u* ont, en hauteur, la moitié de celle de l'appareil, et le troisième, qui est celui du milieu *t*, s'arrête à 8 centimètres intérieurement du dessus *r* du tambour. Les deux lignes, passant par les deux tuyaux secondaires et ayant leur point d'intersection au centre du tuyau principal *t*, doivent y amener infailliblement la flamme. Pour les calorifères qui serviraient au chauffage d'une pièce ou de deux seulement, le tambour resterait le même pour le dessus et les côtés ; quant au fond, l'arc de cloître disparaîtrait pour faire place à une partie purement et simplement concave, et qui n'aurait que le tuyau principal *t*.

Les deux tuyaux *k*, adaptés à chaque côté latéral du tambour et encastrés dans les murs, sont destinés à porter la chaleur aux étages supérieurs ; des bouches de chaleur *j*, percées sur chacune des grandes faces, opèrent de même pour les pièces où le calorifère est établi ; un autre tuyau placé au fond du tambour et communiquant avec l'extérieur, amène l'air froid qui doit raréfier le calorique trop dense qui y est contenu et la force à sortir en n.

Ce tambour c est soutenu aux murs de ceinture m du calorifère par quatre tasseaux en fer qui y sont scellés.

Un cendrier a est placé au-dessus du plancher à une hauteur de 50 millimètres, et est posée, à la même hauteur immédiatement au-dessus, une grille formée de barreaux de fer de 1 centimètre 1/2 carré, et destinée à recevoir le combustible. Cette grille se scelle dans des talus en briques s, élevés de chaque côté, formant avec elle un angle aigu, et eux-mêmes deux autres angles de chacun 35 ou 40 degrés, chiffres qui sont leurs seules variantes.

Ces talus rétrécissent le foyer, en forment un entonnoir d'où la flamme s'élance avec force, frappe d'une seule gerbe le fond du tambour, contourne les quatre côtés de l'arc de cloître, se sépare en trois autres gerbes et entre dans les tuyaux qui y sont adaptés, en sort après avoir fortement échauffé le tout pour suivre la route tracée par les lettres $d, e, f,$ g, h, i.

Sous la tablette de marbre x est disposée, au-dessous, à une distance de 8 centimètres, une plaque en fonte de la longueur et de la largeur du vide du calorifère, sur laquelle est répandue une couche de sable fin ; ce sable conserve la chaleur, l'empêche de se communiquer trop vivement au marbre, qui ne la reçoit, de cette manière, que douce et constante. Nous nommerons cette plaque de fonte sablier o.

La fumée produite par la combustion s'échappe par le tuyau l, dans lequel nous plaçons un registre ou modérateur p, qui, semblable à ceux que l'on emploie

5.

dans les tuyaux ordinaires, est pourvu d'une verge en fer et d'un bouton en cuivre, afin d'en faciliter le jeu ; de cette façon, si l'on a le désir de modérer la chaleur, de la concentrer dans le bas et de n'en donner qu'une douce aux étages supérieurs, cela devient très-facile avec cet appareil.

Le tuyau ou passage l de la fumée est séparé de la pièce où le calorifère est construit par une cloison en briques de champ, de 50 millimètres. Une ouverture v y est faite au-dessous du modérateur p ; elle est destinée au ramonage, que l'on ferait en laissant tomber une corde ayant à un de ses deux bouts un poids assez lourd pour le faire descendre, et à l'autre un bouchon de paille remplissant le diamètre du tuyau l ; alors, passant le bras dans ledit par l'ouverture laissée à cette intention, on tirerait la corde et on opérerait facilement. Cette ouverture est fermée par une petite porte en cuivre s'ouvrant à l'aide de charnières.

Le calorifère est disposé pour brûler du bois, du charbon de terre, de la tourbe, etc., avantage inappréciable dans les contrées du Nord, où le bois de chauffage est toujours cher.

Le tambour e est placé de façon qu'il n'y ait entre la base des trois triangles formant son dessus et les murs du calorifère, qu'un vide de 3 centimètres, et 5 centimètres entre lesdits murs et les côtés du fond du tambour : de cette manière, la chaleur entre par 5 centimètres, en rencontre 3 centimètres à sa sortie, s'y presse et, ne pouvant échapper aussi promptement qu'elle y est entrée, séjourne et, par conséquent, échauffe le tambour.

On construira ce calorifère entièrement en briques, étant convaincu que la brique conserve le calorique et n'est pas bonne conductrice de la chaleur; il peut fort bien remplacer le poêle que l'on place d'ordinaire dans les salles à manger, où il ne tiendra pas plus d'espace que celui-ci.

On peut le placer, comme il est dit ci-dessus, dans une salle à manger, lui ôter ses deux tuyaux k et le consacrer spécialement au chauffage de cette pièce, ou bien le construire partie dans la salle, partie dans l'antichambre, en l'établissant dans le mur de refend qui viendrait s'asseoir dessus, ou bien encore lui laisser les deux tuyaux k, afin d'échauffer les étages supérieurs. Si, au rez-de-chaussée, son établissement était gênant, une cave serait excellente pour cet usage, puisque, de là, on pourrait, avec la plus grande facilité, lancer des tuyaux de chaleur au milieu des murs et des entrevous des planchers sans aucune crainte d'incendie, et avoir le même degré de chaleur. Ce calorifère est le seul qui en donne un volume considérable sous une forme aussi restreinte ; il est calculé pour en contenir continuellement dans son tambour 33 centimètres cubes et plus.

Calorifères salubres et ventilateurs entièrement en fonte, et ne rougissant pas les surfaces de chauffe, par M. RÉNÉ DUVOIR.

Voici comment M. Duvoir décrit son système :
Empêcher de rougir les surfaces métalliques destinées à chauffer l'air, afin de n'en pas altérer la composition, tel est le problème resté jusqu'ici insoluble, avec les calorifères à air chaud. Les calorifères à eau ou à vapeur remplissent seuls ces conditions, mais leur prix élevé et des dispositions locales indispensables n'en permettent pas un emploi général.

Combiner un calorifère qui réunisse les avantages des deux systèmes sans en avoir les inconvénients, tel a été le but de nos recherches.

Notre nouvel appareil satisfait à toutes les conditions exigées. Outre l'avantage de ne point rougir et de fournir toujours de l'air pur, cet appareil a encore, sous le rapport de sa construction, de la facilité du service et du ramonage, une grande supériorité sur tous ceux qui existent. Il est construit entièrement en fonte et présente une solidité à toute épreuve; les joints, montés à brides et à boulons, obvient à tous les inconvénients produits par la dilatation incessante des coffres et des appareils en tôle, dont le clouage laisse toujours échapper la fumée dans les réservoirs à air chaud.

La marche de l'air chaud y est en sens inverse de celle de la fumée; cette disposition est la plus avantageuse pour le refroidissement; elle permet de diminuer les surfaces de chauffe et d'utiliser le combustible aussi complètement que possible.

Le foyer est disposé de manière à brûler du coke et des houilles de toute espèce, mais l'usage de l'anthracite offre un immense avantage; avec ce combustible, on peut ne charger le foyer qu'une seule fois le matin pour douze ou quinze heures.

Il en résulte qu'un seul homme peut faire le service de vingt calorifères; il suffit de disposer les foyers le soir, pour n'avoir, le matin, qu'à allumer les feux.

Nous dirons toutefois ici, que l'anthracite est un combustible qui n'est pas encore très-répandu à Paris et dans les départements; qu'on éprouve encore quelques difficultés à se le procurer, et que son service exige des soins au commencement du chargement des calorifères; mais il faut espérer que ces inconvénients seront surmontés et qu'on ne tardera pas à avoir ce précieux combustible en abondance et à savoir le manier dans les chauffages.

Malgré des traits de ressemblance du nouveau calorifère avec plusieurs de ceux qui l'ont précédé, il est facile de voir, d'après ce qui vient d'être exposé, en quoi il diffère de ses devanciers, et la description détaillée que nous allons en donner servira mieux encore à faire ressortir ces différences. Au reste, c'est aux personnes versées dans la pratique de l'art du chauffage, ainsi que dans sa théorie, à juger jusqu'à quel point nous avons approché du but dans la structure de nos calorifères salubres et ventilateurs.

Ces calorifères conviennent tout particulièrement aux hôpitaux, bureaux, tribunaux, colléges, à tous les lieux enfin qui exigent une température régulière et de l'air pur. On peut facilement régler la dépense du combustible en raison de la durée du chauffage et du nombre de pièces à chauffer.

Description du calorifère ventilateur en fonte.

La figure 12, planche II, est une coupe verticale du calorifère.

La figure 11 est une coupe horizontale faite suivant une ligne brisée passant par E, F, I, L, N, et G, N.

La figure 13 est la coupe verticale perpendiculaire à la première.

La deuxième porte K est destinée au chargement du foyer; c'est par cette ouverture qu'on introduit la masse du combustible, qui, en se consumant lentement, doit dégager la chaleur nécessaire à un chauffage d'air de 12 à 15 heures.

Dans les calorifères de différentes grandeurs, la distance entre cette porte et la grille, ainsi que le diamètre du foyer, sont calculés pour produire des consommations déterminées de combustible.

La partie inférieure de la cloche est garnie, jusqu'à une hauteur qui dépasse un peu la porte de déchargement, en briques très-réfractaires, formant le foyer proprement dit, qui s'opposent à ce que le contact et le rayonnement du combustible en ignition fassent rougir les surfaces.

Arrivés à la partie supérieure de la cloche A, les produits de la combustion se divisent et parcourent, *en descendant*, les deux séries de tuyaux B, C, D, E, F, et B', C', D', E', F', placés de chaque côté du foyer, et dans lesquelles la répartition de l'air brûlé et sa vitesse sont parfaitement égales.

L'air brûlé se réunit à la partie inférieure du tambour L, dans lequel il s'élève pour gagner le tuyau à fumée qui le surmonte.

N, est la porte du foyer d'appel pour produire tout de suite un bon tirage quand on allume le calorifère pour la première fois, ou lorsqu'il s'est entièrement refroidi.

C'est aussi par cette porte qu'on opère le ramonage de la cheminée, sans être obligé de démonter le tuyau à fumée.

Le nettoyage des tuyaux de circulation s'effectue avec la même facilité : il suffit d'enlever les tampons T, T, qui forment les extrémités des tuyaux.

Echauffement de l'air.

L'air arrive de l'extérieur par deux conduits M, M', qui le distribuent sous toute la longueur des tuyaux F, F'; cet air, en s'élevant, rencontre des surfaces qui se trouvent à des températures de plus en plus élevées, et s'échauffe progressivement

Les conduits M, M', communiquent également avec les espaces circulaires compris entre la cloche du foyer A, le tambour à fumée et les enveloppes concentriques en maçonnerie, qui augmentent les surfaces de chauffe.

Tout l'air chaud se réunit à la partie supérieure du calorifère, dans un réservoir de chaleur O, d'où il s'écoule par les tuyaux P, Q, pour se rendre dans les lieux où il doit être utilisé.

Dans quelques appareils, pour diminuer les dimensions du calorifère, on supprime la construction en briques qui entoure les cylindres A, L. Cette disposition est représentée fig. 13.

En conservant au cylindre du foyer cette chemise en briques, on se réserve la possibilité d'avoir à la partie supérieure une chambre à air chaud, qui se trouve à une température plus élevée et qu'on peut employer au chauffage des pièces les plus éloignées.

Lorsqu'il est nécessaire de porter la chaleur à de plus grandes distances que celles où notre calorifère peut conduire l'air chaud, et lorsqu'il n'est pas utile ou facile d'établir plusieurs appareils, nous remplaçons les briques garnissant l'intérieur du foyer, par une chaudière destinée à établir un chauffage par la circulation de l'eau chaude pour les parties éloignées.

Calorifères ventilateurs, se plaçant dans les pièces à échauffer.

Les pièces isolées ne pouvant être échauffées au moyen des calorifères, nous avons cherché à y suppléer par des appareils se plaçant dans les pièces mêmes et chauffant de l'air, pris à l'extérieur, destiné au renouvellement de celui de la salle.

La quantité d'air à introduire se règle suivant le nombre des personnes qui doivent séjourner dans la pièce.

On s'est servi avec succès, dans plusieurs collèges, de ces appareils, qui conviennent parfaitement au chauffage des classes, des salles d'études et des dortoirs, en procurant une ventilation abondante.

Ils conviennent également au chauffage des appartements; on peut les monter et démonter aussi facilement que tous les poêles ordinaires.

Ce système, dont M. Péclet a approuvé l'usage dans les collèges, se combine avec le système de ventilation indiqué dans l'instruction sur l'assainissement des écoles.

Description des petits calorifères à air chaud.

Les figures 14 et 15, pl. II, représentent, la première, une coupe verticale; la deuxième, une coupe horizontale, suivant x, x (fig. 14) d'un calorifère du plus petit modèle.

F, F', foyer en fonte avec grille pour la combustion de la houille, et cendrier au-dessous. Les produits de la combustion s'élèvent dans le cylindre C, pour redescendre dans le cylindre en tôle C, C', qui l'enveloppe, et gagne ensuite la cheminée par un tuyau D, muni d'une clef R ; C est un couvercle en tôle qu'on peut facilement enlever pour le nettoyage de l'appareil.

La porte du foyer P glisse dans les coulisses et est fixée à un contre-poids p', au moyen d'une chaîne qui passe sur une poulie m. Cette porte peut aussi fermer plus ou moins l'ouverture du cendrier, et produire une combustion plus ou moins active.

L'enveloppe extérieure du calorifère se compose : 1° d'un socle en tôle A,A', portant une moulure en cuivre ; 2° d'un cylindre en tôle B,B', monté sur le socle ; 3° d'un marbre K, qui recouvre l'appareil. Ce marbre peut être remplacé par un couvercle en tôle percé d'une ouverture circulaire au centre, qui correspond à un trou pratiqué dans le couvercle C, et par lequel on peut charger l'appareil par le haut ; il suffit pour cela d'ôter les couvercles qui bouchent ces ouvertures.

L'air extérieur, appelé par un canal H, arrive sous le cendrier, monte en s'échauffant contre les parois du foyer, le tambour de circulation de la fumée et l'enveloppe extérieure I qui règne sur toute la circonférence du calorifère.

Les figures 16 et 17, pl. II, représentent, la première, la coupe verticale d'un calorifère de plus grande dimension, et la seconde, une coupe horizontale.

F, foyer en fonte, disposé pour brûler la houille sur une grille g, au-dessous de laquelle se trouve le cendrier L.

G, cylindre en fonte, surmontant le foyer, bouché à sa partie supérieure par une plaque en fonte et par un couvercle en tôle, et muni latéralement d'une buse. C'est par cette ouverture que les produits de la combustion se rendent dans l'enveloppe annulaire C', dans laquelle ils descendent pour s'échapper ensuite par le tuyau à fumée D; R est le registre de ce tuyau.

C est un couvercle qui rend le nettoyage facile à exécuter. Une porte à coulisse P est équilibrée par un contre-poids p, dont la chaîne passe sur une poulie m.

La cloche du foyer repose sur une plaque M, M', qui est à jour, afin que l'air appelé puisse circuler dans l'appareil. Cette plaque est supportée par un socle en fonte A.

B, enveloppe extérieure portant un marbre K, et munie de larges bouches de chaleur I.

H, canal d'arrivée de l'air extérieur. L'air qui s'échauffe surtout par un contact avec toutes les parois du tambour à fumée, dans la disposition précédente, dans un petit espace, une très grande surface, prend encore de la chaleur au foyer en fonte, et à l'enveloppe extérieure qui est échauffée par rayonnement.

Considérations générales sur les calorifères.

Les types qui viennent d'être décrits précédemment sont relativement d'origine assez ancienne, les constructeurs modernes, tout en appliquant les mêmes principes à l'établissement de leurs appareils, se sont efforcés d'obtenir par les détails de construction une meilleure utilisation de la chaleur dépensée en brûlant le combustible, tout en simplifiant cette construction autant que possible. Cette dernière condition cependant n'est pas toujours observée, ainsi que nous l'avons dit, et il est bien certain que si l'on doit se préoccuper de dépouiller l'air brûlé de toute la chaleur qu'il emporte avec lui, au profit de l'air extérieur amené en contact avec l'appareil de circulation, et qui doit ensuite être déversé dans les habitations, il est pourtant bien certain que l'on ne doit pas perdre de vue cependant que la simplicité de l'appareil est une condition indispensable, tant au point de vue de l'économie, de la facilité d'entretien, que de l'effet utile même; car les superfétations apportées dans le mode de circulation de l'air brûlé entraînent souvent avec elles des obstacles au tirage du foyer, de telle sorte que l'on perd d'un côté ce que l'on gagne de l'autre, et comme l'appareil est plus coûteux à établir, il en résulte en fin de compte un désavantage.

Le nombre des calorifères à air chaud est très considérable, et comme ils peuvent se ramener à quelques types simples et bien définis, il nous semble inutile de multiplier outre mesure des descriptions qui nous entraîneraient à des redites sans intérêt. Nous croyons devoir simplement exposer les principaux exemples, en choisissant de préférence ceux que la pratique a consacrés.

On peut tout d'abord établir deux grandes classes parmi les calorifères : les calorifères tout en métal et les calorifères en matériaux réfractaires, en ne s'occupant ici que de l'appareil intérieur servant à la combustion, à la circulation des produits de cette combustion, ainsi qu'à celle de l'air puisé au dehors, puis versé ensuite dans les lieux habités; cet appareil étant à son tour enfermé dans un massif en maçonnerie construit sur place et qui en particulier s'oppose à toute perte de chaleur par échauffement de l'air contenu dans l'emplacement où est situé le calorifère.

On a beaucoup discuté sur le mérite relatif de ces deux systèmes. Il est incontestable que l'emploi des appareils métalliques peut donner lieu à certains inconvénients, tels que le contact de l'air à échauffer avec des surfaces portées au rouge, d'où l'entraînement de certains gaz qui, sans être absolument nuisibles, devraient mieux cependant ne pas exister. L'air extérieur par ce passage est plus desséché. Mais d'autre part, il semble que le rendement des calorifères en matière réfractaire est toujours un peu inférieur à celui des autres appareils. En résumé, la question ne semble pas pouvoir être tranchée d'une façon absolue en faveur d'un des systèmes en particulier. Il y aurait toutefois une solution intermédiaire, sur laquelle nous nous étendrons davantage, en décrivant les types, qui résumerait à la fois les avantages des deux systèmes, sans avoir les défauts d'aucun d'eux. Ce serait l'emploi simultané des conduits en matériaux réfractaires et en métal, en disposant les premiers de préférence au voisinage du foyer, où l'échauffement est toujours le plus considérable, et où les coups de feu sont à redouter; les conduits de métal placés à la suite, se trouvant dans des conditions telles que l'on n'a pas à redouter d'en voir les surfaces rouges, et par leur conductibilité, on utilise mieux la chaleur des produits de la combustion qui les traversent.

D'une façon générale, les calorifères en métal se composent d'une cloche en fonte, munie d'une porte de chargement pour le combustible, d'une grille et d'un cendrier. Cette cloche est terminée par un système de tuyaux où circulent les produits de la combustion, tuyaux que l'air à échauffer vient baigner, et qui finalement aboutissent à la cheminée d'évacuation. On peut, dans ces appareils, distinguer le mode de circulation de l'air brûlé, soit qu'il passe par une série de tuyaux horizontaux ou verticaux, allant directement toujours d'un même sens vers la cheminée d'évacuation, ou, au contraire, en suivant un chemin en serpentin, tantôt de bas en haut, ou de haut en bas. En réalité, le seul point à considérer dans cet ordre d'idées, est celui-ci : l'air brûlé doit pouvoir circuler librement, et à travers une surface de chauffe assez grande pour s'y dépouiller de la chaleur qu'il emporte, et n'être plus, lors de son arrivée à la cheminée d'évacuation, qu'à la température nécessaire pour un bon tirage. Cela étant posé, plus l'appareil sera simple, moins il offrira des points susceptibles de donner lieu à des fuites, plus on pourra facilement le nettoyer, et meilleur sera le calorifère.

L'air extérieur à échauffer doit naturellement circuler dans le calorifère de bas en haut, cette marche étant celle qu'il prendra naturellement par son échauffement, et tout autre mode de circulation ne pouvant que nuire à l'effet définitif.

Les appareils métalliques formant le calorifère, peuvent être à surface lisse, ou à surfaces à nervures, qu'on désigne souvent sous le nom d'ailettes. Il est bien évident qu'il y a là un moyen avantageux d'augmenter la surface de chauffe pour l'air pris à l'extérieur, sans pour cela avoir à augmenter le développement linéaire de l'appareil de circulation. Ces ailettes ou nervures peuvent à leur tour être pleines ou creuses. Tout en reconnaissant les avantages de ce mode de construction, on ne doit pas méconnaître qu'il comporte à son tour une certaine complication dans la construction des appareils, et cette considération nous amène à poser une conclusion semblable à celle que nous a suggéré l'examen comparé des calorifères en métal, ou en matériaux réfractaires. Il est bien évident que c'est dans la portion de l'appareil de circulation la plus voisine du foyer, qu'il se produit le plus de calorique à recueillir, et que, plus on s'éloigne de ce voisinage, moins l'air brûlé circulant, peut transmettre de chaleur. On pourrait donc avantageusement modifier le rôle des appareils à ailettes, pour en concilier à la fois les bons effets, et en réduire le prix d'établissement, en ne munissant de cette disposition que le foyer ou les parties les plus voisines, et laissant lisse la surface du restant de l'appareil. Cette disposition est d'ailleurs employée ainsi qu'on le verra dans quelques exemples.

Enfin, il est une dernière classe de calorifères, qui se recommande surtout par la simplicité de son installation, et qui par suite peut, dans certains cas, offrir des avantages sur les autres systèmes, lorsque l'on aura à établir un appareil de chauffage dans des habitations isolées, loin des villes, où l'on ne pourrait facilement se procurer les ouvriers spéciaux chargés de ce travail. Ce sont des sortes de cloches, à nervures pour offrir une grande surface de chauffe, qu'on installe comme un poêle, en les disposant au sous-sol dans une petite enceinte close, communiquant d'une part avec l'air extérieur, de l'autre avec les conduits de distribution dans l'habitation.

Calorifère de M. GROUVELLE.

Cet appareil appartient au type des calorifères en
métal, à circulation horizontale des produits de la
combustion, et à surfaces lisses. C'est le type le plus

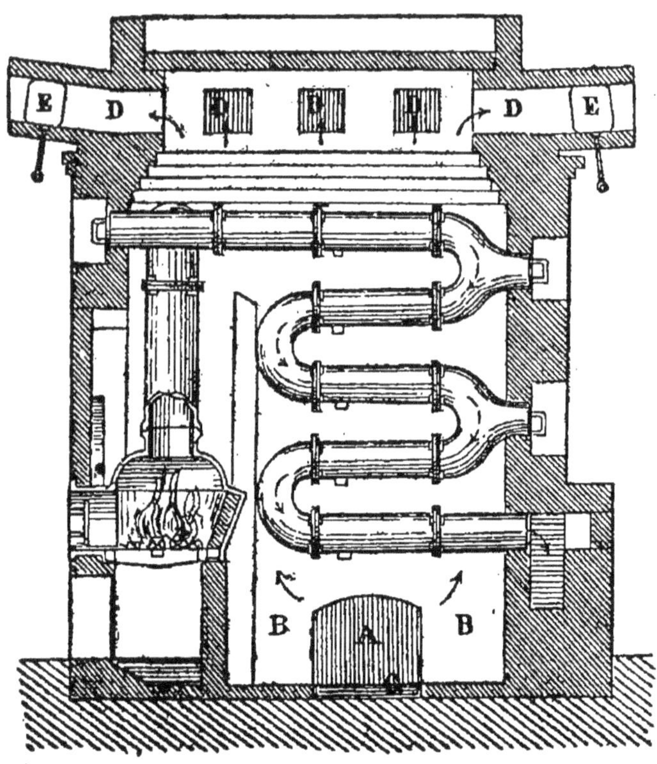

Fig. III.

simple de tous et, malgré cela, offre un rendement
très avantageux. Il est enfermé dans un massif de
briques, dans lequel le foyer, recouvert d'une cloche
en fonte, jette directement la flamme dans un tuyau
vertical en fonte, qui la distribue à deux rangées de
tuyaux descendants en tôle, en bas desquels les deux

séries se réunissent en un seul pour déboucher dans la cheminée.

L'air extérieur arrive par un canal au bas du calorifère, s'élève, en s'échauffant par son passage sur l'appareil précédent, pour s'amasser dans une chambre supérieure, où sa température s'uniformise, et de là passe dans les conduits de distribution.

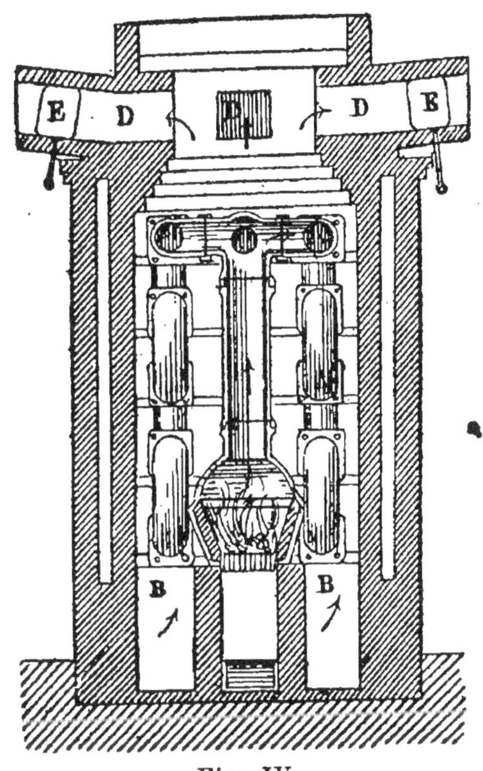

Fig. IV.

Les figures III et IV montrent les sections longitudinales et transversales de ce calorifère.

A, prise d'air.

B, chambre du calorifère.

C, chambre d'air chaud.

D, prises d'air chaud, munies de registres E.

F, cendrier.

G, cuvette d'humidification.

Les tuyaux de circulation, ayant tous des bouchons à l'extérieur, sont faciles à nettoyer, et en cas d'altération peuvent être facilement changés.

Cette disposition très simple donne une grande surface de chauffe. Les flèches marquées sur les figures indiquent les sens de marche des divers courants.

Calorifère de M. Duvoir Leblanc.

Nous croyons inutile d'entrer dans la description de cet appareil, qui présente une analogie complète avec le précédent.

Calorifère de MM. Giraudeau et Jalibert.

Cet appareil diffère des précédents par le sens adopté pour la circulation des produits de la combustion qui, au lieu de s'écouler par une série de tuyaux horizontaux en descendant progressivement jusqu'à la cheminée d'évacuation, traversent une série de tuyaux verticaux, disposés en serpentin, par conséquent en descendant, puis remontant alternativement. La cloche, formant le foyer proprement dit, n'est plus lisse, elle est à nervures; elle est surmontée d'un réservoir sphérique, dit boule coup de feu, d'où l'air brûlé s'élève par une série de tuyaux, dans un réservoir central, où débouchent une autre série de tuyaux verticaux, par lesquels la fumée descend. Ces tuyaux communiquent entre eux et avec une nouvelle série parallèle à la première, par un fer à cheval, les reliant tous à la partie inférieure, que la fumée traverse pour remonter par ces dernières dans une chambre en communication avec la cheminée d'évacuation. Tout ce système est enfermé dans un massif en maçonnerie, présentant à sa base une prise d'air extérieure, lequel s'élève dans la capacité en s'échauffant par son passage contre les diverses parois chaudes de l'appareil de circulation, pour s'accumuler au sommet et de là s'engager dans les tuyaux de distribution.

Calorifère de M. D'ANTHONAY.

Ce calorifère présente à la fois une double circulation des produits de la combustion, suivant un premier système vertical, puis un système horizontal, analogue à ceux de **MM.** Grouvelle et Duvoir.

Calorifère mural de M. FRANCHOT.

M. Franchot s'est proposé de construire un système de calorifère, n'offrant pas les inconvénients de la plupart de ces appareils, à savoir : la dessiccation de l'air, les infiltrations des gaz insalubres, et l'échauffement des caves. Son appareil porte le nom de calorifère mural.

La dessiccation de l'air, combattue ordinairement par l'emploi de cuves à eau, est évitée ici naturellement par le mode même de conception : développement des surfaces de chauffe, de façon à pouvoir obtenir un échauffement suffisant, et une marche régulière, avec un feu toujours contenu.

Le calorifère étant composé d'organes toujours assez à découvert, pour que tous les points, séparant les gaz brûlés de l'air respirable, soient sous les yeux du surveillant, on n'a pas à craindre les fuites, cause des phénomènes insalubres, si fréquents quelquefois, et impossibles à réparer facilement.

Enfin, M. Franchot isole complètement le calorifère des murs de l'édifice, combattant ainsi efficacement l'échauffement des caves, qui n'est qu'une source de perte de chaleur, quand il n'entraîne pas avec lui d'autres inconvénients.

L'air brûlé qui traverse le foyer, chemine dans le massif du fourneau, par un carneau à circulation ho-

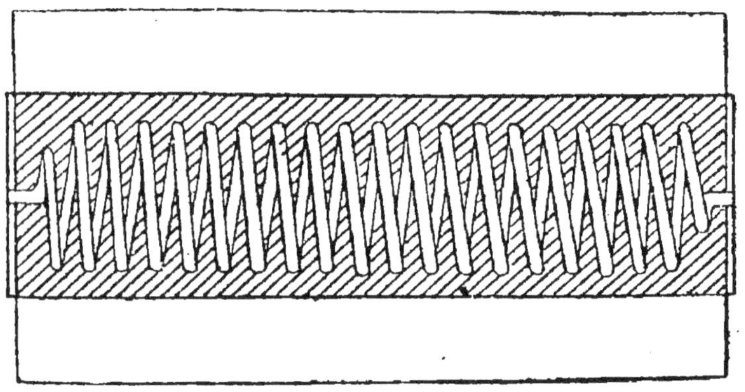

Fig. V.

rizontale pour s'élever au sommet et s'échapper par la cheminée. Les plans horizontaux, qui forment les diverses cloisons de ce carneau de circulation, que M. Franchot désigne sous le nom de récepteur de chaleur, forment les passages de l'air extérieur, qui vient s'y échauffer. C'est là la partie originale de l'invention. Cette cloison est formée de deux cuvettes jumelles, combinées de manière à s'emboîter exactement l'une dans l'autre, que les figures V et VI montrent, suivant deux coupes verticales, une transversale, l'autre longitudinale. Cette disposition produit une notable augmentation de la surface de chauffe. Ces plaques adossées à nervure offrent extérieurement à la fumée, dont elles doivent absorber la chaleur, une surface égale à celle des canaux traversés par l'air respirable. La direction de ces canaux est perpendiculaire à celle de ceux à fumée. Les nervures sont dirigées dans le sens même des car-

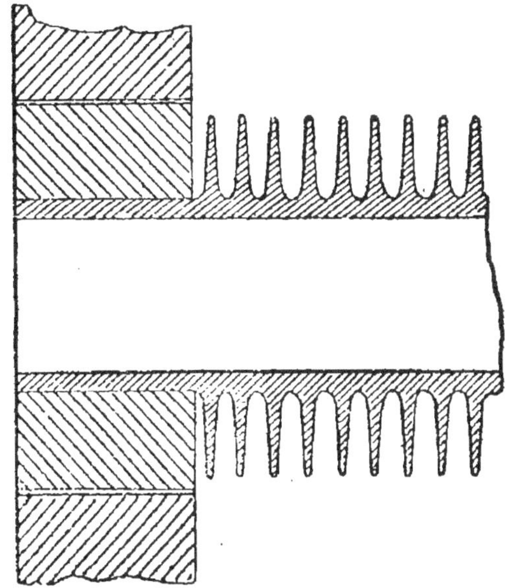

Fig. VI.

neaux de circulation à fumée, condition favorable pour qu'elles absorbent le mieux la chaleur des gaz du foyer.

Le calorifère est construit entre deux chambres, l'une, qui sert de réservoir pour l'air froid amené du dehors à sa partie inférieure, l'autre de réservoir pour l'air échauffé, qui trouve au sommet les prises d'air chaud pour les conduits de circulation. Le foyer et la muraille calorifère sont isolés des murs de l'édifice par ces deux chambres, il n'y aura donc pas de perte sensible par transmission aux caves voisines, d'autant qu'on peut placer la chambre à air froid du côté des caves intérieures.

Il est facile de pénétrer dans ces deux chambres adjacentes et de vérifier s'il y a des fuites. Il suffit pour cela de fermer le registre de la cheminée et de brûler sur le foyer un feu de paille humide, la moindre fuite se décèle par l'introduction de fumée dans la chambre à air chaud.

L'appareil présente les avantages suivants :

1° La fumée a un accès toujours facile à la cheminée, par la voie uniforme ascendante.

2° On peut régler l'arrivée de l'air extérieur dans le foyer, de manière à n'introduire que le minimum d'air nécessaire à la combustion, et faire arriver l'air extérieur en surabondance dans la chambre froide.

3° Enfin, il suffit de calculer les gaînes de distribution de l'air chaud, de manière à ce qu'elles présentent toujours une somme inférieure à la somme des sections des canaux intérieurs des récepteurs de chaleur.

M. Franchot a cherché à résoudre la question des mérites relatifs des organes intérieurs en métal ou en terre réfractaire. L'expérience l'a conduit aux conclusions suivantes. Il suffit d'établir les premiers récepteurs de chaleur à la partie inférieure du calorifère en terre réfractaire, car là seulement l'action du foyer peut faire craindre de voir le métal rougir, et l'air se vicier, et en conservant les autres en métal, on utilise ainsi les propriétés conductrices bien plus énergiques de ce métal. Le récepteur s'établit à volonté en fonte ou en terre réfractaire.

Calorifère à ailettes creuses, de M. Cuau ainé.

Cet appareil, que représente la figure VII, se compose d'une cloche à ailettes, d'où les produits de la

Fig. VII.

combustion passent par une série de tuyaux en serpentin vertical également à ailettes creuses. Au sortir de la cloche, les gaz se divisent entre les deux premiers conduits situés à gauche et à droite qu'ils parcourent en descendant, remontent dans les deux suivants, et se réunissent dans le dernier d'où ils gagnent en descendant la cheminée d'évacuation.

Calorifère de MM. Geneste et Herscher.

Cet appareil, qui comprend comme foyer une grande cloche à ailettes, est disposé de façon à réunir les avantages dus à ce mode de construction, tout en l'employant avec ménagement de façon à y ajouter les conditions d'économie de construction, ainsi que nous l'avons expliqué plus haut. Les gaz résultant de la combustion en sortant de la cloche, et avant de se rendre dans la cheminée d'évacuation, circulent dans une enveloppe à paroi lisse, qui laisse un vide annulaire autour de la cloche dans lequel circule l'air à échauffer, lequel peut ainsi s'emparer de tout le calorique disponible.

Calorifères céramiques.

Nous avons eu plusieurs fois l'occasion de signaler les inconvénients des appareils métalliques dans les calorifères, l'air se chargeant au contact des parois chauffées au rouge, de gaz qui peuvent plus ou moins nuire à la santé.

Quelques constructeurs, préoccupés vivement de cette question, ont cherché à remédier à cette difficulté, en construisant des appareils entièrement en terre réfractaire. Tel est par exemple le système de M. Piet et Cie.

L'air brûlé provenant du foyer circule dans une série de carneaux horizontaux avec une marche ascendante, alors que l'air froid, venant du dehors, suit des conduits verticaux, ménagés dans l'épaisseur des parois qui séparent entre eux les carneaux de circulation de la fumée. La construction de ces appareils est d'ailleurs assez simple, en employant des briques de forme spéciale pour l'établissement des carneaux ; ces briques pouvant être percées longitudinalement pour les passages de fumée, et avec des parties évidées suivant les arêtes verticales, qui formeront les conduits d'air chaud.

On peut citer encore dans cette classe, les appareils de M. HAILLOT, assez semblables au précédent, les deux sens de la circulation de l'air brûlé, et de l'air à échauffer sont les mêmes, seulement l'air brûlant pénètre par le haut du calorifère et suit une marche descendante.

Le foyer est alors une simple chambre en matériaux réfractaires avec grille, comme les foyers des chaudières à vapeur.

Toutefois les calorifères en terre céramique, s'ils offrent certains avantages au point de vue de la salubrité, ne semblent pas, d'après quelques expériences, offrir un rendement calorique aussi élevé que les appareils métalliques. La mise en train est plus lente, mais, en revanche, le refroidissement se produit plus longtemps après la tombée du feu.

Il semblerait résulter de toutes ces considérations que le système le plus rationnel, serait un système mixte, où l'on allierait à la fois les deux modes de construction. En effet, ce n'est qu'au voisinage du foyer, et dans les premiers carneaux où circule l'air brûlé que l'on peut redouter de voir rougir les parois métalliques, au contact desquelles l'air à échauffer se charge de gaz plus ou moins malsains, et dans ces parties de l'appareil, l'emploi exclusif des matériaux réfractaires présente des avantages. Dans le restant de l'appareil, cette circonstance fâcheuse n'est plus à redouter, et les constructions en métal offriront par suite de la conductibilité de la matière un plus grand rendement de chaleur utilisée.

Nous croyons pour notre compte, que cette modification facile à apporter dans la plupart des systèmes employés, donnerait d'excellents résultats.

Le calorifère de M. E. NICORA, semble avoir été conçu dans ce système. Le foyer est en fer laminé, garni en briques réfractaires, remplaçant les cloches en fonte, et sans joints laissant échapper des gaz brûlés, qui circulent, comme on voit, dans une sorte de double serpentin alternativement de haut en bas et de bas en haut. L'air du dehors enveloppe de toute part l'appareil chauffeur, arrivant par le bas du calorifère, pour se ramasser dans la chambre supérieure d'où partent les conduits d'air chaud.

L'indépendance absolue de l'appareil de chauffage du massif de brique, en rend l'installation assez facile. Il présente une grande surface de chauffe.

Calorifères à appareils indépendants.

Nous réunissons, sous ce titre, une série assez nombreuse d'appareils de divers inventeurs, qui se rattachent de très près aux poêles, dont la partie essentielle est en effet un poêle indépendant, dont la disposition dans une pièce fermée de la cave, munie de conduits d'appel d'air, et d'orifices de conduits de circulation, permet d'établir un calorifère chauffant tout un édifice. Tels sont les appareils à nervures de MM. GURNEY, CUAU, GIRAUDEAU et JALIBERT, etc.

Les appareils, en eux-mêmes très simples, sont décrits dans le *Manuel du Poêlier-Fumiste,* et nous croyons inutile de revenir sur ce sujet. Nous dirons seulement un mot de la façon dont on doit les disposer. Imaginez un petit caveau dans la cave d'une maison, fermé de toute part. L'appareil métallique est placé contre une des parois, et les deux registres d'accès d'air nécessaire à la combustion, ainsi que celui de chargement du foyer, aboutissent à une petite embrasure fermée par une plaque de fonte scellée dans la maçonnerie. Le tuyau de fumée traverse le caveau, suivant des trajets plus ou moins complexes. Ce caveau est mis en relation avec l'air du dehors par un conduit qui débouche au niveau de son sol, et les tuyaux de circulation de l'air chaud partent du plafond. En un mot, c'est un poêle énergique, chauffant très fortement de l'air venant du dehors, qui est ensuite conduit dans les diverses pièces du local.

Ces appareils peuvent être employés avec avantage dans certains cas, pour le chauffage des petites maisons de campagne ; ils offrent une certaine économie d'installation, surtout dans les localités où l'on ne pourrait pas, sans grands frais, faire construire des appareils ordinaires par des ouvriers spéciaux. L'installation d'un semblable calorifère peut être faite par le premier maçon venu de campagne.

CHAPITRE III.

Chauffage par la vapeur.

—

§ 1. CONDITIONS DE CE MODE DE CHAUFFAGE.

Ce mode de chauffage, dont les appareils reçoivent souvent le nom de *calorifères à vapeur*, réunit les avantages de presque tous les autres systèmes, sans en avoir les inconvénients. Il écarte presque toutes les chances d'incendie, aussi convient-il particulièrement aux grands établissements renfermant des matières très combustibles, aux bibliothèques, aux musées, etc.

Le principe sur lequel est basé ce mode de chauffage, est le suivant. Lorsqu'on transforme de l'eau en vapeur, cette opération se fait avec absorption de chaleur latente, que la vapeur dégage et restitue en se condensant. On voit tout de suite que cette vapeur, que l'on peut diriger en des points convenables et l'y faire condenser, produira dans ces endroits l'échauffement de l'air qui s'y trouvait renfermé.

Toute installation de chauffage par la vapeur, comprend une série d'appareils que nous allons étudier successivement, et qui sont :

1° Le générateur, ou chaudière, appareil où se produit la vapeur.

2° Les tuyaux de distribution de cette vapeur.

3° Les appareils condensateurs, où se produit l'effet du chauffage.

§ 2. DES CHAUDIÈRES.

Nous ne saurions, sans dépasser les limites du cadre qui nous est imposé, faire ici une étude générale des chaudières à vapeur, nous nous contenterons d'exposer les notions indispensables pour tout constructeur, chargé d'établir un système de chauffage à la vapeur. D'ailleurs, il existe des variétés infinies de types de chaudières, chacune d'elles étant appropriée à un service spécial, questions traitées dans de nombreux volumes de la collection des Manuels de l'*Encyclopédie-Roret*, et en particulier dans celui du *Chaudronnier*, qui traite particulièrement des procédés de construction de ces appareils, et que le lecteur pourra consulter avec fruit.

L'on n'emploie la vapeur dans le chauffage qu'à basse pression, ne dépassant pas au plus de 25 centimètres de mercure la pression atmosphérique. Au premier moment, on est obligé de monter de quelques centimètres en plus, pour chasser l'air des appareils et porter rapidement la vapeur aux points les plus éloignés du système, mais on ne tarde pas à redescendre au degré que nous venons d'indiquer, la production de la vapeur à basse pression étant toujours un mode plus avantageux.

La tôle de fer est à peu près uniquement employée aujourd'hui à la construction des chaudières. Cette matière offre, au point de vue du prix de revient, de la facilité d'emploi et des résultats obtenus, une série d'avantages qui justifient son emploi exclusif.

La forme des chaudières, en ne considérant que l'utilisation de la chaleur dépensée, n'aurait pas une très grande importance, mais une autre condition qui détermine la solution de ce problème, c'est la résistance aux forces qui agissent pour la détruire. En effet, une chaudière doit résister au poids du métal qui la compose, à celui de l'eau qu'elle contiendra, et surtout à la force élastique de la vapeur que l'on y produit. Ce dernier élément a une importance beaucoup plus grande que les premiers, et c'est lui qui est l'objectif principal que l'on a en vue pour trouver les meilleures conditions d'établissement de ces appareils.

La forme d'un cylindre circulaire est la plus avantageuse, car elle ne peut changer; toutefois, quand on n'emploie que de basses pressions, on peut s'écarter au besoin de cette règle pourvu qu'on maintienne par des armatures convenablement placées et résistantes, les parties que la pression tend à écarter davantage. Les parties planes doivent être formées avec une plus grande épaisseur.

Le but fondamental que l'on doit poursuivre dans l'emploi des chaudières, c'est d'utiliser au plus haut degré possible, la quantité totale de chaleur dégagée dans la combustion du combustible qui sert à transformer l'eau en vapeur. Une des premières conditions à remplir pour atteindre ce résultat, c'est d'avoir la surface de chauffe la plus grande possible, car il est bien évident que plus on augmentera la surface de contact des produits de la combustion et des parois du récipient, et mieux on arrivera à dépouiller les produits de la combustion de la chaleur qu'ils renferment. On remplit ces conditions en multipliant le parcours de la fumée autour des parois de la chaudière, dans des conduits ou *carneaux* qui l'entourent ou même passent au sein de la chaudière.

Chauffage. 7

Dimensions des chaudières. — Il résulte de nombreuses expériences que la production de vapeur par heure et par mètre carré est comprise entre 15 et 20 kilogrammes. Ce sont ces nombres qui sont généralement admis, et qui servent à déterminer les dimensions de la chaudière, étant connue la quantité de vapeur que le service à remplir exige par heure. Toutefois, il faut tenir compte d'une condition admise implicitement avec la précédente, à savoir que la partie de la chaudière qui reçoit le rayonnement du foyer soit au moins la moitié de la surface de chauffe totale.

La chaleur qui se produit dans le foyer agit de deux façons différentes : par le rayonnement et par l'air qui traverse le combustible. Une partie de la chaudière s'échauffe sous l'empire de ces deux effets, une autre sous celui du second seulement.

D'autre part, partant de ce point que les meilleures conditions de tirage se produisent quand les produits de la combustion pénètrent dans la cheminée avec une température de 300°, et que 1 kilogramme de houille en brûlant produit dans la masse d'air nécessaire à la combustion environ 1,250°, on voit qu'il y a 900° environ qui doivent être absorbés, pour qu'il n'y ait pas de perte dans l'effet utile.

C'est de ces considérations et d'expériences diverses, qu'ont été déduits les chiffres de 15 à 20 kilogrammes de vapeur produits par mètre carré de surface de chauffe, que nous avons cités.

Si on élevait ce nombre, on réduirait les dimensions de la chaudière ; mais aussi les produits de la combustion ne seraient plus utilisés avant d'être descendus à la température de 300°. Si, au contraire, on l'abaissait, les chaudières deviendraient beaucoup plus grandes, mais par suite de la réciproque, on placerait le tirage dans des conditions désavantageuses, et la mauvaise combustion serait une autre cause de perte.

Connaissant la surface de chauffe d'une chaudière et la forme qu'on lui destine, il sera facile d'avoir ses dimensions.

Épaisseur des chaudières. — En désignant par e l'épaisseur de la tôle en millimètres ; par d, le diamètre de la chaudière ; par n, la pression intérieure de la vapeur exprimée en atmosphères, les règlements d'administration prescrivent pour déterminer e, la formule :

$$e = 1{,}8\, d\, (n - 1) + 3$$

Fourneaux. — Les fourneaux se construisent en briques, l'intérieur du foyer et le conduit ou carneau qui en débouche, en briques réfractaires.

Il est bon d'établir sous le foyer et le carneau placé au-dessous de la chaudière, un espace voûté pour diminuer la perte par transmission dans le sol.

Il est bon aussi d'envelopper la chaudière jusqu'au niveau où sont disposés les appareils de sûreté, dont nous parlerons, de matières diverses mauvaises conductrices pour éviter les pertes de chaleur par rayonnement.

Afin de prévenir la détérioration du massif du fourneau, soumis à une série continue d'effets de dilatation et de retrait, on le consolide avec des barres de fer appelées armatures.

Nous avons déjà dit que la meilleure condition pour utiliser les produits de la combustion, consistait à faire circuler par un long détour la fumée autour de la chaudière, et à ne la laisser pénétrer dans la cheminée que lorsque sa température est descendue à 300°. Cette condition est surtout indispensable si l'arrivée de l'air sous le foyer est bien calculée, pour ne donner accès qu'à la quantité d'air nécessaire à la combustion.

Pour les chaudières à basse pression qui s'emploient dans le chauffage, il est reconnu que la meilleure disposition consiste à chauffer le fond de la chaudière par rayonnement, l'air brûlé parcourant sa surface latérale, soit en se divisant dans deux carneaux qui se réunissaient au-dessus du foyer, et dont chacun n'avait pour longueur que la moitié de celle de la chaudière; soit en lui faisant parcourir simultanément deux carneaux placés de chaque côté, en revenant sur eux-mêmes pour se dégager au-dessus des orifices par lesquels il est entré.

Les carneaux doivent avoir, en général, pour section, celle de la cheminée au sommet, en se tenant plutôt au-dessous qu'au-dessus pour les carneaux latéraux.

La surface de chauffe doit toujours s'arrêter quelques centimètres au-dessous du niveau normal de l'eau dans la chaudière.

On munit les carneaux de registres, permettant de régler le tirage, et on dispose à leur extrémité des portes mobiles pour pouvoir les nettoyer à l'aide de ringards.

Le foyer ou chambre où s'opère la combustion, se compose de la grille sur laquelle on brûle le combustible, et du foyer proprement dit ou espace entre la grille et la chaudière, et du cendrier situé sous la grille où se réunissent les cendres.

Les grilles sont formées de barreaux parallèles de fer ou de fonte, plus étroits du bas que du haut. Leur épaisseur dépend de leur longueur, et leur écartement varie avec la nature du combustible employé.

En général, la somme des vides forme un quart de la surface de la grille, qui répond à une consommation de 80 kilogrammes de houille par mètre carré et par heure.

Le foyer proprement dit doit contenir le combustible, permettre aux flammes de se produire librement, et suivant M. Péclet il faut adopter entre le fond de la chaudière et la grille les distances suivantes :

Pour la houille. . . . . $0^m.35$ à 0.30
Pour le bois.. . . . . $0^m.75$ à 0.70
Pour le coke. . . . . $0^m.60$

L'épaisseur du combustible étant de 5 à 8 centimètres pour la houille, et 0.20 à 0.30 pour le coke.

Les portes qui ferment le foyer proprement dit doivent être placées 20 à 30 centimètres en avant du combustible pour éviter de les voir rougir.

1 kilogramme de houille, donnant lieu par sa combustion, à la production de 6 kilogrammes de vapeur, il est facile de déterminer la consommation correspondant à une production donnée de vapeur.

Il est assez d'usage de désigner les chaudières, par l'estimation de leur production en vapeur, ce qu'on exprime ainsi : *une chaudière de tant de chevaux*. L'on entend par là, une chaudière qui fournit autant de fois 20 kilogrammes de vapeur à l'heure, qu'elle comporte de chevaux-vapeurs. Par conséquent, si dans une installation de chauffage, on doit produire un poids P de vapeur par heure, la force de la chaudière en chevaux-vapeurs, sera de $\dfrac{P}{20}$.

Dispositions générales des chaudières. — Pendant longtemps le modèle presque uniquement employé pour les chaudières à basse pression, était la chaudière de Watt ou en *tombeau*, mais qui est abandonnée aujourd'hui pour les chaudières cylindriques.

Elles sont simples ou munies de tube de fumée intérieur, généralement horizontales.

La chaudière cylindrique simple, munie d'un trou d'homme pour le nettoyage, n'utilise peut-être pas aussi bien la chaleur que celle à bouilleurs.

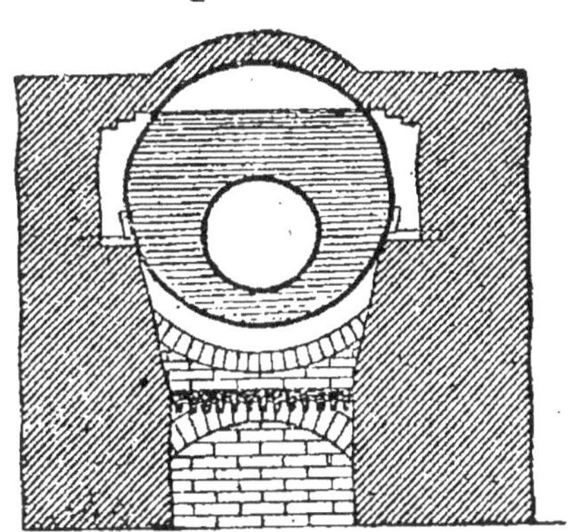

Fig. VIII.

Les figures VIII à XI donnent les modèles des chaudières les plus employées, représentées en coupe transversale dans le fourneau avec la disposition des carneaux et des bouilleurs.

La figure VIII montre une chaudière circulaire ordinaire avec un passage de retour des flammes du foyer par un tube intérieur. La masse liquide est à la fois chauffée au contact des parois extérieures de la grande chaudière et du tube intérieur dit *bouilleur*.

La figure IX représente un autre type de chaudière à bouilleur intérieur, mais présentant avec la précédente cette différence que le foyer au lieu d'être au-

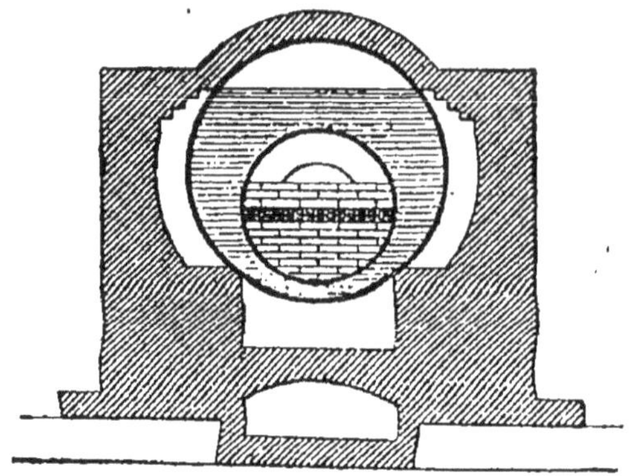

Fig. IX.

dessous de la chaudière, est à l'intérieur même du bouilleur, et ce sont de simples carneaux de circulation qui enveloppent la chaudière.

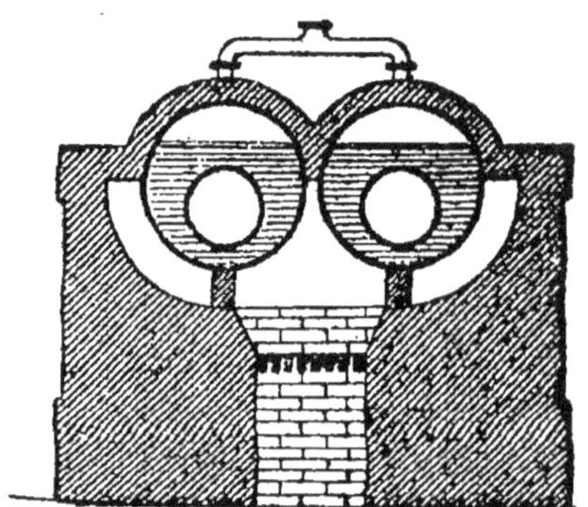

Fig. X.

Dans la figure X, on voit deux chaudières analogues à celles de la figure VIII, accolées dans le même massif. Cette disposition fréquemment employée offre cet avantage, qu'au cas d'accident arrivé à l'un des

appareils, l'on n'est pas obligé de suspendre complètement l'opération pendant le temps des réparations.

Fig. XI.

Enfin, la figure XI montre une chaudière à double
bouilleur.

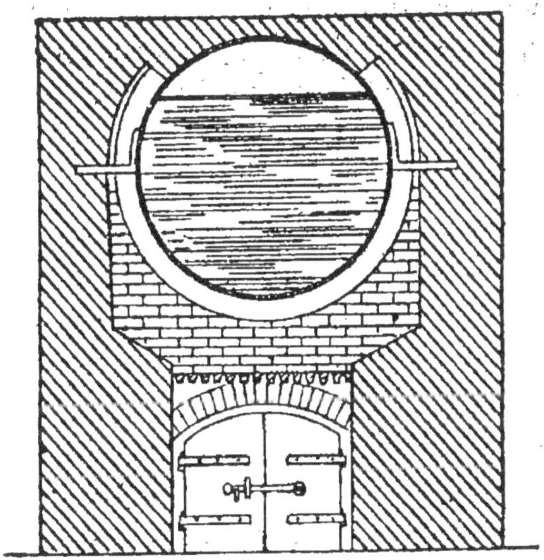

Fig. XII.

M. Péclet avait signalé depuis longtemps une disposition qui n'avait pas encore été employée, et dans
laquelle la surface de chauffe, disait-il, serait mieux

utilisée que dans les chaudières ordinaires. L'air chaud, en sortant du foyer, parcourt une seule fois la longueur de la chaudière, mais dans un canal étroit qui embrasse toute la surface de chauffe et dont la section est également suffisante. Des essais faits dans cette voie en Angleterre ont pleinement réussi, et ce mode de construction que montre la figure XII est très adopté pour des chaudières à basse pression destinées à fournir de grandes quantités de vapeur.

A. *Appareils de sûreté.*

Toutes les chaudières à vapeur, quel que soit l'usage auquel elles sont destinées, doivent être pourvues d'un certain nombre d'appareils auxiliaires, désignés d'une façon générale sous le nom d'*appareils de sûreté*, et qui sont destinés à fournir au conducteur de la chaudière les indications sur lesquelles il doit se baser pour son travail ; ou bien encore à parer aux accidents qui résulteraient infailliblement de l'omission des manœuvres indiquées par les premiers.

1° *Indicateurs de niveau.*

Il est indispensable que l'eau soit entretenue dans une chaudière à un niveau constant, sous peine de s'exposer à des accidents plus ou moins graves si l'on omettait de remplir cette condition.

Si le niveau s'abaissait beaucoup au-dessous de la limite de chauffe, on se trouve dans des conditions presque certaines d'une explosion. Les parois de la chaudière continuant à être chauffées par le foyer sont portées à une température bien supérieure à celle qui est nécessaire pour la vaporisation de l'eau, quelquefois même au rouge. Vient-on alors à introduire brusquement de l'eau dans la chaudière, celle-ci se trouve chauffée très rapidement, il y a une production brusque d'un volume considérable de vapeur, la tension s'élève également tout d'un coup et la chaudière n'est plus susceptible d'y résister, d'autant plus que sa résistance propre diminue quand ses parois sont voisines du rouge.

Si le niveau s'élevait beaucoup au-dessus de la limite normale, le magasin de vapeur pourrait devenir trop petit, et il en résulterait des inconvénients d'un autre genre, la machine n'étant plus capable de rendre les services pour lesquels elle a été installée.

Les indicateurs du niveau dans les chaudières à vapeur sont de trois espèces :

Les tubes en verre.
Les flotteurs.
Les robinets vérificateurs.

Les tubes en verre (fig. XIII et XIV) consistent en un tube de cette matière dont les extrémités communiquent avec deux points de la chaudière situés, l'un bien au-dessus, l'autre bien au-dessous du niveau normal de l'eau. Placé sur l'un des côtés de la chaudière, il est relié avec celle-ci par deux coudes en cuivre. Le chauffeur, à la seule inspection de ce tube, voit immédiatement à quel point l'eau s'élève dans l'appareil, et dès que celui-ci s'abaisse au-dessous du repère indicateur tracé sur le tube, il introduit de nouveau de l'eau, ou au contraire en laisse écouler dehors si le niveau est trop élevé.

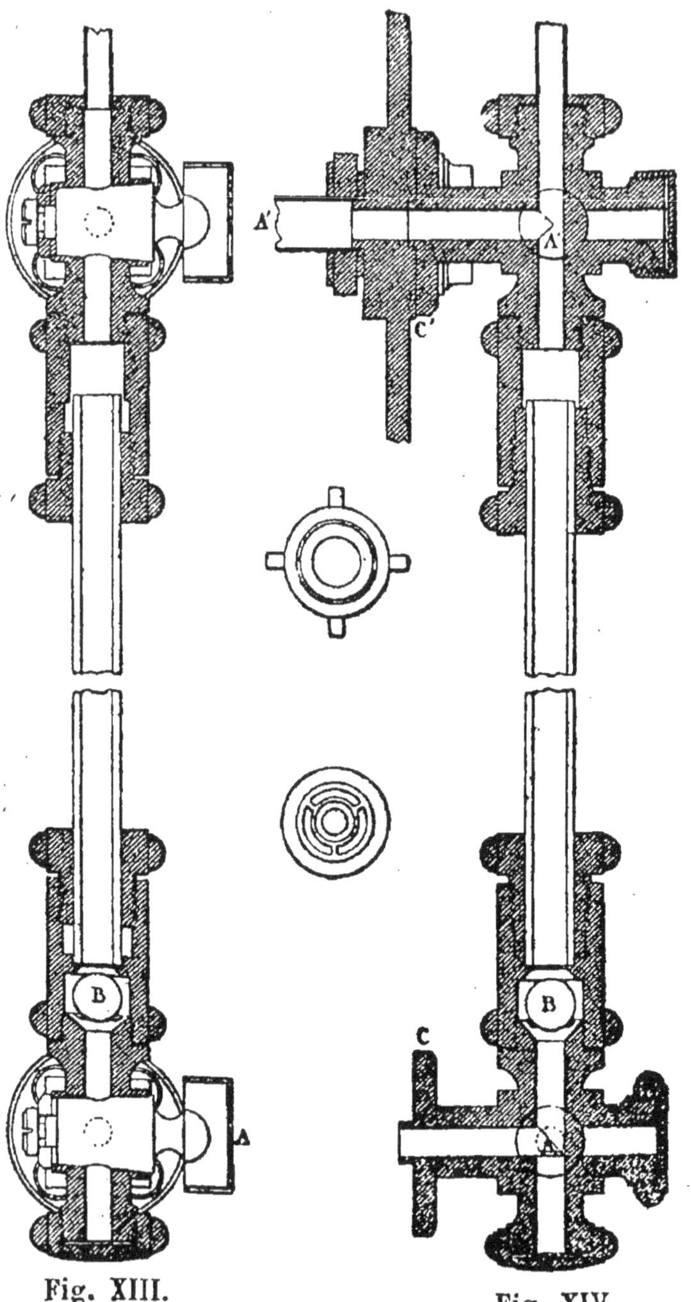

Fig. XIII.   Fig. XIV.

Ces coudes de communication doivent satisfaire à plusieurs conditions, savoir :

Permettre d'interrompre promptement la communication entre la chaudière et le tube, soit pour changer, soit pour nettoyer celui-ci.

Permettre d'enlever facilement le tube de verre et le remplacer.

A cet effet, deux robinets A A', placés aux deux coudes, sont disposés de manière à pouvoir se fermer en même temps, au moyen d'une tringle et de deux leviers non figurés. Ils sont même à trois eaux pour permettre le nettoyage sans ôter le tube.

La sphère B, placée au-dessus du coude inférieur, a pour but de boucher le trou au-dessus, et d'empêcher l'eau de s'échapper quand par hasard le tube casserait. Le verre est maintenu entre eux par un stuffing-box, dont l'un, le supérieur, est mobile avec lui.

Les deux brides C C', sont reliées entre elles par une plaque de cuivre qui empêche l'écartement par la pression de la vapeur.

De nombreuses modifications ont été apportées à cet appareil dans un double but : éviter l'encrassement du tube et sa fracture.

La fracture se prévoit en enveloppant le tube d'une chemise de métal percée de fenêtres pour permettre l'observation, ou plus simplement d'une chemise en grillage.

Pour éviter l'encrassement, M. Meyer a proposé de faire communiquer la partie supérieure de l'appareil avec la chaudière, par un tube large et d'un assez grand développement, disposé de manière que la vapeur condensée dans ce conduit tombe dans le tube de verre. Ce procédé donne de très bons résultats.

Les modèles de *flotteurs* sont beaucoup plus nombreux. En principe, cet appareil se compose, comme son nom l'indique, d'une pièce flottant sur la surface de l'eau dans la chaudière, et reliée par un système quelconque, avec une autre pièce extérieure dont les déplacements correspondent par suite exactement à ceux du flotteur et servent à faire apprécier le point où est le niveau de l'eau. Ce signal extérieur visible est quelquefois relié avec un appareil acoustique pré-

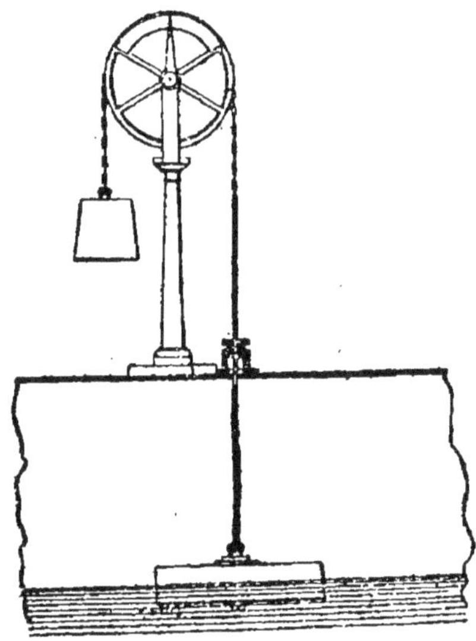

Fig. XV.

venant du moment où le flotteur s'écarte trop de sa position normale.

La figure XV montre cet appareil réduit à sa plus grande simplicité. Le flotteur en pierre porte une tige traversant un stuffing-box, à laquelle est attachée une petite chaîne passant sur une poulie fixe, et supportant un contre-poids qui fait que le flotteur est plus léger que l'eau. Un index fixé à la chaîne parcourt un cadran où se trouve indiquée la hauteur de l'eau dans la chaudière.

Quelquefois le flotteur, plus léger que l'eau par lui-même, commande par sa tige une soupape qui s'ouvre lors de l'abaissement du système, et laisse passer la vapeur sur un sifflet dont le bruit avertit le chauffeur.

Ces systèmes, comme on le comprend, sont susceptibles d'une infinité de modifications ; on peut ajouter au premier le complément du sifflet d'alarme, ou bien relier à la tige du flotteur un système de leviers commandant une sonnerie.

Quelquefois on emploie un simple tube, plongeant dans la chaudière et se terminant par un sifflet. Lorsque l'eau s'abaisse au-dessous de l'ouverture inférieure du tube, la vapeur s'échappe au dehors en faisant fonctionner le sifflet.

L'appareil flotteur peut être aussi renfermé tout entier dans la chaudière, composé d'un levier articulé autour d'un point de suspension. Lorsque le flotteur s'écarte de sa position normale, il dégage un levier de soupape correspondant à un sifflet qui avertit le chauffeur.

Nous ne saurions décrire ici tous les nombreux modèles inventés pour ce sujet, qu'on trouvera d'ailleurs en détail dans le Manuel spécial du *Chaudronnier*, qui traite de la construction des chaudières.

Les robinets vérificateurs, peu employés sur les chaudières fixes, se composent simplement de robinets placés sur de petits tubes fixés en divers points de la chaudière, et qui permettent, en les ouvrant, de vérifier si c'est de l'eau ou de la vapeur qui existent à ce niveau.

2° *Manomètres.*

Les manomètres sont des appareils destinés à faire connaître le degré de tension de la vapeur d'eau. Quand bien même l'usage de ces instruments pour les chaudières à vapeur ne résulterait pas des prescriptions administratives, on ne saurait s'en passer, le conducteur d'une chaudière devant toujours être à même de faire cette observation, soit pour maintenir la pression au degré voulu pour remplir le but qu'il se propose, soit pour ne pas atteindre des limites au delà desquelles la sécurité de l'appareil se trouve compromise.

Il existe deux classes de manomètres.

Les manomètres basés sur la densité d'une colonne de mercure faisant équilibre à la pression de la vapeur, et dits : *manomètres à air libre.*

Les manomètres basés sur la loi de Mariotte : que les volumes des gaz sont en raison inverse de la pression qu'ils supportent, et dits : *manomètres à air comprimé.* Ces derniers sont d'ailleurs à peu près abandonnés aujourd'hui, tant à cause des difficultés de constatation, que de celles que l'on éprouve pour y faire les observations.

Le manomètre à air libre est au contraire un appareil excessivement simple. Il suffit d'avoir un tube plein de mercure plongeant dans une cuvette remplie du même métal, sur lequel la vapeur vient exercer sa pression. En mesurant sur l'échelle autant de fois $0^m.76$ que présente la colonne mercurielle, on peut apprécier le nombre d'atmosphères qui mesure la tension de la vapeur. Mais, à leur tour, ces appareils présentaient de graves inconvénients : on ne les plaçait que difficilement dans le local d'une chaudière, lorsque l'on devait produire de la vapeur à pression un peu haute, et le tube de verre, qui permettait d'observer le sommet de la colonne de mercure, était très fragile.

Aussi, dans la pratique, emploie-t-on des instruments spéciaux qui sont pourvus d'une graduation facile à lire, contrôlée par l'administration, et qui n'occupent qu'une place fort restreinte.

Nous ne pourrions ici entrer dans la revue détaillée des nombreux modèles de manomètres, ces renseignements se trouvent d'ailleurs dans la série des Manuels s'occupant des machines à vapeur, et dans le *Chaudronnier*, déjà cité. Nous nous contenterons de rappeler spécialement le manomètre de Bourdon, qui est l'un des plus généralement employés.

Le manomètre dit métallique de Bourdon, est un manomètre dans lequel il n'entre pas de mercure, et qui repose sur un principe aussi simple qu'ingénieux.

Il consiste en un tube mince, ordinairement en laiton, à section méplate, roulé en spirale. L'une des extrémités du tube est ouverte, adhérente à un ajutage muni d'un robinet, fixé sur la boîte de l'appareil, et qui se visse sur une autre douille à robinet fixée après la chaudière, de manière à pouvoir être facilement mis en communication avec la vapeur ; l'autre est fermé et libre de se mouvoir. Elle est armée d'une aiguille qui se déplace sur un arc de cercle, gradué expérimentalement.

La surface externe de la spirale étant plus grande que celle interne, on comprend facilement que les variations de pression exercées par la vapeur dans le tube, entraînent des déformations dans l'enroulement de la spirale, et un déplacement de l'aiguille indicatrice, qu'il suffit d'avoir contrôlé une fois pour toutes avec un manomètre à mercure.

3° *Soupapes de sûreté.*

Les soupapes de sûreté sont des bouchons coniques ou cylindriques, engagés dans des douilles de même forme; ils sont pressés par des poids équivalents à la pression exercée sur leur surface intérieure par la vapeur et à la limite qui ne doit point être dépassée. Quand la vapeur atteint cette limite, la soupape est soulevée, et la vapeur s'échappant ne peut pas acquérir une plus grande force élastique, ce qui amènerait infailliblement l'explosion de la chaudière.

Les soupapes cylindriques sont terminées par un rebord étroit, qui s'appuie sur les bords de l'ouverture de la tubulure, et, pour qu'ils ne soient pas projetés au loin, lorsqu'ils sont soulevés, ces cylindres sont creux, ouverts en bas, et percés à la circonférence de plusieurs larges ouvertures qui permettent à la vapeur de s'échapper latéralement; elles ont un diamètre un peu plus petit que celui des tubulures dans lesquelles elles sont engagées; par cette disposition, leurs mouvements ont lieu dans la direction de leur axe. Les cylindres des soupapes sont quelquefois creusés intérieurement, de façon à former trois nervures qui ont un axe commun.

Quand les soupapes sont coniques, elles sont garnies à la partie inférieure d'une tige d'un petit diamètre, qui passe dans un ou plusieurs anneaux fixes, qui servent de guides à la soupape dans ses mouvements. Dans tous les cas, les surfaces en contact avec les bords supérieurs de la tubulure ont toujours une petite étendue.

Il est utile de ménager au-dessus du chapeau des soupapes, une partie carrée, au moyen de laquelle on puisse facilement les roder sur leur siége, lorsqu'elles laissent échapper de la vapeur, par suite de l'oxydation des surfaces en contact, ou de l'interposition de matières étrangères entraînées par la vapeur.

Les soupapes reçoivent la charge les unes directement, les autres par l'intermédiaire d'un levier. Le premier mode donne la facilité de renfermer l'appareil sous une petite lanterne qui ne permet pas de modifier la charge, les chauffeurs trop souvent commettant l'imprudence de l'augmenter.

Quelquefois la soupape de sûreté est accompagnée d'une plaque fusible, maintenue par une plaque de fonte à joue boulonnée sur les bords de la tubulure.

On peut encore ranger dans la même catégorie des appareils de sûreté, les sifflets d'alarme, formés par une soupape à laquelle on ajoute un petit appareil par lequel passe la vapeur qui se dégage, en produisant un bruit plus ou moins intense, destiné à éveiller spécialement l'attention du chauffeur.

Il est bien évident qu'une soupape doit présenter un diamètre déterminé à la surface de sortie pour remplir le but qu'on lui assigne. Ce diamètre se calcule par une formule que nous croyons utile de rappeler ici. En désignant par S la surface totale de la chaudière en mètres carrés, par n le timbre de la chaudière, c'est-à-dire le nombre, en atmosphères, de la tension à laquelle la vapeur doit y être produite, le diamètre cherché d exprimé en centimètres, est donné par l'expression :

$$d = 2,6 \sqrt{\dfrac{S}{n - 0,412}}$$

Le poids de charge totale doit être de $1^k.033$ par centimètre carré de surface de l'orifice de sortie, et par atmosphère de pression effective.

4° *Reniflard.*

Pour le cas spécial qui nous occupe de l'emploi de la vapeur au chauffage et à basse pression, comme on le fait le plus fréquemment, il est un autre appareil spécial qu'il faut ajouter sur la chaudière et qu'on a appelé le *reniflard*. Il porte une soupape, s'ouvrant du dehors au dedans, et qui laisse rentrer l'air dans le générateur et les tuyaux conduisant la vapeur de ce générateur aux endroits où on l'utilise, lorsque le feu tombe, et que le vide s'y fait, afin d'éviter que la pression extérieure qui n'est plus contre-balancée à l'intérieur, ne puisse déformer les appareils.

B. *Appareils d'alimentation.*

Ces appareils, ainsi que leur nom l'indique, sont destinés à fournir à la chaudière l'eau qui se consomme en vapeur, opération qui doit se faire de manière à maintenir toujours constant dans l'appareil, le niveau de l'eau.

*1° Appareils d'alimentation quand l'eau d'alimentation
est placée dans un réservoir suffisamment élevé.*

Cette circonstance se présente assez souvent dans
le chauffage par la vapeur, les appareils recevant
l'eau, et en particulier celle de condensation, pouvant être situés dans les étages supérieurs des bâtiments.

Si le réservoir alimentaire est à une hauteur telle,
que la différence entre le niveau de l'eau du réservoir
et de la chaudière, corresponde à une pression supérieure à celle de la vapeur, il suffira de faire communiquer la chaudière et le réservoir par un tube muni
d'un robinet, que l'on ouvrira par intermittence, ou
que l'on pourra même laisser ouvert continuellement
à un degré tel, que la quantité d'eau fournie ainsi,
soit égale à celle qui s'évapore. Le seul inconvénient
de ce système si simple, c'est d'exiger de la part du
chauffeur une attention continue.

Aussi a-t-on cherché des dispositions à l'aide desquelles l'alimentation se fasse par des procédés automatiques. Les flotteurs dont nous avons déjà eu l'occasion de parler, à propos des appareils de sûreté, se
présentaient naturellement pour remplir cet office. On
comprend, en effet, qu'il suffit de faire commander
le jeu du robinet, placé sur le tuyau d'arrivée de
l'eau, par la tige attachée au flotteur, pour régler l'introduction de l'eau en rapport avec les changements
de niveau qu'elle éprouve dans la chaudière.

La figure XVI fait voir comment ce procédé est mis
à exécution, et suffit à comprendre le fonctionnement
par sa simple inspection. Elle est d'ailleurs suscep-

tible de diverses modifications ; ainsi, le robinet peut être remplacé par une douille suspendue au contrepoids du flotteur ou sur sa tige ; cette douille porte des échancrures qui viennent démasquer des ouvertures pratiquées sur son fourreau, ouvertures auxquelles aboutit le tuyau conducteur de l'eau.

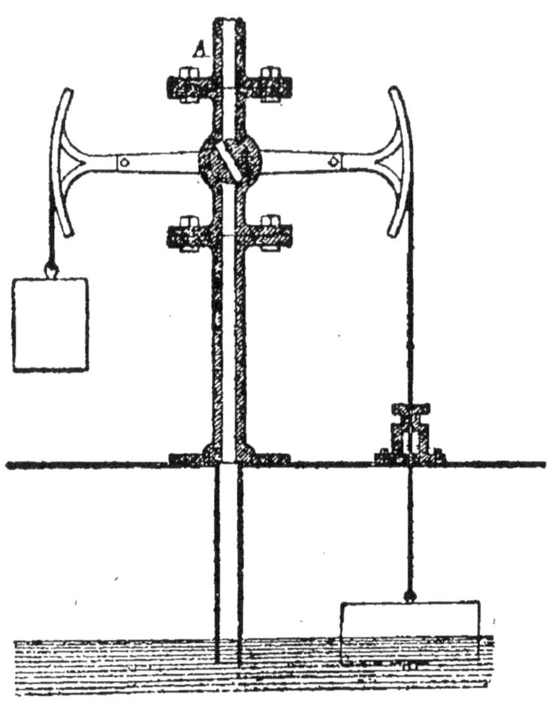

Fig. XVI.

Les frottements à vaincre sont moins grands dans ce cas qu'avec le robinet, et l'appareil fonctionne mieux.

L'appareil représenté fig. XVII peut aussi être employé en toute sécurité. Le flotteur est enfermé avec tout son mécanisme dans la chaudière, il règle le jeu d'une soupape qui démasque le tuyau d'arrivée de

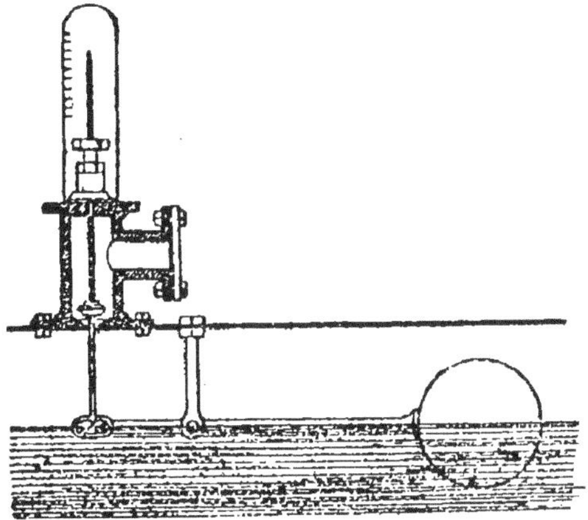

Fig. XVII.

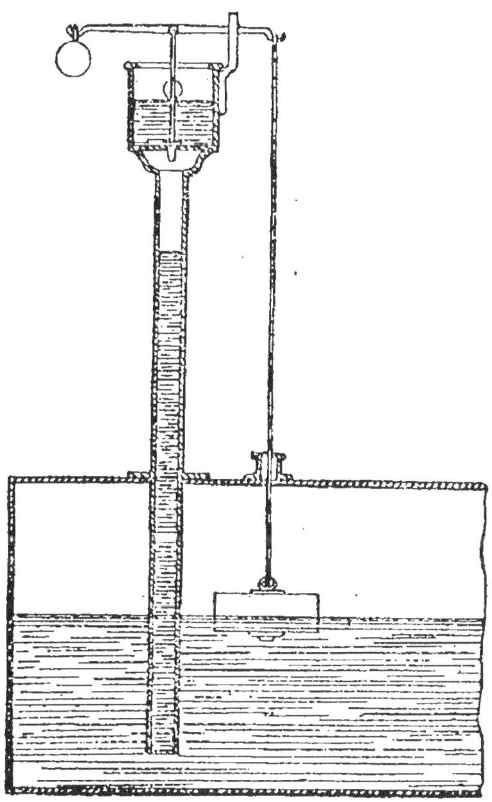

Fig. XVIII.

l'eau. Le flotteur doit avoir une grande surface, la soupape, au contraire, en aura une très petite afin que son jeu ne soit pas modifié par les variations de pression de la vapeur.

Le plus souvent on a recours au système représenté fig. XVIII. L'eau arrive naturellement ou est élevée artificiellement dans un réservoir, d'où elle tombe dans la chaudière par l'orifice d'une soupape placée au fond du réservoir, et à la tête du tuyau abducteur. Cette soupape est commandée par le flotteur à l'aide d'un levier.

2° Appareils d'alimentation avec un réservoir
placé d'une façon quelconque.

Lorsque la hauteur où est placé le réservoir n'est pas assez grande pour que la pression de la colonne d'eau qui en descend ne puisse surmonter celle de la vapeur, il est évident que l'eau ne pourra s'introduire naturellement, et qu'il faudra recourir à des appareils auxiliaires pour la faire pénétrer dans la chaudière.

Les pompes sont les appareils qui se présentent d'eux-mêmes pour ce service, mais dans les installations de chauffage, on a cherché à éviter les engins mécaniques, et l'on y arrive facilement à l'aide de dispositions que nous allons décrire.

La figure XIX représente l'une des plus employées, et désignée sous le nom de *bouteille alimentaire*.

A, est un réservoir placé au-dessus de la chaudière ;

B, est un tuyau prise de vapeur ;

C, est le tuyau d'alimentation plongeant jusqu'au fond de la chaudière ;

D, le tuyau d'aspiration ;

E, est un tuyau d'évacuation de l'air.

Pour se servir de cet appareil, on ferme les robinets C' et D', ce dernier étant lui-même souvent remplacé par une soupape qui se ferme d'elle-même ; on ouvre B' et E' ; la vapeur de la chaudière se précipite

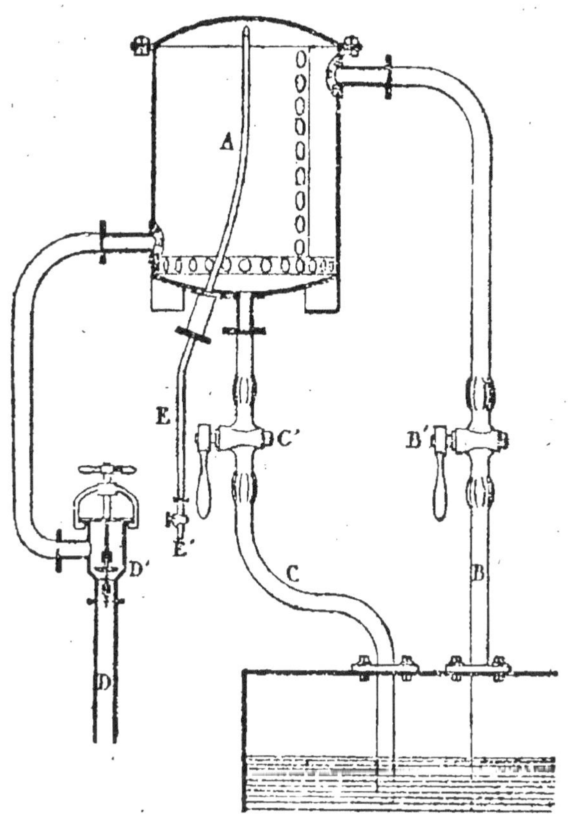

Fig. XIX.

dans le réservoir A, et en chasse l'air par le tuyau E. Cela fait, on ferme B' et E', puis, on ouvre ou laisse ouvrir D', suivant que c'est un robinet ou une soupape. La vapeur contenue dans le réservoir A se refroidit par le contact des parois et se condense ; il se forme un vide qui produit une aspiration dans le tuyau D, et si la hauteur de ce tuyau n'est pas de plus de 5 ou 6 mètres, l'eau froide vient se précipiter dans le réservoir A. Quand ce réservoir est plein, ce qu'indique un niveau indicateur, on ferme ou laisse se fermer D', puis on ouvre B' et C'. L'équilibre de pression s'établissant entre le dessus et le dessous de l'eau

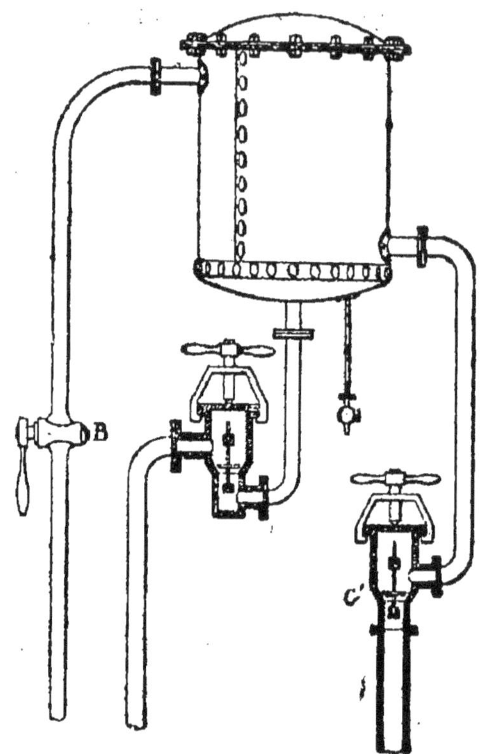

Fig. XX.

du réservoir, cette dernière s'écoule dans la chaudière en vertu de son propre poids, et elle est remplacée dans le réservoir par de la vapeur qui sert à opérer de nouveau le vide pour le remplir.

On peut également remplacer le robinet C' par une soupape, qui se ferme et s'ouvre d'elle-même comme D', il ne reste plus alors que le robinet B' à manœuvrer à la main, ainsi que le montre la figure XX.

Dans quelques cas assez rares, lorsque les chaudières destinées au chauffage ont de grandes dimensions, on les alimente quelquefois par une très petite machine à vapeur qui commande la pompe alimentaire ; l'alimentation étant d'ailleurs réglée à la main par un robinet ou par un appareil à flotteur qui règle l'entrée de la vapeur dans la petite machine à vapeur adjointe.

En résumé, lorsque l'on considère les chaudières à vapeur appliquées spécialement à l'usage du chauffage, on peut dire, quant au mode d'alimentation qu'il convient, si la quantité de vapeur à produire doit être constante ou ne varier que dans des limites restreintes, d'employer un robinet à la disposition du chauffeur ; si cette quantité doit subir de grandes variations, de recourir à un flotteur ; s'il s'agit de grands chauffages, la pompe alimentaire est le mode le meilleur. Enfin, pour les petites chaudières, on peut se servir des différents modes que nous avons décrits.

C. *Conduite des chaudières.*

C'est aux *chauffeurs* qu'est confiée la surveillance et la conduite des chaudières, et il faut de leur part dans ce travail une surveillance continue pour éviter tous les accidents, ainsi qu'une pratique intelligente pour dépenser utilement et économiquement le combustible qui leur est confié.

A ce dernier point de vue, la meilleure méthode à suivre est de charger le foyer à des intervalles égaux, toujours de la même quantité, qui se mesure par le nombre de pelletées de charbon introduites. Un chauffeur soigneux et qui a l'habitude d'un service, ne tarde pas à se rendre compte des quantités de charbon et des intervalles de chargement que nécessite une marche régulière, ce qui est surtout le propre du chauffage, la dépense de vapeur ne variant pas comme pour une chaudière alimentant une machine motrice dont l'effort est assez variable.

Son attention doit être constamment portée sur deux appareils de sûreté : le manomètre qui lui indique la pression intérieure qui doit rester constante, et l'indicateur du niveau. Avec les indicateurs à flotteurs il faut un supplément d'attention, car une fixité absolue trop prolongée de l'aiguille indicatrice apprend que l'appareil ne fonctionne pas convenablement. Il faut alors visiter le passage de la tige dans le stuffing-box, et lui rendre le jeu qui lui manque. Lorsque, par suite d'un incident quelconque, le niveau s'élève trop dans la chaudière, on ouvre un des robinets purgeurs, et on le ramène au point voulu. Si, au contraire, il s'était par trop abaissé, il faut toujours commencer par faire tomber le feu, en vidant partiellement la grille, et ne laisser rentrer l'eau que lorsqu'on suppose que les parois de la chaudière sont revenues à la température qu'elles ont habituellement. Cette rentrée d'eau ne doit, dans ce cas, s'effectuer que très progressivement, en consultant attentivement le manomètre pour constater qu'il n'indique pas d'élévation brusque de tension. Il peut résulter de cette manière d'opérer une petite perte de temps, mais l'oubli de ces précautions conduirait presque toujours à des accidents graves.

Le chauffage des édifices par la vapeur ne se rencontre guère que dans les grandes villes ou dans les usines, et l'eau employée à l'alimentation est suffisamment étudiée d'avance pour être amenée à un état où elle ne produit pas de détérioration dans les chaudières. C'est là, du reste, une question très importante que nous ne pourrions étudier ici en détail, nous nous contenterons d'appeler l'attention sur les eaux séléniteuses, très communes, et qui ne tardent pas à produire des incrustations qui, non seulement altèrent les chaudières, mais encore qui peuvent être la source d'accidents graves. Nous renvoyons nos lecteurs pour cette question, au Manuel spécial de l'Encyclopédie-Roret, *le Mécanicien-Fontainier,* où il trouvera dans la partie spécialement consacrée au Filtrage et à l'Épuration des eaux, tout ce qui a trait à ce sujet intéressant.

Les carneaux doivent être entretenus propres, et la chaudière elle-même doit être visitée intérieurement de temps en temps par les trous d'homme.

§ 3. TUYAUX DE DISTRIBUTION DE LA VAPEUR.

La vapeur produite dans la chaudière et destinée au chauffage, doit être amenée dans le local ou les locaux où elle est utilisée, par un système de tuyaux dont nous allons étudier les éléments.

La première condition que doivent remplir ces conduits, c'est d'offrir un écoulement suffisant à la vapeur pour arriver aux extrémités de son parcours, sans qu'il y ait perte de pression, ni trop grande condensation. Il résulte de là, que dans chaque cas, il doit y avoir des dimensions convenables à adopter, car si le tuyau était trop petit il faudrait augmenter la tension de la vapeur, et s'il était trop grand, il y aurait plus de surface de refroidissement qu'il ne faut, et perte de l'effet utile.

En général, avec les chaudières à basse pression, les tuyaux sont d'un assez gros diamètre, $0^m.10$ environ, et pour des générateurs de la force de dix à douze chevaux, il ne faut pas descendre au-dessous de cette valeur.

Quand la chaudière fonctionne au moins à deux atmosphères ou plus, ce diamètre peut être diminué sans inconvénients, partant d'un minimum de 35 millimètres, augmenté de 1 1/2 millimètre par force de cheval du générateur employé ou de la vapeur qui doit passer par ce tuyau.

M. Péclet a donné, d'ailleurs, une formule générale permettant d'établir par le calcul le diamètre de ces tuyaux.

Soit D, ce diamètre, H la pression de la vapeur dans la chaudière, h la pression au point où l'on utilise la chaleur, L la distance de ce point à la prise sur la chaudière, comptée le long des tuyaux. On a la formule :

$$H - h = 0.024\, h\, \frac{L}{D}$$

D'autre part, si V et v sont les vitesses d'écoulement sous les pressions H et p :

$$H = \frac{V^2}{2g} \text{ et } h = \frac{v^2}{2g}$$

On peut alors écrire la formule précédente ainsi :

$$H - h = \frac{v^2}{2g}\, 0{,}024\, \frac{L}{D}$$

8.

ce qui montre que la perte de pression est proportionnelle au carré de la vitesse, à la longueur de la conduite, et inverse du diamètre, adoptant des vitesses de circulation de 15 à 25 mètres pour les basses pressions, et 40 à 50 pour les hautes pressions, on peut déduire la valeur de D, en se fixant un minimum de perte.

Il faut éviter les coudes brusques qui produisent une perte considérable de force vive, et n'employer que des coudes arrondis. Bien que les diamètres calculés à l'aide des formules précédentes pourraient suffire, il sera toujours bon, dans la pratique, de les tenir au-dessus de ces valeurs.

M. Grouvelle, qui, l'un des premiers, s'occupa du chauffage par la vapeur, et contribua considérablement par ses travaux aux développements pratiques de ce procédé, a formulé au sujet des diamètres à donner aux tuyaux de distribution des règles qu'il est utile de connaître.

Lorsque le chauffage est établi à basse pression, c'est-à-dire au-dessous de 2 atmosphères, les diamètres pourront varier de $0^m.07$ à $0^m.20$. Ainsi, à l'emploi d'un générateur de 20 chevaux, correspond un tuyau de $0^m.11$ de diamètre.

Si, au contraire, on opère à haute pression, de 2 à 5 atmosphères, le diamètre s'obtient en partant d'une valeur $0^m.350$ et ajoutant autant de fois $0^m.0015$ que le générateur comporte de chevaux-vapeur.

Les embranchements ne doivent jamais présenter moins de $0^m.02$ à $0^m.03$ de diamètre.

Ces tuyaux, dans toutes les parties où ils ne concourent pas directement au chauffage, doivent être disposés de manière à ne pas donner lieu à un refroidissement qui produit une condensation de la vapeur; condition assez difficile à réaliser avec des conduits métalliques. Aussi, dans ce cas, les enveloppe-t-on de matières protectrices, mauvais conducteur, telles que laine, poil, ciments calorifuges, etc.

Quand ce sont de grosses conduites, on les établit en fonte, mais plus généralement en fer étiré, et en cuivre. Les tuyaux en fer sont d'une pose plus commode, à cause de leur jonction à l'aide de manchons taraudés, mais ils offrent plus de difficultés pour les réparations que le tuyaux en cuivre, et enfin ceux-ci perdent peu de leur valeur si on les met hors de service. Les tuyaux en cuivre sont ordinairement à collets, assemblés par des brides de fer, avec interposition d'un masticage dans le joint. Il existe d'ailleurs pour exécuter les joints et en assurer l'étanchéité, une foule de procédés qui sont décrits dans le Manuel spécial du *Plombier*.

L'exécution convenable des joints entraîne avec elle un inconvénient, auquel il faut bien prendre garde : c'est la rigidité du système, et dès lors l'impossibilité qu'il présente de se prêter aux dilatations et contractions que les conduites devront supporter. Pour faire juger de l'importance de ce que nous venons de dire, nous ferons connaître que, si la longueur d'un tuyau de fonte est égale à 1 au point de congélation, elle sera de 1,00111 au terme de l'ébullition; et cette dilatation sera de 0,0017, si les tuyaux sont en cuivre; et nous ajouterons qu'aucune partie d'un bâtiment ordinaire ne serait capable de résister à la force de dilatation d'un tuyau en fer; et, s'il y a aux extrémités une résistance égale à la force de la pression, il faudra que les tuyaux se rompent, soit dans leur jonction, soit dans quelque partie de leur longueur.

On a donc dû se préoccuper d'atténuer ces effets, et, pour cela, on emploie des dispositions variées.

Les tuyaux, dits de compensation, consistent en portions de tuyaux interposés dans la conduite générale, d'un plus faible diamètre et contournés en serpentins, conservant par leur forme courbe naturelle une élasticité qui leur permet de s'ouvrir ou de se fermer, et de compenser ainsi les variations de longueur de la conduite. Ils offrent encore l'avantage de raccorder facilement deux conduites rectilignes, se joignant sous un angle quelconque.

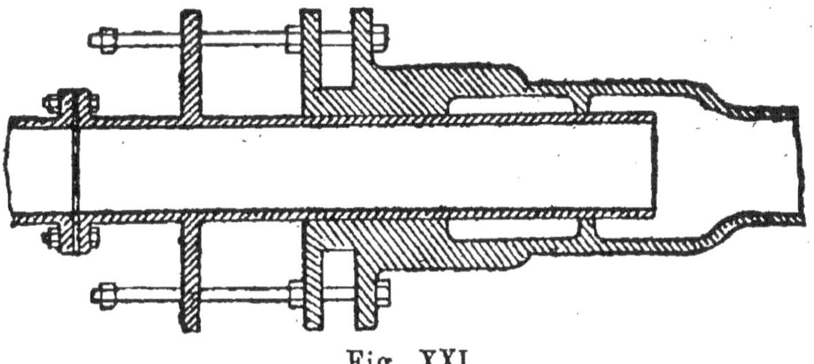

Fig. XXI.

Un autre type est le joint compensateur. On interpose, dans un certain point de la conduite, un bout de tuyau terminé par des chambres, munies de presse-étoupes, dans lesquelles peuvent glisser les tuyaux, sans occasionner de fuites aux joints, ainsi que le montre la figure XXI. Une bride, passant sur la tige à boulons de serrage du joint compensateur, limite le mouvement de sortie des tuyaux de conduite, et s'oppose à ce qu'ils puissent abandonner la boîte à étoupe.

§ 4. APPAREILS DE CONDENSATION.

Les appareils de condensation ont pour objet de condenser intérieurement la vapeur, et de transmettre toute la chaleur ainsi dégagée à travers leur surface à l'air qui les enveloppe, pour en élever et en soutenir la température. C'est là véritablement l'appareil de chauffage, ou du moins la partie dans l'ensemble du système où cet effet devient sensible.

On a constaté tout d'abord que la chaleur transmise à travers une surface métallique, tôle, fonte ou cuivre, est, dans les limites d'épaisseur employée pour ces appareils, indépendante de cette épaisseur. Mais l'état de ces surfaces a une grande influence sur la quantité totale de chaleur transmise. Ainsi, d'après Tredgold, les quantités de vapeur condensées par heure et par mètre carré dans des tuyaux de différentes substances exposées à l'air libre et à une température de 15°, sont :

		Calories.
Pour la fonte nue en tuyau horizontal..........	1ᵏ·81 dégageant	995
Pour la fonte noircie en tuyau horizontal.	1ᵏ·70 —	935
Pour le cuivre nu en tuyau horizontal..........	1ᵏ·47 —	808
Pour le cuivre noirci en tuyau horizontal..	1ᵏ·70 —	935
Pour le cuivre noirci en tuyau vertical.	1ᵏ·98 —	1089
Tôle neuve.	1ᵏ·80 —	990
Tôle rouillée.........	2ᵏ·10 —	1155

Dans les grands chauffages à vapeur, on peut admettre comme moyenne :

Par heure et mètre carré de fonte, $1^k.80$ de vapeur condensée dégageant 990 calories.

Par heure et mètre carré de cuivre, $1^k.75$ de vapeur condensée dégageant 960 calories.

Afin d'augmenter la surface de chauffe des tuyaux, on leur donne quelquefois des formes particulières, à l'aide de nervures saillantes, formées de disques circulaires, perpendiculaires à l'axe ou excentrés. On peut ainsi réduire la longueur à donner aux tuyaux pour obtenir une même température.

On a cherché à établir un rapport approximatif entre la quantité de vapeur, l'espace à échauffer et la contenance de la chaudière. D'après M. Buchanan, un pied de surface de tuyaux à vapeur chauffera convenablement deux cents pieds cubes d'espace fermé, et un pied cube de chaudière doit suffire pour échauffer deux mille pieds cubes d'espace.

Ce rapport grossier, calculé pour les filatures de coton, est parfaitement inutile lorsqu'on désire un plus grand degré de ventilation, comme dans les hôpitaux, ou bien qu'une plus grande quantité de vitrage est nécessaire, comme pour les serres chaudes.

Nous allons donner des moyens plus exacts d'établir ces rapports et les mettre en harmonie avec le degré de ventilation nécessaire. C'est M. Tredgold qui nous servira de guide dans ces évaluations.

Il existe, dans toutes les circonstances, deux causes directes de perte de chaleur : la première est le refroidissement qu'éprouvent les vitrages et les autres surfaces extérieures d'un bâtiment par l'effet du contact de l'air extérieur; la seconde est la quantité de chaleur qui doit être chassée avec l'air impur par la ventilation, celle qui se perd par les fentes, crevasses et autres ouvertures; l'une et l'autre de ces causes dépendent de la nature de l'édifice, de l'objet auquel il est destiné.

Nous allons donner le calcul de la perte de chaleur qui a lieu dans différentes circonstances; mais remarquons provisoirement qu'elle peut toujours être mesurée par une certaine quantité d'air pris à la température extérieure et réchauffé au degré de la température intérieure. Il faudra encore déterminer la quantité de combustible qui procurera la chaleur voulue. Remarquons toutefois que ces principes, donnés par la pratique, sont généraux, c'est-à-dire que ce qui concerne les tuyaux à vapeur s'applique également à toute autre enveloppe renfermant tout autre fluide, s'il refroidit dans le même milieu.

On désigne en général par l'unité la chaleur spécifique de l'eau : on peut donc exprimer l'effet produit par un tuyau à vapeur par le nombre de degrés dont une portion déterminée de la surface élèverait la température d'un pied cube d'eau; alors la quantité en pieds cubes de tout autre corps qui serait élevé au même degré de chaleur serait en raison inverse de sa chaleur spécifique, ou serait le dénominateur de la fraction qui en exprimerait la chaleur spécifique.

Par exemple, la chaleur spécifique de l'eau étant 1, celle de l'air est, pour la pratique, 0,00035 : si l'on multiplie par 0,00035 la quantité de combustible nécessaire pour élever d'un degré la température d'un pied cube d'eau, on aura celle qui élèverait d'un degré la température d'un pied cube d'air; vingt fois cette quantité l'élèverait de 20 degrés, trente fois, de 30 degrés, et ainsi de suite.

Cela posé, il faut d'abord connaître quel est le degré le plus bas où puisse descendre la température de l'air extérieur ou de l'air qui doit fournir la ventilation.

Dans le climat de Londres, on peut prendre 30° de Fahrenheit pendant le jour; pour la nuit, il faut supposer que le plus grand froid fait descendre le même thermomètre à 0°. Dans le climat de Paris, les nombres correspondants de la même échelle sont à peu près 33 et 2.

Il faut aussi connaître la température à laquelle on veut entretenir la chambre qu'on doit échauffer, et la quantité d'air qu'il faudra élever de la température extérieure à celle de la chambre pour remplacer la perte de chaleur en entretenant la ventilation. On a observé que la température moyenne de la surface d'un tuyau qui contient de la vapeur est, sous la pression ordinaire, de 200°.

Voici la règle pour trouver la quantité de tuyaux de fonte qui maintiendra la chambre à la température demandée : multipliez les pieds cubes d'air qu'il faut échauffer par minute pour remplacer la ventilation et la perte de la chaleur (que nous apprendrons à évaluer) par la différence entre la température à laquelle la chambre doit être entretenue et celle de l'air extérieur en degrés de Fahrenheit, et divisez le produit par 2.1 fois la différence entre 200 et la température de la chambre; le quotient donnera la quantité de surface de tuyau de fonte qui suffira pour maintenir la chambre à la température demandée.

Ou, algébriquement, soient,

A = le nombre de pieds cubes d'air à chauffer par minute pour remplacer la perte de chaleur;

$t =$ la température demandée pour la chambre;
$t' =$ la température de l'air extérieur;
$S =$ la surface du tuyau cherchée;

On a :
$$S = \frac{A\,(t - t')}{2.\,1.\,(200 - t)}$$

Exemple. Supposons que la perte nécessaire de chaleur soit par minute de 692 pieds cubes; qu'il faille maintenir la température à 56° de Fahrenheit, l'air extérieur étant à 0° de la même échelle, quelle est la surface du tuyau nécessaire?

La formule devient :
$$S = \frac{692 \times 56}{2.\,1.\,(200 - 56)} = 128 \text{ pieds carrés de surface.}$$

Mais, quelle est la quantité de combustible nécessaire pour chauffer une surface donnée de tuyau?

Règle. Si l'eau condensée rentre dans la chaudière sans perte de chaleur, la même quantité de combustible en poids nécessaire pour porter à l'ébullition un pied cube d'eau prise à la température moyenne suffira pour chauffer 26 pieds de surface de tuyau pendant une heure, lorsqu'on devra entretenir la température à 60° Fahrenheit. Or, la quantité de combustible nécessaire pour porter un pied cube d'eau prise à une température moyenne au terme de l'ébullition est le septième de ce qu'il faudrait pour la convertir en vapeur, et ce nombre, nous le connaissons, c'est 8,4 pour la houille.

Si la chambre doit être entretenue à 80° Fahrenheit, la même quantité de combustible chauffera 30 pieds de surface de tuyau pendant une heure.

Enfin, si l'on veut entretenir la chaleur de la pièce à 100°, la même quantité de combustible suffira pour 36 pieds de surface.

Chauffage.   9

M. Tredgold trouve, d'après ces principes, qu'un boisseau de houille de Newcastle suffit par heure pour fournir à 1820 pieds de surface de tuyau la chaleur nécessaire pour entretenir à 60° la température d'une chambre.

La même quantité fournira assez de chaleur à 2100 pieds pour l'entretenir à 80°, et à 2520 pieds pour l'entretenir à 100°. En effet, $\dfrac{2520}{36} = 70$, qui, multiplié par $\dfrac{8.4}{7} = 1.2$, donne pour produit 84. Or, 84 livres de houille font le boisseau de Newcastle.

Lorsque l'eau condensée ne peut pas rentrer dans la chaudière, on perd environ 1/12 de chaleur, c'est-à-dire qu'il faut réduire de 1/12 là quantité de surface qui peut être chauffée avec la même quantité de houille.

Il faudra, dans ce cas, augmenter la quantité de combustible en raison de la perte plus grande de la chaleur de la chaudière ; et, si l'on n'a pris aucune précaution pour prévenir cette perte à sa surface, il arrivera que cette perte se trouvera quelquefois égale à l'effet des tuyaux auxquels elle fournit la vapeur, et la proportion sera d'autant plus grande que la chaudière sera plus petite.

Une approximation grossière donne un boisseau de houille par hiver par chaque fois six pieds cubes d'air à échauffer par minute.

Il est nécessaire de connaître la quantité d'eau condensée dans un temps donné, parce que, lorsque cette eau ne retourne point à la chaudière, il est indispensable de la remplacer.

Or, dans une chambre entretenue à 60°, 7×26 = 182 pieds de surface de tuyau de fonte condenseront un pied cube d'eau par heure à 80°, ce sera $7 \times 30 = 210$ pieds de surface; à 100°, enfin, ce sera $7 \times 36 = 252$. On voit que ces nombres sont précisément les produits par 7 des surfaces de tuyaux cherchées précédemment.

Evaluons maintenant la ventilation et les pertes de chaleur.

La quantité d'air vicié par la respiration d'un individu est d'environ 800 pouces cubes par minute; par la transpiration, par la combustion et autres causes, 5,184 pouces; par la combustion d'une chandelle, 180 à 300 pouces cubes; mais, à cause de diverses autres impuretés, 432 pouces cubes : en tout, 6,416 pouces cubes, ou environ 4 pieds cubes par minute.

On voit donc qu'il doit y avoir pour chaque individu 4 pieds cubes d'air par minute de renouvelés qui entraînent une quantité de chaleur égale à la différence entre la chaleur de l'air extérieur et celle de l'air intérieur.

D'ailleurs, le verre des fenêtres laisse échapper une quantité considérable de chaleur qu'on peut évaluer à peu près à un pied et demi cube d'air par minute, descendu de la température moyenne de la chambre à celle de l'air extérieur par chaque pied carré de vitrage : il faut donc faire entrer dans le calcul cette considération.

Or donc, si l'on multiplie par 1,5 la surface de vitrage, le produit sera égal au nombre de pieds cubes d'air par minute dont la température passera de la chaleur de la chambre au degré de refroidissement de l'air extérieur.

Enfin, on peut évaluer, terme moyen, à onze pieds cubes par minute la quantité d'air qui s'échappe par chaque porte ou fenêtre qui communique avec l'air extérieur : on peut ne pas prendre en considération les portes intérieures. De toutes ces évaluations on tire la règle suivante, bien suffisante pour la pratique.

Règle. Dans les édifices publics, les habitations, la quantité de pieds cubes d'air à chauffer par minute doit être égale à quatre fois le nombre des individus que doit réunir le local, ajouté à onze fois le nombre des portes et fenêtres extérieures, et à une fois et demie l'air exprimé en pieds du vitrage exposé à l'air extérieur; la somme sera la quantité en pieds cubes qui devra servir pour calculer la quantité de surface de tuyaux à vapeur, et, par suite, la quantité de combustible.

Algébriquement. — Soit P le nombre de personnes qu'une chambre doit contenir, v le nombre de fenêtres et de portes, et G l'air du vitrage. A étant toujours la quantité de pieds cubes à échauffer par minute, pour remplacer la perte de la chaleur, on a :

$$A = 4P + 11\,v + 1.5\,G.$$

De sorte qu'en remplaçant A par sa valeur dans la formule :

$$S = \frac{A\,(t - t')}{2.1\,(200 - t)}$$

Où S représente la surface de tuyau de fonte, elle devient :

$$S = \frac{(4P + 11\,v + 1.5\,G)\,(t - t')}{2.1\,(200 - t)}$$

Si les fenêtres étaient doubles, et qu'elles fermassent assez bien pour empêcher le mouvement de l'air entre elles, la formule deviendrait :

$$A = 4 P.$$

D'où :

$$S = \frac{4 P (t - t')}{2. 1 (200 - t')}$$

Enfin, si les fenêtres, sans être doubles, fermaient hermétiquement, elle deviendrait :

$$A = 4 P + 1 - 1. 5 G.$$

D'où :

$$S = \frac{(4 P + 1. 5 G) (t - t')}{2. 1 (200 - t)}$$

Si l'on divise le nombre de pieds cubes de l'espace d'une chambre par la quantité d'air qu'il est nécessaire de chauffer par minute, pour y entretenir la même température, le quotient sera à peu près égal au nombre de minutes qui serait employé à élever cet air à ce degré de chaleur, en arrêtant la ventilation pendant ce temps.

Dans les serres chaudes, on peut admettre que,

$$A = 5 L + 1. 5 G + 11. D$$

A étant toujours une perte de chaleur par une cause quelconque, L la longueur de la serre, G l'aire du vitrage, D le nombre des portes ; c'est-à-dire que la perte de la chaleur dans les serres est, par minute, une quantité de pieds cubes d'air égale à cinq fois la longueur du vitrage du toit, plus une fois et demie l'aire totale du vitrage comptée en pieds, plus onze pieds cubes pour chaque porte. De sorte que l'on a, pour la surface du tuyau de fonte nécessaire,

$$S = \frac{(5 4 + 1. 5 G + 11 D) (t - t')}{2. 1 (200 - t)}$$

Ces formules s'appliquent au cas où la hauteur verticale moyenne du vitrage de la serre étant d'environ

dix pieds, la différence de température entre l'air de
la serre et l'air extérieur doit être d'environ trente
degrés Fahrenheit. Si la hauteur moyenne verticale
du vitrage de la serre était de plus de dix pieds, et la
différence entre la température de l'air extérieur et
celle de la serre, 50 degrés Fahrenheit, ce qui est le
maximum de différence qu'on puisse supposer, on
aurait, en appelant h la hauteur de la serre en pieds,
et conservant les mêmes appellations que précédemment,

$$A = 1/4 \; L \, h \; 3/2 + 1.5 \;\; G + 11 \; D,$$

ou, en faveur de ceux qui n'entendent point l'algè-
bre, on aurait cette règle plus facile et moins exacte :

La perte de chaleur ou le nombre de pieds cubes
d'air qui devront être élevés par minute de la température de l'air extérieur à celle de la serre est égale
au produit de la longueur de la serre multipliée par
la moitié de la plus grande hauteur, comptées l'une
et l'autre en pieds, plus une fois et demie l'aire totale
du vitrage, plus onze fois le nombre des portes, et,
employant cette somme, on trouvera la quantité de
tuyaux nécessaire et la quantité de combustible, d'a-
près les règles que nous avons données ; voici, au surplus, la formule pour la surface des tuyaux :

$$S = \frac{(1/4 \; L \, h \; 3/2 + 1.3 \; G + 11. \; D) \; (t - t')}{2.1 \, (200 - t)}$$

En été, la température s'élèverait trop : on est
obligé d'ouvrir à la partie supérieure des ventilateurs
dont on trouvera la surface par la formule ou la règle
suivante :

a, étant la surface en pieds carrés des ventilateurs ;
L, la longueur de la serre ; R, la longueur du toit

vitré ajoutée à celle du vitrage perpendiculaire, s'il y en a un ; h, la distance du sol à l'ouverture par où l'air s'échappe, on a :

$$a = \frac{0.15\,LR}{v.\,h.} \text{ ou à peu près} = \frac{LR}{6,\sqrt{h}}$$

C'est-à-dire qu'approximativement la somme en pieds des aires de tous les ventilateurs supérieurs doit être égale à la longueur du toit vitré ajoutée à la hauteur perpendiculaire du vitrage de devant, s'il y en a un, multiplié par la longueur de la serre, et divisé par six fois la racine carrée de la hauteur prise du niveau du sol jusqu'à l'endroit où se trouve l'ouverture ou les ouvertures qui laissent échapper l'air échauffé.

Au point de vue pratique, on a résumé toutes ces formules et calculs divers, dans une règle facile à suivre : 1 mètre carré de surface, chauffé intérieurement par la vapeur, et par conséquent les 990 calories transmises par $1^k.80$ de vapeur condensée, suffisent pour chauffer et entretenir à 15° une salle de 66 à 70 mètres cubes, ou un atelier de 90 à 100 mètres cubes, en supposant que les murs et surtout les fenêtres ne présentent pas un plus grand développement que celui que comportent ordinairement de pareils locaux.

Les appareils où s'exécute la condensation reçoivent des formes très variées.

Souvent ce sont de simples tuyaux, lorsque la nature du *local* permet sans inconvénient de les laisser apparents, comme dans des ateliers; ou que, par suite de l'installation intérieure, il est facile de les dissimuler à la vue, comme dans des bibliothèques, salles de cours, etc.

Dans d'autres cas, on emploie des appareils dont la forme plus ou moins variée concourt à la décoration de l'édifice. Ce sont des vases métalliques creux, dans l'intérieur desquels on introduit de la vapeur qui s'y condense ; l'eau ainsi produite s'écoule au dehors par un tuyau d'évacuation, dont l'orifice est au point le plus bas de la boîte. Il faut de plus un tuyau spécial d'évacuation d'air, pour le faire sortir au moment où la vapeur arrive, lequel part au contraire du sommet de l'appareil. Ces tuyaux sont pourvus de robinets en cuivre, dont le boisseau, garni de brides, se monte avec les tuyaux, comme ceux-ci entre eux et qui permet d'en régler la marche, comme le montre la figure XXII.

Ces appareils ont généralement l'apparence d'un poêle ordinaire, en portent d'ailleurs le nom, et leur forme peut être variée suivant le bon plaisir du décorateur.

Le plus souvent, les tuyaux de condensation sont aménagés pour amener l'eau dans une bâche, qui se trouve près des chaudières, et où elle est employée à l'alimentation, par un des moyens que nous avons déjà décrits.

Ces poêles à vapeur contiennent souvent une certaine quantité d'eau qui sert de réservoir à la chaleur, et leur emploi indique déjà par lui-même un nouveau mode de chauffage, sur lequel nous reviendrons tout-à-l'heure, le chauffage mixte par la vapeur et l'eau.

Ces divers appareils interposés sur la conduite générale, y sont généralement raccordés à l'aide de branchements, munis de robinets, permettant de les isoler complètement, où de régler dans une certaine mesure la circulation particulière qui s'y établit. Ce mode de réglage à l'aide des robinets est incontestablement très imparfait. MM. Geneste et Herscher l'ont beaucoup perfectionné, grâce à un petit appa-

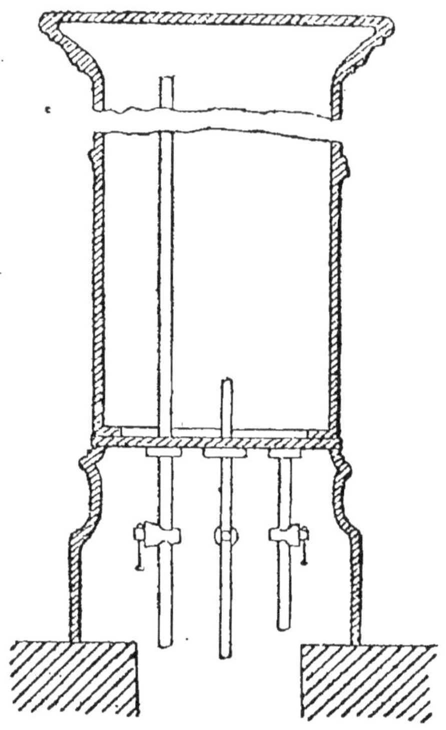

Fig. XXII.

reil automatique, placé entre le poêle et la canalisation de retour, assurant l'évacuation de l'eau de condensation, dès qu'il s'en accumule une certaine quantité, tout en s'opposant d'une façon régulière à la perte de la vapeur. Cet appareil, formé d'une petite boîte en fonte avec deux tubulures, contient un ressort en spirale, construit avec deux métaux, fer et cuivre, dont une extrémité est fixe, et l'autre commande un levier, portant un obturateur, qui ouvre ou ferme l'orifice d'évacuation. Ce ressort est établi de telle façon que, lorsque la vapeur arrive, l'orifice reste démasqué tant que le système contient de l'air. Cet orifice est alors fermé, pour ne se rouvrir de lui-même que lorsqu'il baigne dans de l'eau à moins de 100°, et provenant de la condensation.

Dans un chauffage par la vapeur, il faut se préoccuper de la question de réglage non seulement dans les poêles, mais encore sur l'ensemble de toute la canalisation, afin qu'il n'y ait pas de trop grande différence de pression entre les parties voisines de la chaudière, et celles qui en sont le plus éloignées. L'on doit encore aux mêmes constructeurs un appareil dit détendeur à pression constante, imaginé pour remplir ce but.

On emploie quelquefois le mode de chauffage à la vapeur, non plus pour chauffer directement les salles d'un édifice, par les appareils condensateurs, mais pour chauffer, dans des *calorifères dits à vapeur,* de l'air qui est ensuite introduit dans les pièces à chauffer. La disposition la plus simple à employer consiste dans des caniveaux en briques, renfermant un ou plusieurs tuyaux, dans lesquels circule la vapeur et qui sont parcourus par l'air à échauffer. Ces caniveaux peuvent être placés au-dessous du sol. L'air y marche en sens inverse de la vapeur, comme dans les calorifères à air chaud.

On peut encore employer une disposition de tuyaux analogue à un jeu d'orgue, représenté en plan et en coupe verticale par la figure XXIII, avec une forme

particulière qui prévoit les déformations aux joints
et les inégalités de chauffage. L'appareil est formé
d'une caisse en fonte divisée en deux compartiments

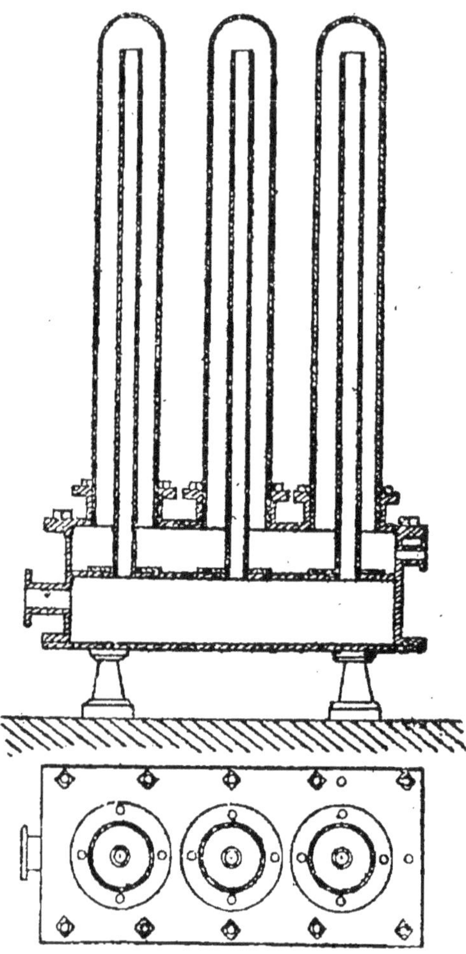

Fig. XXIII.

par une cloison qui les sépare et qui est percée d'o-
rifices, sur lesquels sont montés des tubes en cuivre
ouverts aux deux bouts. Ces tubes sont enveloppés
dans de petites cloches, également en cuivre et fixées

sur des tubulures portées par la caisse en fonte. La vapeur arrive dans le compartiment inférieur et l'eau de condensation sort par le supérieur. L'inégalité de dilatation des tuyaux n'influe plus alors sur les joints.

Enfin, on peut disposer les tuyaux dans le calorifère en forme de serpentins.

Le robinet d'évacuation d'air qui est toujours placé au sommet des tuyaux à vapeur, et appelé *souffleur*, joue, dans le cas d'emploi des tuyaux en cuivre, un double rôle très important. Non seulement il permet au début l'expulsion de l'air, mais aussi quand on arrête le feu sous le générateur, il permet la réintroduction de l'air, ce qui est nécessaire, parce que les tuyaux en cuivre, par suite de leur peu d'épaisseur, ne seraient pas capables de supporter sans s'écraser la pression extérieure, qui devient considérable devant le vide intérieur produit lors de la condensation de la vapeur.

L'ensemble de l'appareil condensateur comprend les tuyaux de retour d'eau, que l'on ramène généralement au générateur, afin d'utiliser la chaleur qui reste emmagasinée dans cette eau. Il est important pour ces conduites particulières de leur donner une pente suffisante pour que l'eau de condensation n'y séjourne jamais. Le minimum de cette pente doit être de 2 millimètres 1/2 par mètre.

Il faut encore que l'eau puisse s'échapper du système sans laisser passage à la vapeur. Ce résultat s'obtient à l'aide d'appareils désignés sous le nom de purgeurs automatiques. Ce sont des caisses où aboutit librement le tuyau d'arrivée de l'eau condensée, l'orifice du tuyau d'évacuation restant fermé par une soupape qui ne s'ouvre pour laisser écouler l'eau, que lorsque celle-ci a atteint un certain niveau, et qui se referme avant que ce niveau ne soit assez bas pour laisser l'orifice ouvert au sein de la vapeur. On y parvient en commandant le jeu de la soupape par un flotteur, ou un système de soupapes flexibles, formant un réservoir pour un liquide spécial dont la tension de vapeur, variable avec la température, détermine des déformations de la membrane produisant l'ouverture ou la fermeture du tuyau d'évacuation.

Enfin, l'installation complète d'un chauffage à la vapeur comporte encore, comme nous l'avons dit, des *souffleurs* ou purgeurs d'air et des *reniflards* ou soupape de rentrée d'air qu'on fait agir les premiers au moment de la mise en marche, pour laisser évacuer l'air des tuyaux, et quelquefois au cours même de l'opération, pour expurger l'air entraîné par la vapeur et rendu libre lors de la condensation.

Les reniflards sont des soupapes automatiques s'ouvrant du dehors en dedans, quand la pression intérieure descend au-dessous de la pression atmosphérique, et qui en laissant pénétrer l'air extérieur dans l'appareil, s'oppose à la déformation des tuyaux, qui ne manquerait pas de se produire surtout avec les canalisations en cuivre.

CHAPITRE VI.

Chauffage par l'eau chaude.

§ 1. CONDITIONS DE CE MODE DE CHAUFFAGE.

Lorsque de l'eau chaude est renfermée dans un vase fermé, elle se refroidit et par conséquent échauffe l'air environnant; si par un procédé quelconque, on peut d'une façon continue renouveler l'eau dans ce vase, en remplaçant l'eau refroidie par de nouvelle eau chaude, on établira par suite un chauffage régulier de l'air de la pièce où est situé ce vase. Tel est le principe de ce nouveau procédé, connu depuis fort longtemps puisque les Romains l'avaient appliqué aux Thermes, bien que la circulation continue de l'eau chaude partant du foyer, chauffant un espace dans son parcours pour revenir après refroidissement se réchauffer au foyer, soit réellement due à Bonnemain, qui l'appliqua vers 1800.

Ce rôle que joue l'eau dans le chauffage est dû à sa grande chaleur spécifique. Par exemple, 1 kilogramme d'eau en se refroidissant de 80° à 30° laisse dégager 50 unités de chaleur, qui peuvent échauffer de 10°, $5 \times 4 = 20$ kilogrammes d'air ou $20 : 1,3 = 15,33$ mètres cubes d'air.

Quant au principe particulier sur lequel Bonnemain s'appuyait pour établir une circulation continue de l'eau chaude, il est facile à comprendre. Il est basé sur la différence de densité d'un même liquide chaud et froid. Supposons un système formé de deux tuyaux communiquant, ayant même hauteur verticale, mais l'un rectiligne, l'autre plus ou moins sinueux et aboutissant dans le bas à une chaudière A, comme le montre la figure XXIV. Ces deux colonnes seront en équilibre, tant que la température y sera la même; mais en chauffant la chaudière, la chaleur se propagera dans la direction du tuyau rectiligne B, la densité de cette colonne sera moindre que celle de l'autre C, et le liquide contenu dans celle-ci rentrera dans la chaudière. Il s'établira un mouvement continu, qui sera favorisé par la

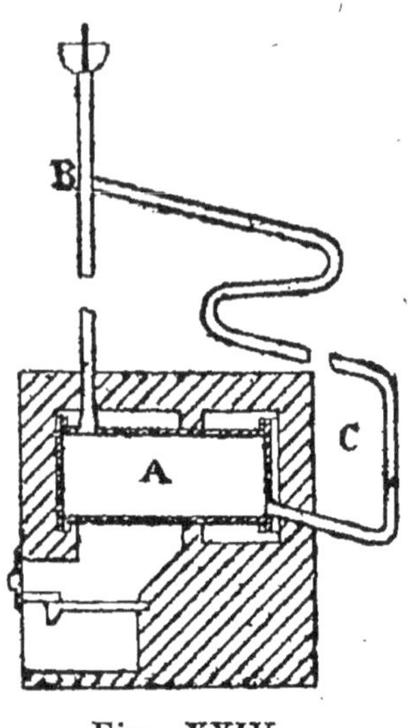

Fig. XXIV.

disposition donnée aux colonnes, la forme sinueuse favorisant le refroidissement dans cette partie de l'appareil.

Cette colonne descendante peut être disposée pour parcourir une série de salles, et en échauffer l'air, ou bien elle peut passer dans des calorifères où elle chauffera l'air qui y circule, et qu'on dirigera ensuite dans les locaux à desservir.

On place au sommet de la colonne rectiligne un vase qui sert à l'introduction de l'eau dans l'appareil, au dégagement de l'air pendant cette opération, ainsi qu'à celui des vapeurs qui pourraient se former.

Pour un bâtiment renfermant plusieurs étages, le système d'installation comprend la série suivante d'appareils :

Une chaudière à eau chaude, un tuyau d'ascension de grand diamètre qui monte par le chemin le plus court au sommet de l'édifice, un vase d'expansion placé sur ce tuyau, une série de tubes horizontaux de distribution, et enfin des tubes verticaux reliant ceux-ci à la chaudière.

Sur la série des tubes de distribution, on peut insérer tel appareil de chauffage que l'on voudra.

On peut également se servir de la colonne montante comme organe de distribution, pourvu que le refroidissement soit plus grand dans la colonne descendante.

On peut distinguer deux procédés de chauffage à l'eau chaude : celui où la circulation se fait à basse pression, où les vitesses et les hauteurs des liquides ne sont pas très considérables, et par suite les tuyaux d'un diamètre assez gros pour offrir une surface en rapport avec celle des pièces à chauffer ; et celui où la circulation se fait sous une haute pression, ne demandant pas des surfaces de chauffe aussi grandes, et des diamètres plus petits pour les tubes.

Nous avons déjà, dans le chapitre consacré aux méthodes générales de calcul pour les installations, fait voir comment on calculait les quantités d'eau nécessaires à chauffer, pour un cas déterminé, ainsi que les éléments relatifs aux quantités de combustible, surface de chauffe, etc.

Il nous reste à dire comment on peut calculer le diamètre à donner aux tuyaux de circulation.

La vitesse de l'eau dans les tuyaux se calcule, comme dans le cas général de la distribution, à l'aide des formules de Prony. Or, on sait que la vitesse dans une conduite d'eau est donnée par la formule :

$$\frac{D\,J}{4} = b\,v^2$$

D, étant le diamètre, J, la pente par mètre, et b, un coefficient constant.

D'une part, la dépense est déterminée par la quantité d'eau qui doit passer par seconde, soit :

$$\frac{Q}{50000} \times \frac{1}{3600},$$

et d'autre part, cette dépense est égale à

$$\frac{\pi\,D^2}{4}\,v.$$

En égalant ces deux expressions, on en obtient une nouvelle qui permet de calculer D, non pas directement, puisqu'il y entre la valeur de v, qui est une fonction de D, mais par tâtonnements, en donnant à l'une des inconnues des valeurs successives, et vérifiant si la seconde se trouve alors dans les limites assignées par la pratique. Ces calculs sont du reste bien simplifiés à l'aide de tables spéciales construites pour cet usage. Le Manuel du *Mécanicien-Fontainier* traite cette question dans tous ses détails, nous ne pouvons qu'y renvoyer le lecteur.

§ 2. CHAUFFAGE PAR CIRCULATION D'EAU CHAUDE A BASSE PRESSION.

Les tuyaux employés dans ce mode de chauffage doivent toujours avoir un assez gros diamètre de 10 à 15 centimètres, les vitesses et les hauteurs de colonne ne pouvant jamais être très grandes ; aussi ses applications sont-elles assez bornées. Toutefois, il pourra rendre de grands services lorsqu'on a à chauffer une salle ou plusieurs salles au rez-de-chaussée, et des serres, par exemple, où on le voit constamment appliqué.

Il faut tout d'abord se rendre compte de la surface de chauffe que doivent présenter les tuyaux. Nous admettrons, pour résoudre ce problème, les données posées dans un des chapitres précédents, à savoir : que pour entretenir une température constante de 15 à 16°, dans un emplacement cubant environ 70 mètres cubes, il faut une surface de fonte de 1 mètre carré, et laissant passer 990 calories par heure.

L'eau qui circule dans l'appareil peut être considérée comme portée à 80° au maximum, tandis que la vapeur employée dans le système précédent est à 100°. Il y a donc 65° de différence seulement entre la température extérieure et intérieure de l'appareil au lieu de 85° comme dans le cas précédent.

Pour obtenir la même quantité, 990 calories de chaleur dégagée, nous devrons donc augmenter la surface dans la proportion suivante :

$$\frac{x}{1} = \frac{65}{85}$$

Ce qui donne, non plus 1 mètre carré de surface de chauffe, mais 1^m.30, et en pratique il faut augmenter encore ce chiffre qu'on porte à 1^m.50 ou 1^m.75.

Si au lieu de chauffer directement la salle par les tuyaux de circulation, on met les appareils de chauffe en dehors, agissant sur de l'air pris à l'extérieur et envoyé dans la salle, il faut encore augmenter ce chiffre qui sera porté à 2^m.75. Ce procédé, comme l'on voit, est de beaucoup inférieur au second, et ne devra être employé que si le premier est impossible à appliquer.

Généralement les tuyaux chauffeurs sont en quelque sorte remplacés par des appareils particuliers, sortes de poêles à circulation d'eau, qui permettent de réaliser plus facilement de grandes surfaces de chauffe, tout en offrant des effets de décoration que le développement visible des tuyaux rendrait impossible. Ces appareils analogues à ceux que nous avons décrits dans le chauffage à la vapeur, peuvent s'exécuter en tôle suffisamment épaisse pour résister à la pression. Il faut toujours faire arriver l'eau par la base, et l'évacuer par le sommet.

Les tuyaux de communication, reliant ces poêles à la chaudière, peuvent être réduits de diamètre jusqu'à 0^m.08. On devra, aussi bien dans ce cas que dans celui du chauffage par la vapeur, procéder à l'installation en prévoyant tous les effets possibles de dilatation, pour éviter une rupture en un point quelconque du système. Lorsque les tuyaux sont plus ou moins cachés, les joints à brides et à emboîtements sont préférables. Toutefois, quand la surveillance en est facile, comme dans les serres, où le système se compose généralement d'un simple tuyau de cuivre entièrement découvert, courant le long des parois sous les bâches à plante, on peut se contenter de souder les tuyaux à l'étain.

Les chaudières les plus simples sont à préférer dans ce genre d'installations. Celles dites en tombeau avec foyer intérieur sont très convenables. La surface de chauffe doit être assez grande pour présenter 1 mètre carré de surface de chauffe pour 2 kilogrammes de houille à brûler par heure.

M. Mathieu a construit une chaudière spéciale en vue du chauffage par l'eau, qui permet sous un petit volume de l'appareil d'obtenir une grande surface de chauffe, et dont l'installation est très facile à établir. Elle se compose d'une capacité cylindrique en métal disposée verticalement; la partie inférieure munie d'une porte et d'une grille constitue le cendrier, et sur une certaine hauteur a presque le diamètre de l'appareil, puis ce foyer se prolonge par une chambre conique de plus petit diamètre, portant sur sa périphérie de grandes ailettes creuses en forme de segments de cercle qui servent à la circulation des produits de la combustion. Une seconde enveloppe entoure tout l'appareil et contient l'eau à chauffer qui occupe ainsi une couronne annulaire, et tous les vides formés entre les ailettes. La surface de chauffe est, comme on le voit ainsi, très considérable. Enfin un massif de briques entoure tout le système laissant aussi un vide entre lui et la surface extérieure de la caisse à eau, où viennent encore circuler les produits de la combustion, avant qu'ils ne s'échappent par la cheminée. Le constructeur a pu, grâce à cette disposition, utiliser 5,000 calories par kilogramme de houille brûlée.

Enfin, il ne faut jamais omettre le vase à expansion, placé au point culminant du système, communiquant avec la colonne montante, qui servira au remplissage, et qui ne devra jamais être entièrement rempli, afin de laisser une place suffisante pour la dilatation quand l'eau est trop échauffée, ou rencontre un obstacle sur sa route, ce qui conduirait à une explosion en omettant cette précaution. Dans les appareils de chauffage à basse pression, ce réservoir est ouvert.

Les calorifères à eau chaude présentent une particularité qu'il est bon de rappeler. Quand l'eau chaude en descendant parcourt non plus un tuyau unique, mais une série de tuyaux, le liquide s'écoule dans tous avec des vitesses qui ne varient que par les frottements qu'il y éprouve. Il en résulte que la différence entre les températures des diverses parties de ce système est très peu sensible.

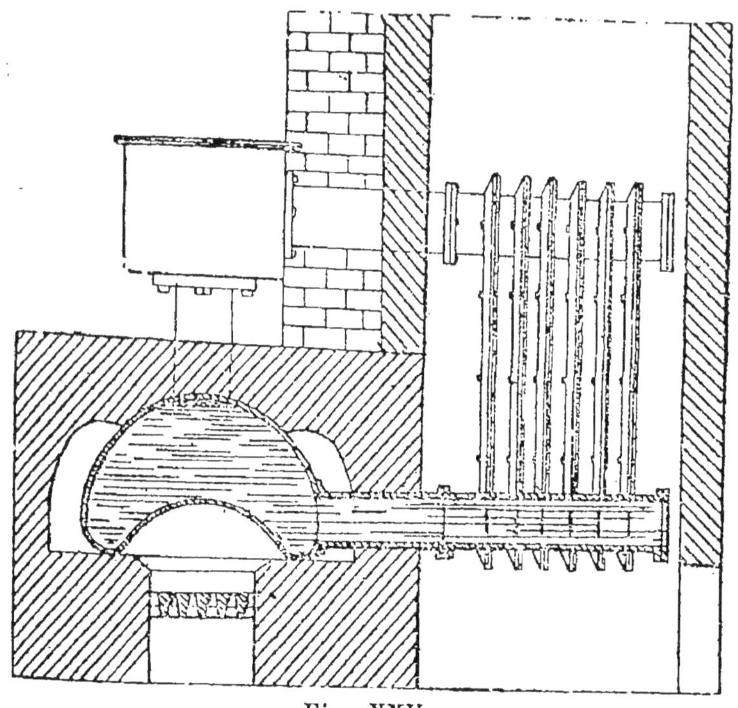

Fig. XXV.

Une catégorie d'appareils très simple de chauffage par cette méthode, et dont on peut choisir comme type le calorifère de *M. H. C. Price's*, très répandu en Angleterre, est établi ainsi que le montre la figure XXV. Les surfaces de chauffage sont des caisses en fonte étroites, verticales et carrées, ayant 1 mètre de surface, mises en communication par deux angles opposés avec deux tuyaux horizontaux parallèles, courant l'un au sommet, l'autre à la base des caisses, et aboutissant l'un au bas d'une chaudière, l'autre dans le vase d'expansion placé au sommet de celle-ci. On fait les joints en interposant entre les collets une toile en fil de fer enduite de mastic rouge. L'ensemble des boîtes de chauffe est placé dans une sorte de voûte en maçonnerie, où l'air accède par la base, pour sortir par le sommet et de là se répandre par des conduits dans le local à chauffer.

Bien qu'aucun appareil spécial ne soit disposé pour prévoir les effets de dilatation des caisses, l'expérience a prouvé que ce système fonctionnait très bien, et que les joints n'exigeaient pas de réparations.

Un certain nombre de constructeurs établissent des appareils analogues qu'il est inutile de décrire ici en détail. Les modifications portent principalement sur la disposition des caisses de chauffe. Les uns emploient des systèmes de tuyaux en jeu d'orgue, analogues à ce que nous avons vu pour le chauffage par la vapeur. D'autres des tuyaux en U, formant une série de serpentins parallèles avec des jonctions à collets et emboîtements sur les coudes, pour prévoir les effets de la dilatation.

Toutes ces diverses dispositions sont surtout adoptées pour le chauffage des séchoirs.

Le nom de calorifère donné en particulier à cet appareil s'applique encore à tous ceux analogues, où le chauffage par l'eau chaude n'est qu'un moyen d'élever la température de masses d'air provenant de l'extérieur et qu'on fait circuler dans les habitations, exactement comme pour le chauffage à l'air chaud.

Cette différence dans le moyen de produire le même résultat, offre l'avantage d'obtenir une température plus régulière, moins élevée, n'offrant jamais les inconvénients de l'air surchauffé et des odeurs que dégagent souvent les calorifères ordinaires à air chaud. Les calorifères à eau chaude permettent plus que les calorifères à air chaud, d'établir un chauffage régulier et surtout hygiénique.

Il est bien évident que le mode choisi pour la circulation de l'eau chaude, dans la chambre où l'air vient s'échauffer, est susceptible de recevoir une foule de modifications. M. Duvoir-Leblanc emploie une série nombreuse de tuyaux horizontaux, autour desquels circule l'air puisé à l'extérieur, et qui sera dirigé ensuite vers le local à chauffer.

Le calorifère à eau chaude de **M.** d'Hamelincourt se compose d'une chaudière verticale, avec foyer central, du sommet de laquelle partent des tuyaux qui amènent l'eau chaude à des récipients annulaires, formés de deux cylindres concentriques en métal, dans l'intervalle desquels circule l'eau de haut en bas. Chaque cylindre forme ainsi un conduit vertical, au centre duquel l'air circule de bas en haut, et autour duquel l'air s'échauffe également au contact de la paroi extérieure. Les deux parois de cette colonne annulaire sont garnies de nervures qui augmentent la surface de chauffe. Une chaudière pourvue de plusieurs colonnes de ce genre, constitue un puissant calorifère, que l'on peut installer dans une chambre en maçonnerie, à l'instar des appareils à ailettes dont nous avons parlé à propos du chauffage par l'air chaud.

§ 2.   CHAUFFAGE PAR CIRCULATION D'EAU CHAUDE
A HAUTE PRESSION.

Dans ce système, l'eau au lieu de recevoir des températures inférieures à celle de l'eau bouillante, circule sous des pressions de plusieurs atmosphères, et à des températures bien supérieures à 100°. L'on dispose donc d'un moyen d'action beaucoup plus énergique, mais qui réclame aussi des soins de construction beaucoup plus grands et des précautions attentives pour éviter des ruptures, sources de graves accidents.

Le tube d'ascension est ordinairement en fonte et de grand diamètre. Il faut, quand il ne concourt pas directement au chauffage, l'envelopper de matière protectrice contre le refroidissement.

Les chaudières cylindriques à foyer extérieur sont préférables. Le vase d'expansion doit être fermé et pourvu d'une soupape de sûreté.

Les tubes de distribution partent du fond du vase d'expansion, ils peuvent être en fer ou en cuivre, réunis par des collets à mastic de fonte, avec des robinets aux points d'embranchement pour régler le débit dans chaque réseau partiel, et toujours posés de façon à leur permettre d'obéir facilement aux effets de dilatation. On intercale sur leur parcours des appareils de chauffage de formes variées.

Si le chauffage à circulation d'eau chaude et haute pression présente des avantages, il est juste de reconnaître aussi qu'il comporte certaines sources de danger qui exigent des soins attentifs dans son installation.

Les surfaces de chauffe, les diamètres des conduits peuvent être plus petits, les différences de température entre la colonne ascendante et la colonne descendante deviennent plus grandes, d'où augmentation de vitesse, et possibilité par suite d'élever l'air que l'on chauffe à un degré plus élevé que dans le cas de la basse pression, en même temps qu'il est possible de donner plus de hauteur aux colonnes et de chauffer plusieurs étages superposés dans un édifice.

Mais il y a lieu de redouter des chances d'explosion, surtout avec les grands appareils, explosions qui donnent un épanchement à une masse d'eau à haute température, et qui se projette avec une grande vitesse.

Aussi doit-on tendre toujours à réduire la pression le plus possible, à apporter un soin tout spécial dans la construction des joints, à donner partout un libre dégagement à l'air que peuvent contenir les conduits, enfin à isoler les uns des autres les appareils de chauffage afin de réduire les chances d'accident quand un défaut se manifeste dans une partie quelconque du système.

Installations de M. L. Duvoir.

Le système de M. L. Duvoir est un exemple trop important de ce procédé de chauffage pour ne pas être décrit ici. Nous n'entrerons pas dans l'exposition des longues controverses auxquelles ont donné lieu ces appareils, et surtout sur les questions de priorité soulevées à plusieurs reprises pour leurs perfectionnements, et dont l'intérêt nous semble aujourd'hui tombé.

Chauffage.

Voici la description d'un appareil de ce constructeur. Fig. 8, pl. II, vue intérieure du calorifère; coupe suivant l'axe avec un appareil pour un poêle.

d, foyer et sa grille.

c, cloche à eau fournie par la paroi du foyer, et la paroi extérieure isolée du massif par un courant d'air *a.*

f, tuyaux de fumée.

g, tambours composés de deux plateaux, percés d'une quantité de trous pour recevoir les tuyaux de chaleur; ces tambours sont formés par une tôle dans laquelle sont pratiqués dix trous pour le ramonage.

h, coupole dans laquelle se trouvent deux ouvertures pour les conduits de chaleur.

i, tuyaux d'alimentation.

j, tuyaux d'ascension.

k, tuyau de vidange avec son robinet.

l, conduit en zinc revêtu de maçonnerie et supporté par des cercles scellés dans les voûtes et gros murs.

Figure 10. Plan du calorifère sans la coupole.

m, massif ou premier briquetage du calorifère.

n, courant d'air pour empêcher le massif de s'échauffer.

o, briquetage intérieur.

p, espace consacré au ramonage et garni de tôles mobiles.

q, plateau formant les tambours percés d'une quantité de trous pour recevoir les tuyaux de chaleur.

Figure 9. Poêle octogone, vue intérieure.

r, cylindre recevant l'air du conduit en zinc *l.*

s, bouches de chaleur communiquant au cylindre *r.*

t, tuyau de pompe servant à remplir le poêle et la cloche du calorifère *c* (fig. 8).

v, niveau d'eau.

x, tuyau de vapeur ou trop plein, à l'extrémité duquel est un clapet *z*, s'ouvant à 120 degrés.

Deux moyens de chauffage sont conjointement employés, l'air et l'eau.

L'air, introduit par quatre ouvertures *a* (fig. 8), dans la partie vide qui règne autour de la cloche *e*, vient frapper sous le premier plateau *q*, pénètre dans les tuyaux de chaleur, remplit l'espace réservé entre les tambours et parvient successivement dans la coupole *h*, récipient commun, d'où il prend par les ouvertures *h* la direction des localités à chauffer.

Le foyer porte, à son sommet, un tuyau de départ *f*, communiquant à ce premier tambour pour la fumée du diamètre de 40 centimètres.

Ce deuxième plateau, formant la partie supérieure du premier tambour, le plateau inférieur du deuxième tambour, et celui supérieur du troisième ont quatre tuyaux *f*, de 16 centimètres de diamètre, placés à angle droit, à 11 centimètres de la circonférence *f* (fig. 8).

Les quatrième et cinquième plateaux ont, à leur centre, un tuyau de 32 centimètres.

Les quatre tuyaux du plateau supérieur se réunissent dans la coupole à un tuyau de sortie de 32 centimètres de diamètre. Cette disposition force la fumée de parcourir les tambours en tous sens et d'échauffer sur tous les points les plateaux et les conduits de chaleur.

L'eau, amenée d'abord dans le poêle par le tuyau de pompe *t*, redescend remplir la cloche par le tuyau d'alimentation *i*, remonte ensuite par le tuyau d'ascension *j*, à l'état d'ébullition, parcourt le conduit *l*, en chauffant l'air qui s'y trouve, vient échauffer les parois du poêle, du cylindre et des bouches de chaleur, et augmente ainsi la densité de l'air chaud des bouches.

A ce double avantage dans le chauffage vient encore s'en joindre un plus grand, celui d'éviter et de rendre impossibles les accidents graves occasionnés par les cloches à foyer ordinaire, qui, venant par l'action du feu, à se brûler ou à se casser, ont amené des incendies, cause de la perte de plusieurs édifices publics; le foyer de ce calorifère venant à se casser ou à se brûler, l'eau qui l'environne paralyserait instantanément l'action du feu.

Dans le cas où ce mode de chauffage serait destiné pour plusieurs étages, on pratiquerait autant de séparations et de doubles tuyaux dans la partie de la cloche occupée par l'eau, afin que chaque étage ait sa partie d'eau et son niveau.

Deux tuyaux sont nécessaires pour chaque poêle.

La forme cylindrique est aussi une amélioration : en effet, la chaleur, se répandant également sur tous les points de la circonférence, n'éprouve pas la déperdition qui a lieu dans les calorifères carrés, dont les angles, quelle que soit l'intensité du foyer, n'échauffent jamais.

Depuis la date du brevet de M. L. Duvoir (25 août 1840), cet artiste a apporté de nombreux perfectionnements à ses appareils pyrotechniques et en a fait des applications multipliées dans le palais du Luxembourg, dans celui du Conseil d'État, à la préfecture de police, à l'Observatoire, au Conservatoire des Arts et Métiers, à la maison de Charenton, aux églises de

la Madeleine, de Saint-Germain-l'Auxerrois de Paris
et à une foule d'hospices, d'édifices et d'établissements publics et privés, tant dans la capitale que dans
les départements. Ces perfectionnements de la plus
haute importance, et qui constituent le chauffage à
circulation d'eau le plus complet qu'on connaisse, ont
fait l'objet d'un rapport à l'Académie de l'Industrie,
par M. Malepeyre, dont nous extrayons ce qui suit,
sur les appareils à l'aide desquels M. L. Duvoir a
chauffé le palais du Luxembourg, où siégeait alors la
chambre des Pairs.

« Le comité des manufactures de l'Académie, dit le
rapport, ainsi que plusieurs membres de notre société, ont suivi depuis longtemps avec une vive solli-
citude le développement prodigieux que M. Léon
Duvoir-Leblanc a donné depuis quelques années à
l'art de chauffer les grands monuments et établissements publics. Plusieurs fois déjà, depuis que M. Duvoir s'est livré sous vos yeux aux travaux d'une industrie qu'il a pour ainsi dire créée, vous avez ap-
plaudi à ses succès, et vous l'avez même encouragé
dans ses efforts par des récompenses. Aujourd'hui
que son système semble être arrivé à un état de perfection remarquable, que de nombreux appareils placés dans divers points de Paris et dans nos départements, ont permis de constater leur efficacité, de
recueillir à leur égard les témoignages des personnes
de toutes les conditions qui les ont vu fonctionner,
et ont fait sur eux des expériences et des essais, nous
croyons de nouveau devoir prendre la parole pour
vous présenter un rapport plus détaillé et plus étendu
sur le principe de la structure et les effets de ces
grands et beaux appareils pyrotechniques, et attirer

votre attention sur une industrie aussi neuve et aussi digne de tout votre intérêt.

« Depuis un temps immémorial on a chauffé et on chauffe encore les capacités closes que nous habitons, celles où l'on se rassemble ou dans lesquelles on fait exécuter des travaux, soit à l'aide d'un foyer découvert, soit par le secours d'un appareil fermé, appelé *poêle*, *calorifère* ou *fourneau*, dans lequel on brûle le combustible. Ces modes de chauffage sont, comme on sait, d'une extrême imperfection ; non-seulement parce qu'on perd une quantité considérable de la chaleur, qui se développe ainsi dans le foyer, mais en outre, parce que l'air étant un assez mauvais conducteur de chaleur, il est à peu près impossible de propager celle-ci à une certaine distance, soit par rayonnement, soit par transmission indirecte, et qu'on est forcé de multiplier beaucoup les appareils et les foyers lorsqu'on veut chauffer également tous les points d'une capacité d'une certaine étendue.

« Les principes de la physique ayant démontré qu'il n'était pas possible de transmettre ainsi la chaleur qui se développe dans un foyer par la combustion, à une grande distance, on a dû songer à employer d'autres moyens plus propres à remplir ce but ; on a donc imaginé le chauffage, dit *à l'air chaud*, qui, comme tout le monde sait, s'exécute ordinairement en établissant un foyer à l'aide duquel on chauffe une certaine masse d'air qu'on lance ensuite à l'aide d'appels ménagés convenablement et des tuyaux de circulation, dans toutes les parties du bâtiment.

« Ce mode de chauffage pour les grandes capacités constitue déjà peut-être un perfectionnement sur les appareils vulgaires, mais il présente cependant des inconvénients, entre autres, les suivants qui en ont beaucoup restreint l'usage et l'application.

« L'air pris à la densité ordinaire n'a pas une grande capacité de saturation pour la chaleur, et par conséquent il faut en chauffer un volume très considérable quand on veut qu'il partage cette chaleur avec une autre masse d'air froid.

« L'air chaud circule mal, c'est-à-dire qu'il est facile de le diriger en ligne droite de bas en haut, mais qu'on éprouve de graves difficultés quand il s'agit de le faire marcher horizontalement, ou en contre-bas, et de lui faire suivre toutes les sinuosités que comporte le chauffage de nos bâtiments d'habitation.

« Si, pour hâter cette circulation, on établit des pressions ou des appels, il faut, quand on veut que ces appels soient un peu énergiques, employer une force mécanique, ou bien, si on n'a recours qu'aux différences de densité entre l'air chauffé et l'air froid, établir des tirages qui font éprouver une déperdition considérable de chaleur.

« L'air porté à une haute température attaque par son oxygène tous les métaux plus ou moins vivement et ne tarde pas à mettre hors de service les boîtes ou tubes à chauffer l'air, les tuyaux de conduite.

« L'air en contact avec les métaux portés au rouge et versé dans les lieux d'habitation est insalubre ; d'abord pour sa sécheresse extrême, et ensuite parce qu'il renferme toujours quelques matières organiques qui se sont brûlées au contact des métaux ou même des particules métalliques, qui lui communiquent cette odeur et cette insalubrité caractéristique que tout le monde lui connaît.

« Au chauffage à circulation d'air chaud, qui est impuissant quand il s'agit de grandes capacités, on a cherché ensuite à substituer celui exécuté à l'aide de la vapeur d'eau qu'on fait circuler aussi dans des tuyaux. Ce système était préférable en ce que la vapeur d'eau a une plus grande capacité de saturation pour la chaleur que l'air atmosphérique ; que cette vapeur peut être transmise à de grandes distances avec beaucoup de célérité ; qu'on peut la faire cheminer dans toutes les directions, et enfin parce que l'air des lieux d'habitation ou de réunion ne se trouvait pas vicié par le contact des métaux portés au rouge ; mais ici se présentait un autre inconvénient : car, si on voulait faire parcourir à la vapeur une grande distance, on était obligé, pour qu'elle ne se condensât pas en route, de lui donner un haut degré d'élasticité, et, dans cet état de tension, non seulement la vapeur s'échappait par les assemblages, mais de plus il y avait danger d'explosion dans les générateurs, qui fonctionnaient sous une pression bien plus élevée que celle de l'atmosphère. Enfin, avec ces températures élevées, les tuyaux de conduite, surtout ceux voisins des sources de chaleur, éprouvaient des dilatations et des contractions si brusques et si étendues, qu'ils ne tardaient pas à se déchirer, à donner lieu à des accidents et à rendre nécessaires des réparations continuelles.

« On a fait en outre aux chauffages à circulation à vapeur, un reproche très grave et très mérité ; c'est que, quelle que soit la température extérieure, il faut toujours chauffer l'eau des chaudières et récipients jusqu'à la température de la production de la vapeur, à la tension voulue et avec l'abondance nécessaire pour transporter cette vapeur, source de la distribution de la chaleur, jusqu'aux extrémités de la conduite. En un mot, il faut consommer à peu près la même quantité de combustible, quelle que soit la température au dehors, sans qu'il soit possible de régler cette consommation sur cette température extérieure, ce qui est la source de pertes et de dépenses inutiles.

« Tous ces moyens, comme on voit, étaient parfaitement insuffisants pour chauffer les bâtiments, et leurs imperfections devenaient d'autant plus apparentes et palpables qu'il s'agissait de chauffer de plus grandes capacités ; enfin, on les accusait, avec raison, d'être très dispendieux de premier établissement, d'occasionner une dépense considérable d'entretien, et de consommer beaucoup de combustible sans pouvoir atteindre le but.

« Cependant, depuis près de 60 ans on possédait un mode de chauffage, dit à circulation d'eau, dont la découverte était due à un Français nommé Bonnemain, et non pas aux Anglais, ainsi qu'on l'a prétendu depuis quelque temps dans les feuilles publiques. Bonnemain avait trouvé que si on chauffait de l'eau dans une chaudière fermée, et que du sommet de cette chaudière on fît partir un tuyau qui, après un certain trajet, revenait à la chaudière, et qu'à son retour on le fît rentrer dans celle-ci par la partie inférieure, il s'établissait naturellement dans ces appareils une circulation de l'eau dont on pouvait profiter pour chauffer l'air des capacités à l'aide d'un seul foyer. En effet, l'eau la plus chaude s'élevant dans la chaudière à la surface entre dans le tuyau ascendant de circulation, monte et arrive à son extrémité en se dépouillant peu à peu de sa chaleur au profit de l'air en contact avec les tuyaux qu'elle parcourt, et en acquérant ainsi une plus grande densité. Dans cet état, elle devient presque froide par le tuyau de retour, rentre dans la chaudière, s'y chauffe de nouveau, s'élève une seconde fois à la surface, recommence le circuit qu'elle avait déjà parcouru, et ainsi de suite sans qu'il soit nécessaire d'employer une force mécanique quelconque, et quelle que soit la masse d'eau qu'il s'agisse ainsi de mettre en circulation.

« Ce principe, si simple et si ingénieux, était, chose étonnante, à peu près resté stérile depuis que Bonnemain l'avait fait connaître : on l'avait bien appliqué à chauffer de très petites capacités, telles que des serres, des orangeries, de petites fabriques, mais on n'avait pas osé en faire l'application en grand, parce qu'il présentait peut-être dans ce cas des difficultés pratiques qu'on prévoyait bien, mais qu'on ne savait comment surmonter, et de plus, parce que, sous la forme qu'on donnait aux petits appareils, il était impossible de satisfaire aux conditions d'un chauffage égal dans toutes les parties d'un vaste bâtiment avec un seul foyer; d'écarter tout danger quelconque, et d'arriver en même temps à une économie de combustible et de main-d'œuvre, chose importante et trop négligée dans ces derniers temps.

« C'est ce beau problème industriel, c'est-à-dire l'application du système de la circulation de l'eau au chauffage économique des plus vastes bâtiments que l'État ou les particuliers puissent faire construire, des capacités closes des plus étendues que les besoins publics ou industriels puissent faire établir, que M. Léon Duvoir-Leblanc a résolu de la manière la plus complète, la plus satisfaisante, ainsi qu'on pourra en juger par les détails dans lesquels nous nous proposons d'entrer.

« Disons, en passant, que quelques ingénieurs ont proposé, dans ces dernières années, des systèmes mixtes où l'on ferait simultanément usage du chauffage à l'air chaud, à la vapeur et à l'eau chaude, combinés deux à deux, ou tous les trois ensemble; mais que, loin d'être des perfectionnements, ces systèmes ont paru si peu praticables, et attestaient sous tous les rapports si peu de jugement et d'intelligence, que l'administration et le public ont reculé avec raison devant leur application, et qu'ils sont pour toujours tombés dans l'oubli. Non seulement M. Léon Duvoir-Leblanc a résolu le problème dont nous avons parlé tout à l'heure, mais il est encore le seul en France qui l'ait attaqué franchement et avec succès; le seul qui ait fait de nombreuses et belles applications du système de la circulation d'eau au chauffage; le seul qui ait rempli toutes les circonstances imposées à la construction de vastes appareils, et le seul, peut-être à Paris, dont les constructions en ce genre, au lieu d'être renversées au bout de quelque temps, ont été, d'année en année, plus appréciées par le gouvernement, l'administration, les ingénieurs, les savants et les architectes. Mais, avant de nous occuper de ces appareils, disons un mot sur une condition bien importante à laquelle ils satisfont d'une manière à la fois large et complète, et qu'on avait négligé beaucoup avant les travaux de M. Duvoir, ou mieux qu'on ne savait pas comment remplir.

« L'expérience démontre chaque jour que des êtres animés ne peuvent vivre longtemps dans un lieu clos

ou confiné, si on ne remplace pas par de l'air pur
puisé au dehors celui qui est vicié à chaque instant
par leur respiration et quelques autres actes de la
vie. Ce renouvellement d'air dans un temps donné
est beaucoup plus considérable qu'on ne serait tenté
de le croire, quand on n'a pas de notions à cet égard,
et les travaux les plus récents des physiciens ont fait
voir qu'il ne devait pas s'élever à moins de 20 mètres
cubes par personne adulte et par heure si on voulait
entretenir la respiration dans un état parfait d'inté-
grité et sans nul danger pour les individus.

« Ce renouvellement de l'air auquel on a donné le
nom de ventilation avait été extrêmement négligé
jusqu'à ce jour dans la structure et le chauffage des
lieux d'habitation et de réunion, et n'est même appliqué encore sur une grande échelle et d'une manière régulière que dans un petit nombre d'établissements publics. Dans nos habitations, le foyer qui
chauffe les appartements produisant naturellement
un courant ascendant d'air par la cheminée, il s'établit un appel par dessous les portes et croisées ; ce
qui en constitue, mais bien grossièrement, toute la
ventilation. Dans beaucoup de grands édifices, la
ventilation ne s'y effectue pas par des moyens mieux
combinés ou plus certains ; dans quelques cas on a
imaginé de faire intervenir des appareils mécaniques
pour opérer cette ventilation, appareils qui, outre
l'inconvénient d'exiger l'emploi d'une force pour les
faire agir, ont encore le défaut, si on ne peut pas se
jeter dans des dépenses trop élevées, de ne pouvoir
être mis en action que d'une manière intermittente
et saccadée, ce qui est contraire aux principes d'une
bonne ventilation, qui doit être douce et continue.

« Enfin, on a encore imaginé des foyers d'appel placés dans les parties supérieures des bâtiments, mais les foyers fonctionnent mal, augmentent les chances d'incendie, obligent de porter le combustible à une grande élévation, exigent un chauffeur spécial, et enfin rendent la ventilation très-dispendieuse.

« Quelques personnes avaient pensé depuis long-temps qu'il serait sans doute possible de combiner le chauffage avec la ventilation, de telle manière que l'air frais qu'on emprunterait au dehors, qu'on chaufferait, puis reverserait dans l'intérieur des bâtiments, fût élevé à une température et en quantité telle qu'il pût suffire à l'entretien du degré de chaleur voulu à l'intérieur et au renouvellement de la masse d'air nécessaire pour la salubrité. Personne, toutefois, n'avait fait l'application de cette idée qui offrait en effet des difficultés pratiques d'exécution devant lesquelles on reculait. M. Léon Duvoir-Leblanc n'a pas craint d'aborder ces difficultés, et nous devons dire à sa louange que son système de ventilation combiné avec son système de chauffage est aussi complet, aussi parfait, aussi ingénieux que ce dernier et n'a rien laissé à désirer depuis qu'il a commencé à être mis à exécution. De plus, ce système non-seulement est propre à entretenir la salubrité pendant les mois froids de l'année où l'on chauffe les bâtiments, mais avec une légère modification il s'applique avec le même succès, ainsi que nous l'expliquerons plus loin, à une ventilation d'été, c'est-à-dire dans la saison où l'on éteint tous les feux, chose qu'on n'avait pas encore tentée, et dont tout l'honneur revient au sieur Duvoir.

« Les établissements, monuments et édifices chauffés et ventilés jusqu'à ce jour par M. Duvoir, sont déjà nombreux, si on songe au petit nombre d'années qui se sont écoulées depuis les premiers essais qu'il a faits pour mettre son système en activité, jusqu'au moment actuel. Parmi eux, on comptait, à Paris, le vaste palais de la chambre des Pairs, le bâtiment du quai d'Orsay, où se réunissaient le Conseil d'État, la Cour des Comptes, et les dépendances de ces deux institutions, la maison nationale des aliénés de Charenton, l'institution pour les jeunes aveugles, le ministère des travaux publics, celui de l'instruction publique, la manufacture des tabacs, l'Observatoire national, la préfecture de police, les serres du jardin des Plantes, celles du Luxembourg, la vaste et belle église de la Madeleine, etc. ; on remarque encore des appareils de son invention à la nouvelle buanderie de l'hôpital du Val-de-Grâce et à l'hôtel des Invalides ; une étuve établie à la douane de Paris pour la préparation des toiles d'emballage en gras, afin d'éviter les incendies, etc. Dans les départements, on compte aussi les palais de justice et les prisons pénitentiaires des villes de Tours et de Rhodez, la préfecture de cette dernière ville, celle de Melun, de Tours, la prison pénitentiaire de Senlis, les hospices de Melun, Ste-Reine, Blois, Vendôme, Brest, Corbeil, Tours, Brie-Comte-Robert, la poudrerie de Vonges (Côte-d'Or), les couvents de St.-Nicolas, de la congrégation de la Mère-de-Dieu, des Dames-de-Bon-Secours d'Issy, les bains de mer de Dieppe ; enfin, beaucoup de chauffages chez des particuliers, entre autres, chez M. le duc de Montmorency, ancien président de l'Académie, le prince d'Arembert, le prince de Beauveau, la princesse de Bagration, MM. de Boisgelin, Rothschild, Aguado, etc., et enfin plusieurs manufactures.

« Comme c'est le chauffage du palais du Luxembourg qui est à la fois le plus complet et le plus étendu, celui qui a présenté le plus de difficultés à la sagacité de M. Duvoir, tant à cause des obstacles matériels qu'il a fallu vaincre que par le peu de temps qui lui a été accordé (cinq mois) pour exécuter un aussi prodigieux travail, et enfin que c'est celui dont vos commissaires ont suivi le plus attentivement la construction dès l'origine et la marche depuis sa mise en activité, c'est celui que nous prendrons pour exemple, afin de donner une idée du système. Mais avant de procéder, disons que presque tous les chauffages que nous venons d'indiquer n'ont été dévolus et adjugés au sieur Duvoir par le gouvernement, les préfets, ou les administrations locales, qu'à la suite de concours sur plans et sur devis, dans lesquels il y a eu à lutter contre de nombreux et parfois puissants concurrents déjà en possession de la construction des appareils de chauffage, et que dans ces luttes publiques, qui parfois sont devenues très-vives, M. Duvoir, établi depuis peu de temps à Paris, sans autre appui, sans autre recommandation que son mérite personnel, est parvenu à démontrer victorieusement la supériorité de son système, à le faire adopter et lui assurer ainsi la sanction de l'expérience.

« Le palais du Luxembourg, tel qu'il existe aujourd'hui et avec les bâtiments qu'on y a ajoutés depuis peu, présente une capacité intérieure de 70,000 mètres cubes, fractionnés en plus de 400 pièces, salles, vestibules, couloirs, ayant les dimensions superficielles et les élévations les plus variées. Le problème à résoudre consistait à élever et maintenir la masse d'air énorme renfermée dans cette capacité à une température constante de 15° C. pendant les mois d'hiver, et quel que fût l'abaissement de la température du dehors. M. Duvoir en a entrepris la solution à l'aide d'un système unique et général de chauffage, c'est-à-dire d'un seul foyer générateur de chaleur, et qui, au moyen de l'eau chauffée et servant de véhicule à cette chaleur engendrée, la porte ensuite par circulation dans toutes les portions du bâtiment.

« Ce système unique est calculé dans ses dimensions, son étendue et ses effets, d'après les données théoriques et expérimentales, non seulement pour chauffer toute la capacité intérieure des bâtiments, mais en outre pour y établir sur les plus larges bases la ventilation nécessaire à la complète salubrité de ceux-ci.

« L'appareil qui constitue ce système se compose d'un fourneau en forme de tour ronde, établi dans un souterrain creusé dans le sol de 3 mètres 50 centimètres de diamètre et 4 mètres de hauteur, où l'on remarque d'abord avec un vif étonnement un foyer qui n'a que 1 mètre de diamètre et 80 centimètres de hauteur. C'est dans cette capacité réduite, la seule où l'on opère une combustion même très-modérée, que s'engendre toute la chaleur qui doit élever la température au degré voulu des nombreuses subdivisions qui fractionnent l'intérieur du palais.

« Sur ce foyer unique est placé un appareil hydro-pyrotechnique, composé d'une cloche en fer à doubles parois, remplie d'eau, et du sommet de laquelle part un tuyau d'ascension également unique et rempli d'eau, destiné à porter tout d'un coup dans les parties les plus élevées du palais, l'eau qui, par la chaleur développée dans le foyer, a reçu une élévation de température et qui, en vertu de sa densité moindre, s'élève alors d'elle-même au sommet de ce tuyau.

« Arrivée ainsi au point le plus élevé de son parcours, cette eau est aussitôt répartie entre un grand nombre de tuyaux de distribution qui la charrient dans tous les points du bâtiment qu'il s'agit de chauffer, et qui, après qu'elle s'est dépouillée de sa chaleur au profit de l'air des pièces parcourues, la versent dans un tuyau commun, lequel la ramène à la partie inférieure de la cloche pour la réchauffer et la faire circuler de nouveau.

« Le chauffage s'opère par la circulation de cette eau dans 8000 mètres de tuyaux de conduite tant d'ascension que de distribution de chaleur et de retour d'eau, et à l'aide de 240 poêles distributeurs et de 100 bouches de chaleur. Les poêles qui sont ainsi remplis d'eau servent à échauffer au contact l'air des pièces dans lesquelles ils sont placés; les bouches de chaleur remplissent aussi ce but et servent en outre à amener de dehors l'air nécessaire à la ventilation des salles, qui arrive non pas froid, mais à une température convenable.

« Cet air nouveau, et destiné à établir une bonne ventilation, est, comme on vient de le dire, emprunté au dehors ; avant d'être versé dans la pièce, il court dans des gaînes en maçonnerie qui entourent les tuyaux de conduite d'eau et en sens contraire à la direction où celle-ci circule, de manière que s'échauffant à la course, comme s'exprime M. Duvoir, c'est-à-dire acquérant une plus haute température à mesure qu'il avance ou a parcouru un plus long trajet dans la gaîne, il peut être versé à la température requise dans les pièces qu'il s'agit de chauffer et dont il faut peu à peu renouveler l'air pour la ventilation. Plus une pièce est vaste, plus aussi on y multiplie pour la chauffer les poêles distributeurs ainsi que les bouches de chaleur, et plus aussi par conséquent la ventilation est puissante.

« Après avoir ainsi décrit d'une manière trop sommaire peut-être, mais que les bornes restreintes d'un rapport nous obligent d'adopter, le bel appareil de chauffage établi dans le palais du Luxembourg, par M. Léon Duvoir-Leblanc, nous avons pensé qu'on serait bien aise de trouver ici un résumé des avantages généraux que son système présente, avantages que vos commissaires se sont appliqués à reconnaître et à constater.

« 1° Le système est parfaitement simple, puisqu'il repose sur un mode unique de chauffage, sur un seul appareil générateur qui chauffe avec efficacité, et ventile avec énergie toutes les parties, même les plus reculées et les plus obscures du palais.

« 2° Il est éminemment économique, et c'est ce qu'a démontré un fait décisif, avec les anciens appareils à air établis dans le palais, qui se composaient de 22 calorifères et d'un très grand nombre de poêles, cheminées et foyers divers qu'on était obligé d'entretenir ; on dépensait en combustible et main-d'œuvre pour cet objet environ 38,000 fr. chaque année, plus 16,000 francs de réparations annuelles ; avec cette somme le chauffage était extrêmement imparfait, et même nul, dans presque la moitié des bâtiments. Enfin, il n'y avait aucune trace d'un mode quelconque de ventilation. Avec ce système établi par M. Duvoir, toutes les pièces ou salles, le musée, l'orangerie, la serre, les vestibules, les couloirs, etc., sont chauffés et amenés uniformément à la température toujours égale de 15°, quelle que soit la température extérieure, et cela pour la somme annuelle de 12,900 fr., plus 2,000 fr. de réparations annuelles; et ici, messieurs, il ne peut y avoir de déception sur ce chiffre de 12,900 fr., puisque c'est celui-là même fixé par M. Duvoir, et pour lequel il s'est lié et engagé envers l'administration par un marché de douze années consécutives : du reste nous reviendrons plus loin sur ce sujet. Faisons remarquer, en passant, que ce système de M. Duvoir présente cet avantage qu'on ne chauffe qu'en raison de la température qui règne à l'extérieur, et que la consommation du combustible y est constamment proportionnelle au degré de froid de la saison, avantage qui ne se rencontre pas dans la plupart des modes de chauffage encore en usage.

« 3° Ce système présente un mode très perfectionné de chauffage, qui remplit toutes les conditions qu'on avait vainement tenté de réaliser jusqu'à ce jour; c'est ce qu'il est facile de démontrer.

« D'abord la main-d'œuvre y est réduite à sa plus simple expression, puisqu'elle se borne au transport du combustible au foyer, au chargement et nettoyage de celui-ci, et qu'il n'y a ni appareil mécanique de soufflerie ou d'appel, ni ventilation artificielle, ni pompe alimentaire, etc., qu'on introduisait autrefois et qu'on introduit encore aujourd'hui dans les grands chauffages pour établissements publics, en France, en Angleterre et en Allemagne, et qu'il n'y a qu'un seul chauffeur, chargé du soin du foyer et d'ajouter de temps à autre un ou deux litres d'eau dans la chaudière une fois chargée.

« En second lieu, il permet de régler la température de la manière la plus parfaite dans toutes les portions du palais. C'est ce qu'on comprendra aisément après les explications où nous allons entrer.

« Dans les anciens systèmes à foyer répartis en différents points d'une capacité, ou dans ceux où on élève la température de l'air au moyen de son contact avec des corps chauffés directement par le feu, par de la vapeur ou de l'eau en circulation, on n'avait pu parvenir jusqu'à présent à régler la température, parce que, d'une part, c'est impossible avec un simple rayonnement d'air chaud, et de l'autre, quand il y avait circulation d'eau, parce que l'habitude où l'on était d'emprunter, comme dans le thermosiphon, de la chaleur aux tuyaux de circulation tant dans sa partie ascendante que dans la branche qui fait retour, obligeait de faire suivre à la première portion tantôt une marche à peu près horizontale, qui ne donne toujours qu'une circulation imparfaite, tantôt un grand nombre de sinuosités pour satisfaire à tous les besoins du service, sinuosités qui apportaient des obstacles considérables à cette circulation, laquelle, se ralentissant dans les tuyaux, faisait perdre ainsi à l'eau sa force ascensionnelle et impulsive, la dépouillait, dès la première partie du parcours, de la plus grande partie de la chaleur qu'elle avait acquise et en abaissait la température à celle extérieure bien avant qu'elle eût atteint les tuyaux de retour. Il en résultait qu'on avait des tuyaux de circulation à température très élevée dans une faible portion des bâtiments, et des tuyaux totalement dépouillés de chaleur dans toutes les autres, et que, malgré des soins continuels, des dispositions particulières, et la multitude des appareils qu'on était obligé d'employer, il était bien rare qu'on arrivât à égaliser les températures dans un édifice un peu étendu.

« M. Duvoir a suivi une voie différente, qui constitue une véritable invention et une ère nouvelle dans l'art difficile du chauffage par circulation d'eau. Pour vaincre d'un seul coup tous les obstacles, il a porté, du premier jet, l'eau chauffée dans la chaudière, au point culminant ou le plus élevé de sa conduite; puis là, aidé par les lois de la pesanteur et mettant à profit la pression de la colonne d'eau dont il disposait, il a réparti ses tuyaux de distribution alimentés ainsi d'eau très chaude, et qui n'avait encore rien cédé ni rien perdu dans son ascension, dans toutes les parties des bâtiments en leur faisant suivre sans difficulté toutes les sinuosités, les différences de niveau, les rampements suivant des plans verticaux ou inclinés, qui l'obligeaient de parcourir l'état des constructions, l'architecture, ou les décorations intérieures, ou enfin les besoins du service.

« Voilà déjà un moyen très ingénieux pour pouvoir disséminer ou mieux distribuer la chaleur dans tout le vaisseau d'un vaste palais; mais ce n'est pas là le seul dont M. Duvoir dispose pour arriver à cette bonne distribution, et qui, plus est, pour ne distribuer dans chaque pièce ou dans chaque point qu'une chaleur voulue.

« Il arrive parfois que la circulation de l'air dans les tuyaux distributeurs, quand ils sont librement ouverts dans le tuyau d'ascension, peut devenir plus active dans l'un d'eux que dans les autres; il en résulte une surélévation de température dans les salles ou pièces que ce tuyau dessert. Quelquefois aussi un échauffement de l'air extérieur, l'apparition du soleil, la réunion d'un grand nombre d'individus dans une même pièce close, exigent qu'on y abaisse la température ; dans ce cas, les autres appareils sont inefficaces pour satisfaire à cette condition ou même dangereux ; ils ferment les bouches de chaleur, ce qui n'abaisse la température qu'avec une extrème lenteur et même pas du tout, quand il s'agit de salles où se trouvent réunis un grand nombre d'individus.

« Avec l'appareil de M. Duvoir, on arrive au but de la manière la plus efficace et la plus prompte, à l'aide d'une disposition simple, mais ingénieuse, qui fait fonction de régulateur pour toutes les parties du palais, et est placé au point culminant de la conduite d'eau. Quand la température s'élève trop dans une pièce, ou lorsqu'on veut la modérer, il n'y a aucun travail mécanique à opérer dans la pièce ; le contre-maître seul, sur l'avis qui lui en est donné, n'a qu'à tourner du degré déterminé par l'expérience et les repères, une manivelle correspondant au tuyau du distributeur de chaleur dans cette pièce, et aussitôt la circulation moins vive et l'afflux d'eau chaude moins considérable qu'auparavant amènent, dans un temps donné, moins d'unités de chaleur dans la capacité ; et comme les mêmes déperditions pour le rayonnement, les fuites de l'air et la ventilation qui marche toujours son train, ont toujours lieu, il en résulte en peu d'instants un abaissement de température d'autant plus prompt que les bouches qui amenaient de l'air chaud, peuvent amener de l'air froid.

« Ainsi, avec l'appareil dont on doit l'invention à M. Duvoir, on obtient d'une part distribution égale de la chaleur dans toutes les subdivisions d'un bâtiment et graduation à volonté de cette chaleur dans telle de ces subdivisions qu'on désire. Mais ces résultats, quelque nouveaux qu'ils soient, ne suffiraient pas encore pour la répartition la plus avantageuse de la chaleur dans chacune de ces subdivisions, salles ou pièces, et cette répartition, telle que l'a établie ce constructeur, n'est pas une des inventions les moins ingénieuses de son système ; elle s'exécute de la manière que nous allons indiquer.

« Quand on lance de l'air chauffé dans une capacité, une salle par exemple, si cet air est plus chaud que celui de la pièce, il s'élève aussitôt au sommet, s'étale en couche ou nappe horizontale, déplace celui plus froid qui s'y trouvait et le force à descendre dans les parties inférieures. Il résulte de cet état d'équilibre statique, qui s'établit entre les couches d'air de température inégale d'une même pièce, un inconvénient grave que tout le monde connaît fort bien ; c'est que tandis que les couches placées à la partie supérieure ont une température élevée, celles inférieures dans lesquelles ont été ordinairement plongées celles qu'il importerait le plus de maintenir chaudes, restent au contraire froides ou ne s'échauffent qu'après un long espace de temps, et avec une consommation énorme de combustible. Tout le monde d'ailleurs a ressenti cette sensation pénible que font éprouver les couches d'air froid qui descendent ainsi, et le désagrément des appels incommodes et irréguliers d'air qui s'opèrent par suite au niveau des planchers et par-dessous les portes et fenêtres.

« Dans les systèmes anciens de chauffage, l'égale répartition de la chaleur dans toute l'étendue d'une même pièce était donc une chose impossible à atteindre, parce qu'on ne pouvait y régler la température; qu'il n'y avait pas, la plupart du temps, de ventilation suffisante, et que les appels s'y faisaient de la manière la plus arbitraire. Dans le système de M. Duvoir, au contraire, cette distribution s'établit d'elle-même et sans effort, et tout dépend de la manière dont il place les bouches qui divisent l'air chaud dans la pièce, ainsi que les orifices à l'aide desquels il appelle continuellement l'air le plus froid et l'évacue au dehors. Ces orifices se trouvant, dans son système, placés à la partie basse et près du parquet, il en résulte que c'est toujours l'air le plus dépouillé de chaleur qui se trouve évacué, et que l'air chaud descend ainsi par nappes successives pour chauffer les parties basses et suffire aux déperditions produites par les appels.

« Remarquons à ce sujet que les lois de la saine physique indiquaient que c'étaient aussi ces couches inférieures et froides, celles au niveau du plancher où se rassemble l'acide carbonique produit par la respiration ainsi que d'autres matières miasmatiques, qui avaient besoin d'être évacuées, et que dans les autres systèmes où l'on voulait établir un simulacre de ventilation, on dissipait d'un côté l'air chaud en l'évacuant à la partie supérieure, et on laissait accumuler les miasmes à la partie inférieure, sans qu'il y ait possibilité de s'en débarrasser par cette voie.

« On voit, en résumé, que dans le système de M. Duvoir, il y a d'abord distribution égale de la chaleur dans toute la capacité des pièces, et ensuite évacuation continuelle de l'air vicié, accumulé dans les parties les plus basses de la pièce, et enfin réchauffement des courants d'air qui pourraient s'établir par les ouvertures des portes ou des fenêtres, et qui ne causent plus aucun malaise par suite d'abord de l'élévation de température qu'ils acquièrent par leur mélange avec l'air chaud descendant, et ensuite de la douceur et de la modération des appels. Nous considérons l'application industrielle que M. Duvoir fait ainsi des principes de la physique, pour établir continuellement une égalité de température dans tous les points d'une masse d'air renfermée dans une capacité close, comme très heureuse et donnant un autre caractère distinctif de nouveauté à son système de chauffage.

« 4° Ce système est parfaitement salubre, et il l'est indépendamment de toute disposition accessoire, puisque la ventilation est intimement liée au chauffage ; qu'elle s'opère avec de l'air frais emprunté au dehors, venant s'échauffer au contact des tuyaux renfermant l'eau chaude dont la température est à peine élevée, terme moyen, à 100° ; que c'est cet air ainsi chauffé qui établit et entretient la température des pièces en même temps que son affluence, ou plutôt son volume est calculé pour produire la ventilation la plus étendue, celle que les expériences les plus récentes des chimistes ont considérée comme surabondante pour le libre exercice des facultés vitales chez les êtres vivants à sang chaud.

« Notons ici que beaucoup de systèmes de chauffage encore en activité opèrent une ventilation très imparfaite, il est vrai, à l'aide du tirage qui a lieu par les cheminées destinées à enlever les produits de la combustion dans les foyers ; systèmes essentiellement condamnables d'abord par les frais énormes d'établissement qu'ils exigent et leur faible puissance, ensuite par un vice organique qui consiste en ce que les tirages qui s'établissent, au contraire, lors des changements de temps, refoulent par les conduits de la ventilation les produits de cette combustion, et les gaz jusque dans l'intérieur des bâtiments et les salles habitées qu'ils détériorent et rendent extrêmement insalubres.

« 5° Le mode de chauffage de M. Duvoir ne présente aucun danger quelconque, c'est ce qu'il est facile de concevoir par les motifs ci-après.

« On n'a pas à craindre d'incendie, puisque le fourneau est tout en brique et enseveli dans un souterrain profond, et que nulle part il n'y a de foyer ou de feu.

« La chaudière ou cloche ne peut faire explosion, car, indépendamment de ses soupapes de sûreté, l'eau n'y est pas à une température élevée ; la pression à laquelle celle-ci est soumise n'atteint jamais celle de l'atmosphère, même pour les bâtiments les plus élevés, c'est-à-dire que cette eau est à une température de 112 à 120° ; d'ailleurs cette chaudière est essayée à la pompe hydraulique sous une pression infiniment supérieure à celle qu'elle doit supporter, et quand même il s'y manifesterait une fuite ou une fissure, il n'en résulterait pas grand dommage dans le souterrain voûté où le fourneau est établi ; l'eau chaude seulement s'écoulerait dans celui-ci sans nulle avarie pour les bâtiments.

« Quant aux tuyaux de circulation d'eau, qui ont 25 millimètres de diamètre et 8 millimètres d'épaisseur, ils présentent toute espèce de sécurité, car la pression la plus haute qu'ils puissent éprouver est celle équivalente au poids de deux atmosphères. Or, M. Duvoir ne laisse pas placer un seul de ses tuyaux, qui sont en matériaux excellents, sans l'avoir soumis à la presse hydraulique à une pression de vingt-deux atmosphères. De plus, leurs assemblages à vis et avec mastic, au nombre de plus de 2,400, sont serrés avec une très grande force, et dans le cas où il se déclarerait une fuite, non seulement elle serait facile à constater et à réparer, mais, en outre, ils pourraient crever, sans que pour cela le palais en éprouvât de détérioration, car alors, la portion d'eau seule supérieure à la crevasse s'écoulant dans les greniers et dans des couloirs voûtés établis à cet effet, se rendrait au souterrain du fourneau, où elle serait reçue sans danger.

« 6° Le service est parfaitement assuré dans les grands établissements publics qui sont chauffés avec les appareils du système de M. Duvoir. En effet, la simplicité des moyens et des pièces, la solidité avec laquelle ces dernières sont établies, y rendent les réparations très rares. Les tuyaux de circulation d'eau, les gaînes, les poêles, fonctionnent sans fatigue, parce qu'on a fait la part de la dilatation des matériaux, et que cette dilatation est bien faible à cause du peu d'élévation de la température de l'eau de circulation ; il n'y a donc que les parois ou la cloche, qui, avec le temps ou par accident, peuvent éprouver des avaries ; or, cette circonstance n'exerce aucune influence sur la régularité du service, attendu que dans tous ses chauffages M. Duvoir a la précaution d'établir un fourneau auxiliaire renfermant, comme le premier, un foyer et une cloche de même dimension, et communiquant par les moyens les plus simples avec les conduits de circulation. Quand l'un des fourneaux exige quelque réparation, on allume l'autre, et le service se fait avec, et sans interruption, pendant qu'on restaure le premier. Jusqu'à présent le service n'a jamais été suspendu un seul instant par accident dans les nombreux chauffages établis par M. Duvoir, circonstance importante qui donne à son système une nouvelle supériorité sur tous les autres, où des réparations toujours nouvelles, et la plupart du temps fondamentales, compromettent à chaque instant les besoins du service.

« Nous avons cherché, dans l'examen précédent, à vous faire saisir les avantages généraux, nombreux et réels, à notre avis, qui distinguent le système de chauffage de M. Duvoir, et les caractères de nouveauté et d'invention qu'ils ont présentés à vos commissaires ; nous allons nous efforcer maintenant de justifier encore par quèlques autres considérations la bonne opinion que vous vous êtes peut-être déjà formée de ce mode de chauffage.

« La circulation dans des conduits suffisamment épais, disposés avec intelligence, comme l'a fait M. Duvoir, et bien assemblés, de l'eau portée à une température un peu supérieure à 100°, est le seul procédé qui réussisse pour porter au loin la chaleur d'un foyer ; ainsi, dans les appareils établis antérieurement, l'eau part bien à une haute température ; mais les dispositions sont si mal prises, qu'elle se dépouille promptement, comme nous l'avons déjà dit, de sa chaleur et parcourt à l'état froid une portion notable de son circuit. Chez M. Duvoir, l'eau de circulation, par exemple, lorsque la température extérieure est à 15° au-dessous de zéro, part à 120° et n'a perdu que 40°

quand elle est parvenue au terme de sa course, c'est-à-dire qu'elle rentre dans la chaudière à 80°, ainsi que nous avons eu l'occasion de le constater. Cette circulation rapide s'opère comme il a été dit, au palais du Luxembourg, dans un conduit qui présente, en somme, un développement de plus de 8,000 mètres, et il existe entre le foyer de la chaleur et le poêle le plus extrême du palais, une longueur de conduits de plus de 900 mètres, que, suivant les besoins, M. Duvoir pourrait porter beaucoup plus loin dans d'autres circonstances, sans crainte de voir échouer son système de chauffage, ce qui donne à celui-ci un caractère de généralité, d'étendue et de grandeur, auquel nous n'étions pas accoutumés avec les autres appareils établis jusqu'à présent par les ingénieurs, les architectes et les industriels.

« Le système de chauffage de M. Duvoir est susceptible des applications les plus variées, et l'expérience l'a démontré jusqu'à la dernière évidence. Ainsi, indépendamment du palais, des musées, des ministères, des grands établissements publics, nous le voyons installé avec le plus grand succès dans les serres et les orangeries. A cet égard vos commissaires ont visité avec le plus grand intérêt plusieurs serres du jardin des plantes, qui sont chauffées par ce moyen, et entre autres celle aux orchidées, plantes délicates des régions tropicales, qui exigent une température un peu élevée, douce et humide. Cette serre chauffée auparavant par plusieurs poêles ordinaires ou calorifères, exigeait beaucoup de soins et d'attention, tandis que depuis qu'un foyer unique et un bon système de circulation d'eau opèrent le chauffage, le service est devenu très-prompt et très-facile. Il y a plus, c'est qu'avec ce système les plantes jouissant, par la ventilation établie à l'intérieur, d'un renouvellement continuel d'air et d'un mouvement doux que leur procurent les courants d'air qui règnent à l'intérieur, se trouvent ainsi plus rapprochées de l'état de nature, et par conséquent dans un état de santé beaucoup plus satisfaisant. D'ailleurs, on peut remarquer que ce mode de chauffage perfectionné paraît être extrêmement avantageux pour ces sortes de bâtiments, puisqu'il dispense en grande partie du service de nuit, sans qu'on ait à craindre un refroidissement préjudiciable à la santé ou à la vie des plantes. Au reste, tous les jardiniers des serres, tant du jardin des plantes que du Luxembourg, que vos commissaires ont interrogés, ont été unanimes dans leurs témoignages sur les avantages que procure ce nouveau mode de chauffage.

« L'application qui a déjà été faite du système Duvoir aux hospices, aux hôpitaux, aux prisons pénitentiaires, en a fait ressortir d'une manière bien remarquable toute la supériorité pour ces sortes d'établissements. Il est en effet facile de voir qu'il est le seul jusqu'à présent qui soit parvenu à établir une égale distribution de chaleur dans toute l'étendue d'un vaste bâtiment, quel que soit le nombre des subdivisions dans lesquelles il se trouve partagé ; que c'est aussi le seul qui égalise la température dans toute la capacité de chacune de ces subdivisions, grande ou petite, et enfin que seul il opère une ventilation suffisamment énergique dans ces établissements où le renouvellement d'air, trop négligé jusqu'à ce jour, est une condition d'une rigoureuse nécessité. Enfin, il présente une particulartité tout-à-fait remarquable et précieuse pour les maisons de détention, c'est qu'il ne permet pas, comme plusieurs autres systèmes adoptés jusqu'ici, de communication entre les détenus par les conduits de chaleur ni ceux destinés à la ventilation.

« Les lieux de réunion, les amphithéâtres, les salles de spectacle, les fabriques, les manufactures, où l'air est si souvent sujet à être vicié, retireront aussi de grands avantages de l'application de ce système. Il en sera de même pour ceux où l'on redoute le chauffage direct à foyer découvert de crainte d'incendie; de ceux où l'industrie a besoin d'opérer la dessiccation prompte de diverses substances, la fixation de certaines couleurs, la macération de quelques corps à des degrés fixes de température, des cristallisations, des réactions chimiques déterminées, etc., etc.

« Une des plus belles applications en ce genre qui ait été faite par M. Duvoir, est le chauffage de la poudrerie de Vonges (Côte-d'Or). Dans cet établissement, ainsi que dans tous les autres semblables, on sait qu'on se sert pour sécher les poudres, de tarares ou autres appareils mécaniques de ventilation qui exigent l'emploi d'un moteur puissant, et généralement d'un cours d'eau. La sécherie dans une poudrerie est ordinairement placée à une certaine distance des autres bâtiments de fabrication, afin de prévenir, autant qu'il est possible, les causes d'accidents. Or, cette disposition est à la fois onéreuse et incommode pour l'État : elle est onéreuse, parce qu'elle oblige d'établir des canaux de dérivation pour les eaux qui doivent mettre en action les appareils mécaniques de sécherie, et incommode en ce que, pendant les gelées en hiver, les travaux se trouvent suspendus. Le chauffage à circulation d'eau chaude avec ventilation, de M. Duvoir, remédie de la manière la plus complète à ces inconvénients. Dans ce chauffage, la construction des canaux de dérivation est inutile, et on sèche par une ventilation abondante les poudres en tout temps, avec rapidité et sans avoir à redouter le moindre danger d'incendie ou d'explosion, du moins de la part du système.

« Nous avons dit, en parlant du chauffage des serres, que l'entretien de la chaleur pendant la nuit exigeait peu de soin, et c'est là encore un des traits les plus caractéristiques de l'appareil de M. Duvoir. En effet, l'expérience a démontré qu'avec la masse d'eau dont il dispose, on peut cesser le feu sans que pour cela cet appareil cesse de fonctionner encore pendant un certain temps. La température baisse, il est vrai, graduellement dans les pièces chauffées, mais avec tant de lenteur qu'au bout de douze heures, après cessation du feu, elle n'a fléchi que de 5 à 6 degrés dans ces pièces, sans que la ventilation soit un moment suspendue. On conçoit, en conséquence, combien de pareils avantages sont précieux pour certains établissements publics et privés, qui sont, pour ainsi dire, chauffés sans frais pendant la nuit et où s'entretient à l'intérieur pendant tout ce temps un air salubre et respirable.

« Puisqu'il est question de ventilation, nous pensons qu'il n'est pas hors de propos de citer quelques expériences qui ont été faites à ce sujet, le 5 avril 1843, par la commission chargée de la réception des travaux de la maison d'aliénés de Charenton, commission qui se composait de MM. Gay-Lussac, Seguier, de Noue, Grillon-Regnault, le directeur de l'établissement et l'architecte qui a dirigé les travaux des nouvelles constructions.

« Dans ces expériences, on a fait usage du petit anémomètre perfectionné, et avec son secours on a constaté, en se servant de la formule commune, les faits suivants :

« 1° Pour les cellules les plus éloignées du centre du chauffage, qui offrent une capacité de 36 à 38 mètres cubes, l'instrument appliqué aux bouches d'écoulement a constaté qu'il s'écoulait un volume d'air de 67 mètres cubes 10 par heure.

« 2° Pour les cellules les plus rapprochées, qui offrent la même capacité, l'expérience et le calcul ont démontré que ce volume d'air écoulé était de 119 mètres cubes 13 par heure.

« De façon que le renouvellement total de l'air de la cellule a lieu par la ventilation en 32 minutes dans les premières, et en 19 minutes dans le second.

« 3° Dans les salles et dortoirs les plus éloignés du centre, dont la capacité intérieure est de 30 mètres cubes, l'anémomètre a indiqué un écoulement d'air de 290 mètres cubes 20 par heure, c'est-à-dire un renouvellement complet de l'air des salles à peu près toutes les heures.

« 4° Enfin, dans les salles les plus rapprochées du foyer, qui ont la même capacité, cet écoulement a été de 607 mètres cubes 75 d'air par heure, ou deux renouvellements par heure de la totalité de l'air de chaque salle.

« M. Robinet, membre de l'académie de médecine, professeur qui s'est beaucoup occupé de ventilation à l'occasion des magnaneries, a fait, dans divers éta-

blissements chauffés par M. Duvoir, à l'aide de l'a-
némomètre, des expériences qui sont pleines d'intérêt :
c'est ainsi qu'il a constaté que, chez M. Godfroy, fabricant de toiles peintes, à Puteaux, dans un séchoir
présentant une capacité de 753 mètres cubes, il ne
fallait à l'aide du système de M. Duvoir que 11 minutes environ pour renouveler entièrement tout l'air
intérieur; que dans l'amphithéâtre de l'Observatoire
qui cube 1535 mètres, 23 minutes suffisaient avec la
ventilation établie pour renouveler entièrement la
masse d'air dans cette localité ; qu'au séchoir de l'hôpital du Val-de-Grâce, qui a une capacité de 378 mètres cubes, cette masse d'air était complètement éva-
cuée en 8,3 minutes et même en 5 1/2 minutes, et
remplacé par un volume semblable d'air nouveau.
Ces résultats sont attestés par M. Payen et le baron
Seguier, de l'Institut, le chef de bataillon du génie
Lemoine, M. Hericart de Thury, conseiller d'État, ins-
pecteur général des mines, etc.

« Nous croyons qu'en présence de pareils résultats, dont il n'existait pas d'exemple avant l'invention et la mise à exécution du système de M. Duvoir,
on ne peut plus contester la parfaite salubrité de son
mode de chauffage et une ventilation qui peut dépasser de beaucoup celle qu'on a considérée par expérience comme suffisante pour satisfaire largement
à toutes les éventualités et à tous les besoins.

« Jusqu'à ce jour, dans l'établissement des appareils de chauffage, si on avait négligé la ventilation
pendant l'hiver et à l'époque où l'on fait du feu, on
avait encore bien moins songé à faire servir ces appareils, lorsque les feux sont éteints, à une ventilation
pendant l'été : c'est une idée qui appartient à M.

Duvoir, et qu'il a réalisée avec le plus grand succès à l'Observatoire national, où une foule d'auditeurs vont ainsi écouter les leçons du célèbre professeur à une époque de l'année où la température extérieure est très-élevée (30 degrés). A l'aide de ses appareils de ventilation d'hiver appliqués à la ventilation d'été, de quelques kilogrammes de glace et d'un très-petit foyer d'appel, cette ventilation estivale s'établit de la manière la plus régulière et la plus économique, au grand avantage du professeur et de ses auditeurs, au point que, dans diverses circonstances, la température de la salle qui renfermait près de 1,000 personnes a diminué de 10 degrés, et est devenue trop basse pour le professeur et ses élèves, qui s'en sont plaints hautement. On conçoit du reste combien un pareil renouvellement d'air serait agréable dans la saison chaude, dans les théâtres, les salles de réunion où généralement, à cette époque, on éprouve un malaise considérable, causé par la chaleur et une circulation d'air qui est à peu près nulle.

« Les appareils de M. Duvoir ont exigé pour leur établissement, et avant d'être portés à l'état de perfection où ils se trouvent aujourd'hui, beaucoup d'expériences, d'essais, de déterminations et de calculs. C'est ainsi qu'il a fallu connaître la force à donner à la cloche, aux tuyaux de conduite, calculer le diamètre de ceux-ci en raison de la place qu'ils occupent dans la conduite, le diamètre variable des gaines d'air chaud, suivant les distances à parcourir, la surface des bouches qui versent la chaleur dans les pièces, leur nombre, la capacité des poêles-chauffeurs, la disposition la plus avantageuse à donner aux tuyaux distributeurs d'eau chaude pour que la circulation ne s'y contrarie pas, afin qu'ils aient tous au besoin une part de l'eau affluente proportionnelle au travail qu'ils doivent exécuter. Or, nous devons dire que M. Duvoir a acquis sur ce sujet une si grande expérience pratique, qu'il lui arrive rarement d'être obligé de modifier ses plans et ses devis, et qu'il arrive toujours du premier coup, sans tâtonnement et sans délais, au but qu'il s'était proposé. C'est, du reste, ce que démontre la réception immédiate de tous ses travaux par les commissions nommées à cet effet, par les autorités ou les administrations, et entre autres, celles instituées pour le palais du Luxembourg; et celles pour la maison de Charenton, l'église de la Madeleine, le bâtiment du quai d'Orsay, l'Observatoire national, et qui, dès les premières expériences, n'ont pas hésité à donner leur approbation et leur assentiment à ce beau système. »

Chauffage par l'eau chaude employée à pression élevée, système de PERKINS.

Pendant longtemps on a essayé de chauffer les grands bâtiments, les vastes ateliers ou les établissements publics, à l'aide de l'eau chaude circulant dans des tuyaux de conduite d'après le système du thermosiphon de Bonnemain; mais ce moyen de chauffage qui s'opérait à la simple chaleur de l'eau bouillante, a présenté dans son origine des inconvénients tellement graves qu'il n'a, pendant longtemps, reçu des applications que sur une échelle très restreinte. Plus tard, les moyens se sont perfectionnés et on n'a pas même craint d'élever la température et la pression de l'eau à un degré bien supérieur à celui de l'eau bouillante. Parmi les modes de chauffage de ce genre, il est nécessaire de faire mention de celui qui a été inventé par M. Perkins, parce qu'il est maintenant employé dans un grand nombre d'établissements publics en Allemagne, et qu'on a cherché à le propager avec quelque succès sur le continent.

L'appareil que Perkins a imaginé pour opérer le chauffage à une haute température, se compose d'une suite non interrompue de tuyaux qui partent d'un point et y reviennent après avoir circulé dans tous les points qu'il s'agit de chauffer, ainsi que cela se pratique dans les chauffages ordinaires, par circulation d'eau ou de vapeur. Mais ce qui distingue cet appareil, c'est qu'ici ces tuyaux n'ont qu'un très petit diamètre, que le récipient où s'opère le chauffage du liquide est exactement fermé, et enfin que ce liquide, qui est ordinairement l'eau, est porté en sortant du foyer à une très haute température. Une partie de la conduite des tuyaux qui circulent est placée dans un fourneau, le reste se rend dans les pièces qu'il s'agit de chauffer, y serpente et revient sur lui-même dans des caisses ouvertes aux deux extrémités, où il chauffe l'air destiné à servir au chauffage et à la ventilation.

On trouve la description du système de chauffage de M. Perkins dans plusieurs ouvrages sur les sciences et l'industrie, mais la plus complète et la mieux raisonnée, est celle qu'on lit dans la deuxième édition du *Traité sur la chaleur*, de M. E. Péclet, tome second. Nous l'emprunterons donc à cet excellent ouvrage, que le constructeur consultera toujours avec beaucoup de fruit.

Disposition générale des appareils.

La figure 19, pl. II, représente la disposition la plus simple des appareils dont il est question. Le circuit $abcdefghik$ est exactement fermé. A, B, C sont trois spirales à bases circulaires ou carrées formées par le tube : l'une, A, est placée dans un foyer, les autres dans les pièces qui doivent être échauffées ; m est un vase dans lequel se fait l'expansion de l'eau ; n est un orifice pour le dégagement de l'air quand on remplit l'appareil.

Dans l'appareil indiqué (fig. 20), l'eau chaude descend simultanément par quatre tubes qui forment les quatre serpentins des deux étages échauffés.

La figure 18 représente un calorifère dans lequel l'eau descend par deux tubes, dont chacun parcourt deux hélices logées dans des intérieurs de cheminées.

On comprend facilement les dispositions qu'il faudrait employer pour chauffer de l'air extérieur qui serait ensuite introduit dans les différentes pièces.

Dimension des tuyaux. — Les tuyaux ont 25 centimètres de diamètre extérieur, 10 centimètres de diamètre intérieur, et ordinairement 4 mètres de longueur. Avec ces dimensions ils peuvent supporter une pression supérieure à 3000 atmosphères.... Les tuyaux sont essayés à la presse hydraulique sous une pression de 200 atmosphères, mais ils sont quelquefois soumis à une pression beaucoup plus grande.

Mode de jonction des tuyaux. — La figure 21 représente la fermeture d'un tuyau à un de ses bouts. Le tuyau est taraudé, et son extrémité est taillée en biseau : il est recouvert d'un écrou dont le fond est plat.

En serrant fortement l'écrou, le biseau du tuyau entre dans le fer de l'écrou et forme un joint parfaitement étanche.

On voit, fig. 30, la méthode qu'il faudrait employer pour fermer un orifice percé dans un vase de fer terminé par une surface plane. La partie inférieure du talon de la vis présente un biseau circulaire dont l'arête, par un fort serrage, s'applique exactement sur la surface plane du vase.

Les figures 24, 25 et 30 représentent le mode de jonction de deux tuyaux réunis bout à bout ; les deux extrémités des tuyaux sont taraudées dans le même sens ; le bout de l'un est plat, celui de l'autre est en biseau. On les réunit par un écrou taraudé, à gauche dans un bout et à droite dans l'autre ; en serrant l'écrou, les tuyaux ne pouvant pas tourner, tendent à se rapprocher, et par un fort serrage on obtient un joint parfait. J'ai vu des tuyaux dans lesquels le biseau de l'un d'eux avait pénétré de près de 1 millimètre dans le plan qui terminait l'autre.

Un autre mode de jonction est indiqué dans les figures 26 et 27, mais il est plus compliqué, plus cher et moins solide. Les deux tuyaux sont garnis chacun d'un bourrelet, et ils sont réunis par une pièce de fer qui a extérieurement la forme de deux cônes par leurs bases, contre lesquels les deux tuyaux sont fortement serrés par deux écrous à boulons qui traversent deux étriers appuyés sur les bourrelets.

On voit dans la figure 28 le mode de jonction d'un tube à angle droit sur un autre. La jonction a lieu au moyen d'une pièce de fer intermédiaire sur laquelle le premier et les deux branches du dernier sont fixés par le moyen indiqué fig. 21.

La figure 29 représente le mode de jonction employé pour réunir deux tuyaux parallèles. Les deux tuyaux communiquent par une pièce de fer doublement conique, sur laquelle ils sont fortement serrés par un étrier garni de boulons.

Vase d'expansion. — Ce tube court et d'un plus grand diamètre que les tubes de circulation est placé à la partie la plus élevée du circuit. Sa capacité doit être au moins de 15 centim. de la capacité totale des tubes. A côté du tube d'expansion se trouve un tube d'une moindre hauteur, destiné à faire écouler l'air quand on remplit l'appareil d'eau. Les orifices du vase d'expansion et du tube à air se ferment par la disposition indiquée fig. 29.

Remplissage de l'appareil. — On pourrait remplir l'appareil en versant simplement de l'eau par le tube d'expansion, le tube à air étant ouvert; mais comme les tubes n'ont qu'un très petit diamètre, il serait à craindre qu'il ne restât de l'air dans l'appareil, circonstance qui l'empêcherait de marcher et qui pourrait produire de graves accidents. On opère généralement le remplissage au moyen d'une pompe foulante, qui sert ensuite à essayer l'appareil sous une pression d'au moins 200 atmosphères. On introduit longtemps par le tube d'expansion, ou par le tube à air, de l'eau qui sort par celui des deux orifices qui reste ouvert.

Lorsque la partie du circuit qui descend du sommet de la colonne ascendante, renferme plusieurs branches, l'eau circule simultanément dans toutes, comme nous l'avons déjà remarqué plusieurs fois, et tous les calorifères partiels sont chauffés. On a essayé différentes dispositions pour arrêter le mouvement de l'eau dans un ou plusieurs de ces tuyaux, mais on n'a rien obtenu de satisfaisant. On trouve dans l'ouvrage anglais de M. C. J. Richardson la disposition représentée par les figures 34 et 35 pour établir à volonté la circulation dans deux des trois tuyaux A, B et C, au moyen d'un piston dont la tige passe à travers une boîte à étoupes et qui est manœuvré par un levier. Mais cet appareil n'est pas employé ; les boîtes à étoupes ne peuvent supporter ni une aussi grande pression ni une aussi haute température. Dans tous les appareils, on chauffe toujours tous les embranchements.

On a reconnu par expérience que la longueur des tubes renfermés dans le foyer devait être à peu près un sixième de la longueur totale du circuit. Les fourneaux sont disposés de différentes manières. Dans la figure 18 les tubes sont contournés en hélice à base carrée ; la flamme, à la sortie du foyer, parcourt la moitié des tubes en montant, et l'autre moitié en descendant ; une petite roulette verticale dirige ce mouvement. Dans la figure 20 les tubes sont dirigés par couches horizontales ; une d'elles sert de grille, les autres, placées au-dessous de la seconde, sont traversées par la flamme en descendant ; dans cette dernière disposition le mouvement de l'eau chaude doit être en sens contraire de celui de l'air brûlé.

Les figures 31, 32 et 33 représentent le fourneau employé dans les calorifères du Musée britannique. La figure 33 est une perspective de l'appareil, en supposant qu'on ait enlevé le mur de devant. La figure 32 est une coupe verticale suivant la ligne $x\,x'$ (fig. 33), et la figure 33 une coupe suivant la ligne $j\,j'$ (fig. 32). Le foyer est alimenté par la partie supérieure ; l'air brûlé parcourt un canal qui fait le tour du foyer et dans lequel circulent les tubes.

Dans les appareils qui existent en Angleterre, la température des tuyaux, à la partie supérieure du circuit, est ordinairement de 300 à 400° Fahrenheit, à peu près 150 à 200° centigrades ; à la partie inférieure de la colonne descendante, près du foyer, elle n'est que de 60 à 70° centigrades. Ces températures correspondent à des pressions de 4 à 15 atmosphères seulement. Mais comme dans le foyer les tubes sont portés au rouge, les pressions intérieures peuvent devenir beaucoup plus considérables ; si l'eau atteignait la température du rouge obscur qui correspond à peu près à 500°... la pression s'élèverait à 857 atmosphères.

Malgré tous les soins apportés dans la fabrication des appareils et les essais sous des pressions incomparablement supérieures à celles qu'ils supportent habituellement, il paraît qu'ils perdent toujours un peu ; car, d'après les renseignements recueillis près de M. Perkins lui-même, il faut ajouter, tous les huit ou dix jours, à peu près un demi-litre d'eau dans les grands appareils. On ne sait d'où proviennent ces pertes, car on n'aperçoit aucune fuite.

On ne donne jamais aux tubes un développement total qui excède 150 à 200 mètres, afin que la circulation s'établisse convenablement, à moins qu'il n'y ait plusieurs embranchements et que la hauteur de l'appareil ne soit considérable.

Dans le Musée britannique toutes les circulations sont simples : mais un fourneau sert pour deux appareils. Dans ces derniers temps, il y avait 18 fourneaux et 36 circuits, qui ont coûté 90,000 francs.

En Angleterre, on compte 65 centimètres de longueur de tuyaux pour échauffer 100 pieds cubes de capacité, ce qui revient à peu près à 5 centimètres de surface de chauffe pour 4 mètres cubes, ou à 1 mètre carré pour 180 mètres cubes.

MM. Gandillot établissent ces calorifères... Les appareils sont simples, faciles à placer et à diriger; mais comme chaque circuit ne peut avoir qu'une longueur limitée, ce mode de chauffage ne peut être employé que pour échauffer des pièces voisines du foyer, et dont les surfaces de refroidissement ne dépassent pas une certaine étendue. D'après M. Gandillot, dans les appareils qu'il construit, la pression ne dépasse pas 5 atmosphères; les surfaces de chauffe transmettent deux fois plus de chaleur que dans le chauffage à vapeur, et le courant, pour une hauteur de 4 à 5 mètres, peut avoir 450 mètres de développement; d'après cela un seul foyer pourrait chauffer des pièces voisines ordinaires ayant de 6000 à 7000 mètres cubes de capacité. Ce mode de chauffage peut être avantageux dans un grand nombre de cas.

CHAPITRE V.

Chauffage par l'eau et la vapeur.

Les deux systèmes de chauffage par la vapeur et par l'eau chaude, que nous venons de décrire, présentent chacun pour leur part des avantages et des inconvénients qui peuvent être simplement résumés.

Le chauffage à la vapeur ne permet pas facilement une graduation dans les températures modérées, et s'il permet de desservir des circuits très étendus, on ne saurait, d'autre part, y régler la température avec égalité. Enfin le refroidissement brusque, au moment où l'on interrompt la vapeur, est une condition désavantageuse et pour le chauffage et pour la sécurité des appareils.

Le système à eau chaude offre, dans son application, des éventualités de graves accidents, tout le système est solidaire, et l'on ne peut utiliser telle ou telle partie séparée du système. Enfin, pour de grands édifices, ne disposant pas des mêmes facilités de transport que dans le chauffage à la vapeur, il faut multiplier les chaudières et les réseaux de distribution.

C'est en se basant sur ces diverses considérations que l'ingénieur Grouvelle a imaginé le système qui nous occupe actuellement, et qui remplit, en effet, très bien le but qu'il s'était proposé, à savoir, établir un procédé offrant les mêmes ressources de distribution que le chauffage à la vapeur, mais permettant de mieux régler l'emploi de la chaleur, et qui en même temps n'offrît pas les sources d'accidents que comporte le chauffage à l'eau chaude.

La vapeur est employée uniquement comme moyen de transport, pour chauffer de nombreux réservoirs d'eau placés à toute distance et à tout niveau.

Le premier exemple d'application de ce procédé est resté un type remarquable, et sa description, tout en montrant son fonctionnement, en fera ressortir encore mieux les avantages. C'est le chauffage de la prison Mazas, à Paris, dû à l'ingénieur Grouvelle, et de nombreuses installations analogues par cet ingénieur ou par son fils et successeur, en ont établi la valeur d'une façon incontestable.

Le problème à résoudre offrait d'ailleurs les plus grandes complications que l'on puisse réunir dans une question de ce genre. Douze cents cellules environ, divisées en six corps de bâtiment, les corridors, les parloirs, les services généraux, etc., en un mot, 50,000 mètres cubes d'air divisés en une infinité de locaux différents. Ce résultat est atteint à l'aide d'un foyer unique, et la distribution de la chaleur facilement réglée est concentrée entre les mains d'un seul agent, qui conduit tous les appareils de front ou chacun suivant son gré, isolant au besoin ceux qui n'auraient pas de services momentanés à rendre.

Dans chacun des dix-huit étages, formant les dix-huit groupes de cellules, sont placés des appareils de circulation d'eau complets, mais isolés les uns des autres. Chacun d'eux est formé d'un tuyau de circulation, partant du sommet d'une cloche réservoir, et revenant à la base de celui-ci. Dans cette cloche est un appareil à vapeur en cuivre, transmettant par sa surface, sa chaleur à l'eau, et composé comme dans les poêles à vapeur, de trois tuyaux pour l'introduction de la vapeur, son retour et celui de l'eau condensée, et pour l'évacuation de l'air.

D'autres appareils analogues ou de simples poêles à eau, servent à chauffer les bureaux et toutes les dépendances de l'édifice.

Les tuyaux de circulation d'eau sont placés dans des gaînes en pigeonnage, dans lesquelles on introduit l'air extérieur pour le chauffer et le verser dans le bas des cellules, d'où il est emporté par des tuyaux spéciaux de ventilation.

Les circulations et poêles d'eau se calculent comme dans le cas précédent. La surface des tuyaux de vapeur se calcule d'après ces éléments à savoir : que 1 mètre carré de cuivre plongé dans l'eau à 25°, condense par heure, si on a expulsé complètement l'air, de 100 à 150 kilogrammes de vapeur.

Nous empruntons d'ailleurs tous ces détails, ainsi que ceux qui suivent, à une exposition de ce système donnée par M. Grouvelle lui-même, et où il a, en outre de l'exemple du vaste édifice de Mazas, montré que le procédé s'appliquait aussi bien au cas du chauffage d'habitations privées.

Chacun des dix-huit étages de soixante-huit cellules a son vase chauffeur (fig. XXVI), d'où part une circulation d'eau en tuyaux de fonte, indépendante des autres et complètement close, et dont le tuyau supérieur se bifurque pour courir devant chaque rang de cellules de l'étage, et revenir dans le même coffre en plâtre ramener l'eau de circulation au bas du vase chauffeur par des tuyaux. Dans l'intérieur sont placés deux serpentins qui servent à chauffer l'eau de circulation. Le passage des tuyaux, aller et retour dans le même coffre, a pour objet d'égaliser le chauffage de toutes les cellules, en compensant l'un par l'autre ces tuyaux qui sont à des températures différentes.

Chaque cellule a un appareil qui lui appartient, indépendant de tous les autres, et pris cependant sur l'appareil commun de l'étage. Cet appareil est composé de $2^m.33$ de tuyau d'aller et d'autant de retour, qui, avec $0^m.081$ de diamètre, donne $4^m.20$ de surface de chauffe par cellule, à 100 degrés de température moyenne.

Plus de 8000 mètres cubes de capacité sont chauffés avec 35 de ces poêles, par environ 70 mètres carrés de surface de chauffe, une chaudière à vapeur de 8 chevaux consommant environ 50,000 kilogr. de houille par hiver.

Le chauffeur, quand la température ne descend

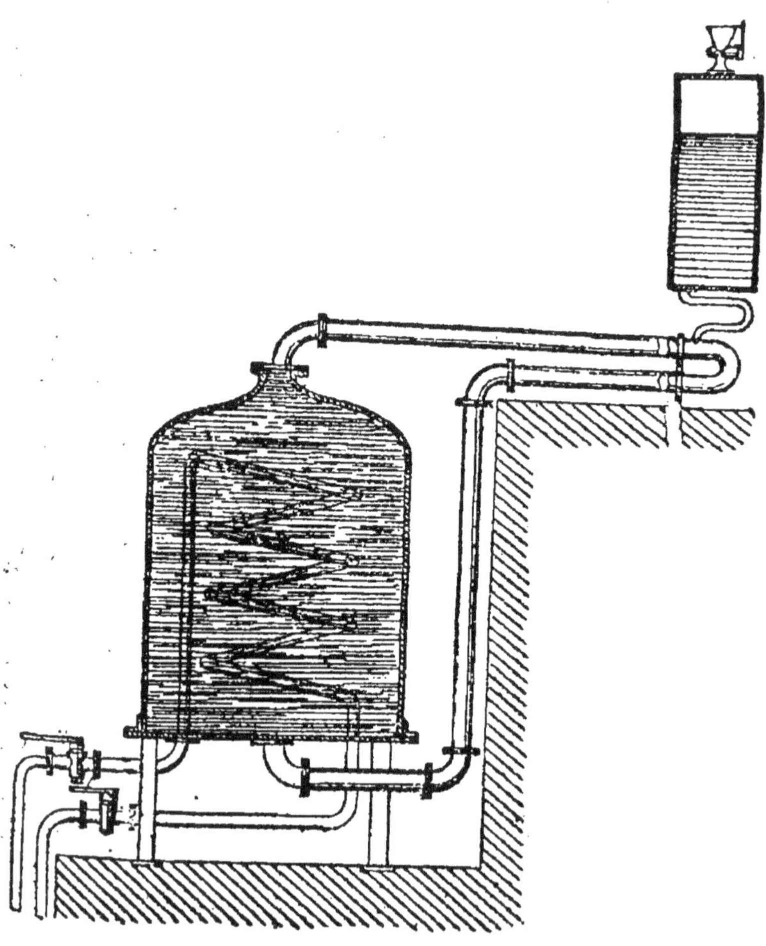

Fig. XXVI.

qu'à 1 ou 2° au-dessous de zéro, chauffe tous les poêles à eau, de manière qu'à huit heures du matin, tous soient à la même température, qui est, à quelques degrés près, celle de la chaudière à vapeur.

On peut, à l'aide des robinets placés entre le conduit de vapeur et les serpentins, isoler tel appareil que l'on désire.

Une seconde chauffe vers trois heures suffit généralement pour entretenir, pendant toute la journée, la température au point convenable.

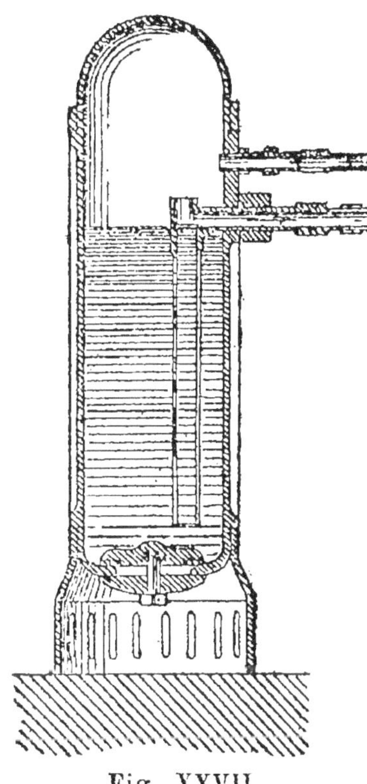

Fig. XXVII.

La figure XXVII montre en coupe un poêle, de construction plus simple encore, facile à installer dans tous les cas. Il se compose d'une sorte de cloche, renforcée en fonte, en partie pleine d'eau, avec deux tubulures pour l'arrivée et le retour de la vapeur. Une soupape inférieure, maintenue naturellement fermée par la pression intérieure, sert au nettoyage et au service de l'eau.

On peut établir des poêles à eau directement chauffés par le passage de la vapeur dans un serpentin intérieur, se prêtant à tous les effets de décoration désirables et pouvant rendre de grands services. Des robinets placés sur la conduite de vapeur, permettent d'isoler à volonté telle partie du système général, et de régler ainsi les températures des diverses enceintes d'une même habitation. On peut citer comme exemple de ce genre d'application, l'installation du chauffage faite par M. Grouvelle dans une grande maison de commerce de la rue du Sentier.

CHAPITRE VI.

Comparaison des modes de chauffage.

Nous venons de décrire quatre modes de chauffage, employés également pour les habitations importantes, édifices publics, hôpitaux, casernes, prisons, etc.

Chauffage à l'air chaud,
Chauffage par la vapeur,
Chauffage par l'eau chaude,
Chauffage par l'eau et la vapeur combinées.

Il est certainement intéressant de pouvoir les comparer mutuellement, pour essayer de déduire quel est le procédé le plus avantageux. Mais si l'on se rend compte des difficultés d'un pareil problème, des nombreuses considérations dont il faut tenir compte, pour les cas très multiples qui se présentent, on comprendra aisément qu'une conclusion absolue est à peu près impossible; que l'on ne peut guère faire ressortir que des différences relatives, dont le constructeur aura à choisir au mieux l'application, pour les circonstances où il se trouvera placé.

Il faut, en effet, quand on veut adopter un mode de chauffage, tenir compte à la fois des éléments suivants; tout d'abord, de l'économie d'installation de l'appareil, ainsi que de celle des frais permanents de surveillance et d'entretien. La puissance de la ventilation établie dans les emplacements à chauffer, joue également un grand rôle, puisqu'elle décide des quantités d'air chaud qu'il faut distribuer. Enfin, il y a lieu de tenir compte de l'uniformité du chauffage, surtout lorsque l'on s'adresse à un grand édifice, à étages élevés et subdivisés en nombreux locaux indépendants. Il suffit dans certains cas de pouvoir fournir un chauffage régulier et continu, tandis que dans d'autres il faut pouvoir, tout en le maintenant régulier, opérer par périodes dont les variations doivent être faciles à obtenir. Telles sont les conditions complexes qui peuvent se présenter.

Nous allons résumer les avantages et les inconvénients de chaque système en particulier, et nous pourrons en tirer quelques conclusions, réduisant *déjà*, dans une proportion notable, le champ des incertitudes dans le choix de ces divers systèmes.

Le chauffage à l'*air chaud* est incontestablement le plus économique au point de vue des frais d'établissement, non seulement à cause de la nature de l'appareil de construction moins coûteux que les chaudières, mais aussi par suite du bon marché considérable que présente, relativement dans ce cas, le système de distribution. Mais, à côté de cela, il présente des obstacles qui s'opposent complètement à son emploi dans le cas du chauffage d'édifices un peu considérables, et cela parce qu'on ne saurait faire parcourir à l'air chaud, pour l'amener à l'endroit où on l'utilise, plus de 25 mètres, sans risquer, par suite des pertes éprouvées, de ne plus transporter de chaleur. Il en résulte donc que, lorsqu'on sera en présence de grands bâtiments, on ne pourrait les chauffer en totalité à l'air chaud, qu'en disposant plusieurs appareils, et alors l'économie d'installation signalée au début disparaît complétement.

Ces appareils ne permettent pas en outre de distribuer un chauffage bien réglé dans diverses parties d'un ensemble. On comprend en effet que le chauffeur conduisant son foyer d'une façon uniforme, si des modifications sont apportées dans le régime de la distribution, certaines bouches fermées, par exemple, celles qui restent ouvertes déversent une quantité de chaleur beaucoup plus considérable qu'il n'est utile, ce qui devient une gêne.

Enfin la nécessité de ne pas dépasser 25 mètres, pour le trajet parcouru par l'air chaud, oblige à placer les foyers au sein même des bâtiments, et il y a là des chances d'incendie qui doivent être absolument évitées dans beaucoup de circonstances, bibliothèques, musées, etc.

L'emploi des calorifères à air chaud se trouve donc par cela même réduit à des cas qu'il est facile de déterminer. Les habitations particulières, les petits hôtels, quelques salles de réunion, sont véritalement les seules circonstances où il y ait lieu de l'employer avec avantage. Mais pour les édifices publics, prisons, hôpitaux, musées, et en général toute construction importante, sortant des maisons ordinaires, il vaut mieux recourir à l'un des autres procédés.

Le chauffage à la vapeur est d'un établissement beaucoup plus coûteux que le précédent, mais comme il permet de transporter l'effet utile produit dans des points beaucoup plus éloignés, il lui est souvent de beaucoup supérieur. La facilité qui en résulte de pouvoir isoler les appareils des bâtiments à chauffer, en écartant les chances d'incendie, est encore une qualité de premier ordre. Rapide dans son action, ce mode de chauffage offre des facilités de réglage très grandes, puisqu'il n'y a pour cela qu'à agir sur un robinet. La canalisation, coûteuse, il est vrai, peut cependant être, dans bien des cas, logée là où l'on ne pourrait introduire de canalisation à air chaud, et permet de plus, par sa grande vitesse, de transmettre dans le même espace de temps beaucoup plus de chaleur que par tout autre procédé. Enfin il donne une température toujours égale.

A côté de cela, la multiplicité des robinets, la nécessité de purger l'appareil d'air, et surtout le refroidissement très brusque lors de la tombée du feu, sont des inconvénients qu'on peut lui reprocher.

Le chauffage à l'eau chaude participe à peu près des mêmes avantages, il exige moins de surveillance, tout en ne permettant pas d'isoler les uns des autres les divers appareils de chauffage. Il offre moins de souplesse que le précédent. Les tuyaux de distribution sont plus volumineux, moins faciles à caser, si l'on opère à basse pression, ce grand volume des tuyaux a pour conséquence, en cas d'accidents, des inondations très graves, et en employant la haute pression, si, par la diminution de section des conduits on combat cette chance d'inondation, on augmente les chances de rupture.

Le système mixte d'emploi de l'eau et de la vapeur, tout en étant d'une installation plus complexe, offre tous les avantages des deux précédents, sans avoir leurs inconvénients, aussi ce procédé semble-t-il avec juste raison être préféré aujourd'hui. Il se prête à des distributions d'appareils qu'aucun autre procédé ne peut donner, puissance de distribution de l'appareil central, isolement des appareils, travail gradué à volonté, refroidissement lent et successif.

A côté de ces considérations spéciales au mode même de chauffage, il faut aussi tenir compte des nécessités et conditions propres au service spécial qu'il s'agit d'installer.

Dans la plupart des ateliers, la proximité d'une machine à vapeur, permettra d'installer très économiquement un chauffage avec la vapeur détendue dans la machine, par une simple circulation de tuyaux.

Dans les hôpitaux, il faut multiplier les poêles à vapeur ou à eau, et fournir à une ventilation énergique. Dans les prisons, il faut que toute l'installation soit à l'abri de l'atteinte des détenus. On ne saurait donc poser de règle absolue ; c'est au constructeur à bien étudier les circonstances particulières au problème spécial qu'il aura à résoudre, et à choisir ensuite celui des systèmes qui s'y approprie le mieux. Notre seule tâche consistait à bien définir les propriétés de chacun pour permettre au constructeur de faire son choix en connaissance de cause sur les données déterminées.

CHAPITRE VII.

Applications des procédés de chauffage.

---

§ 1. CHAUFFAGE DES SERRES.

1° *Chauffage au thermo-siphon.*

Le seul mode de chauffage qui convienne aux serres, c'est celui de circulation d'eau chaude, dit au *thermo-siphon;* c'est aujourd'hui celui qu'on adopte de préférence aux autres; il répond seul aux conditions particulières qu'il faut remplir, et dont l'énoncé suffira d'ailleurs à justifier ce choix à peu près universel.

Le chauffage des serres doit présenter une égalité absolue de température dans tous les points, il doit pouvoir varier suivant les saisons, doux en été, très puissant en hiver, et en particulier pour cette saison compenser les pertes énormes qui se font par les parois vitrées, qui forment presque en entier les parois de ces constructions. De nombreuses circonstances obligent à pouvoir chauffer très rapidement, et le refroidissement doit toujours être très lent. Enfin, et cette dernière considération est d'une haute importance, il ne faut jamais que le chauffage détermine une absorption sensible de l'humidité ambiante, parce qu'un air trop sec amène infailliblement la destruction des végétaux.

La puissance de l'appareil à installer pour une serre, dépend non seulement des proportions de la surface vitrée qui la clôt, mais encore du climat sous lequel elle est établie, car la température devant être constante à l'intérieur, plus la température extérieure pourra s'abaisser, plus il y aura de pertes par le vitrage, d'où une augmentation nécessaire de puissance dans l'appareil.

Dans nos climats, on peut adopter les éléments généraux suivants pour le calcul d'une semblable installation. Un mètre carré de surface de tuyaux pour cinq mètres carrés de vitrage, recouverts de paillassons en hiver, et une chaudière d'environ 1/6 de la capacité totale des tuyaux. On peut alors maintenir la température à 30 ou 32° au-dessus de la température extérieure dans les plus grands froids, et avoir ainsi, même dans les moments défavorables, une température moyenne de 15 à 20° dans les serres.

L'installation d'un chauffage de cette nature est assez simple pour qu'on puisse en rendre compte d'une façon générale en peu de mots. L'appareil comporte une chaudière enfermée dans un massif de briques, au-dessus d'une grille, le tout établi en dehors de la serre, et généralement en contre-bas du sol; et d'un système de tuyaux en cuivre qui, dans ce cas, est le métal le plus favorable, partant du sommet de la chaudière, et courant sous les bâches, où sont déposés les pots de fleurs, et revenant à la porte inférieure de cette même chaudière, en ayant toujours soin de disposer un vase d'expansion, soit à la sortie de la chaudière, soit au point de séparation de la colonne montante et de la colonne descendante dont les pentes sont ici extrêmement faibles.

L'on peut utiliser également les produits de la combustion dans le foyer de chauffage, en établissant deux routes à suivre pour la fumée. L'une, d'échappement direct dans la cheminée du fourneau, qui procure un tirage plus actif, et est adaptée au moment de l'allumage; l'autre, qui ne laisse passer la fumée dans la cheminée d'échauffement qu'après lui avoir fait parcourir un réseau de tuyaux en terre cuite, disposé sous le sol de la serre. Cette division étant facilement obtenue par un système de registres.

L'on peut ainsi, tout en chauffant la serre par la circulation d'eau chaude, et en amenant directement cette chaleur dans les bâches à bouture, augmenter la chaleur générale, par la circulation de fumée, et faire passer celle-ci de préférence sous les gradins où l'on dispose, soit au centre, soit sur un des côtés de la serre, les fleurs en pots, qu'il ne s'agit que de conserver à l'abri du froid.

Les figures 32 et 33 montrent une disposition de chauffage de serre due à MM. Hague et Crosley.

Figure 32, pl. I, coupe verticale.

Figure 33, plan.

a, chaudière à vapeur construite et posée à la manière ordinaire.

b, tuyau de vapeur ajusté aux tuyaux de l'intérieur du local, du côté où ces derniers sont le plus élevés du sol.

c, tuyaux placés dans l'intérieur de la serre pour y répandre la chaleur; ils sont inclinés vers la chaudière, dans laquelle ils rentrent au-dessous du niveau de l'eau que renferme cette chaudière.

d, soupape ou clapet posé en biais au bout du tuyau dans la chaudière, afin d'empêcher l'eau de remonter, soit par la pression de la vapeur, soit par l'effet du vide qui pourrait se former dans l'intérieur des tuyaux.

e, soupape et robinet ajustés sur le tuyau de vapeur *c*, près de sa rentrée dans la chaudière; cette soupape et le robinet sont disposés comme le montre la figure 28, sur une échelle plus grande que celle des figures 32 et 33; *f*, fig. 28, indique la coupe transversale du tuyau *c*, fig. 32 et 33; *g* est la soupape, *h* la boîte qui la recouvre, et *i* est le robinet dont la place est en *c*, fig. 32.

L'objet de cette soupape et du robinet est de faciliter l'évacuation de l'air renfermé dans les tuyaux, à mesure qu'ils se remplissent de vapeur; la soupape empêche le retour de l'air extérieur, qui, dans le cas où il existerait un vide, ou que l'air se trouverait plus fort que la vapeur renfermée dans ces tuyaux, rentrerait avec force et produirait une commotion ou secousse dans l'intérieur de l'appareil.

k, fig. 32, jauge à mercure fixée sur la chaudière pour faire reconnaître le degré de pression de la vapeur.

l, tube en verre ajusté sur le côté de la chaudière pour permettre de s'assurer de la quantité d'eau qu'elle renferme.

m, deux bouts de cylindres creux dans lésquels passent les tuyaux de vapeur, et ayant chacun une bouche de chaleur. L'air froid est admis dans ces cylindres par de petits tuyaux *n*, arrivant de l'extérieur du local que l'on veut échauffer, il y circule, se chauffe, et se répand en cet état dans l'intérieur de la serre : ainsi, le renouvellement de l'air s'effectue sans qu'il soit nécessaire d'en faire venir autrement de l'extérieur.

o, représente les murs de la serre.

p, sol sur lequel est élevée la serre.

q, fig. 33, bouche de chaleur.

r, fermeture de la chaudière à vapeur, sur laquelle se trouve une soupape de sûreté.

s, maçonnerie de la chaudière.

t, cheminée.

2° *Chauffage à la fumée.*

Ainsi que nous venons de le voir dans l'article précédent, on se sert de la fumée pour chauffer les serres ; cette méthode est évidemment inférieure à celle du chauffage à l'eau chaude, mais son emploi n'exige pas une installation aussi compliquée et aussi dispendieuse. Ce chauffage convient aux petits propriétaires qui seraient forcés d'abandonner la culture de certaines plantes d'ornement s'il leur fallait se servir du thermo-siphon. En effet, avec le chauffage par la fumée, qui n'est à proprement parler que le chauffage à l'air chaud, on peut se servir d'un simple poêle en fonte, dont le prix est insignifiant, mais à la condition d'éviter *les coups de feu,* c'est-à-dire les moments de chauffage excessif, pendant que le poêle fonctionne, suivis d'un abaissement rapide de température, lorsqu'il vient à s'éteindre.

On peut obvier à cet inconvénient en entourant la fonte d'une enveloppe de terre cuite, brute ou émaillée, qui s'échauffe difficilement, mais qui conserve la chaleur assez longtemps après que le poêle est éteint.

Le thermo-siphon a encore sur l'air chaud l'avantage de distribuer aux plantes de la serre une chaleur humide, analogue aux pluies bienfaisantes du printemps.

On peut obtenir un effet semblable, quoique amoindri, en entretenant sur le poêle un vase rempli d'eau, qui s'évapore au contact du foyer et qui remédie au dessèchement de l'air.

Nous allons passer rapidement en revue les modes de chauffage à la fumée les plus usités.

1° La plus simple de toutes ces installations consiste dans un poêle placé à l'une des extrémités de la serre et dont les tuyaux, disposés derrière les gradins de fond et légèrement inclinés pour permettre à la fumée de monter, parcourent le plus long chemin possible, de manière que la fumée soit froide lorsqu'elle sort de la serre.

De toute façon, le poêle ne doit pas prendre à la serre l'air nécessaire à sa combustion, mais il doit le recevoir par un conduit communiquant avec le dehors.

Ce système a l'inconvénient de placer le foyer au milieu des plantes, ce qui les dessèche rapidement; de plus, quand on charge l'appareil, il se dégage toujours un peu de fumée, ce qu'il est important d'éviter.

2° Il est préférable d'installer le foyer près de la porte d'entrée de la serre et à un niveau plus bas que le sol. De cette manière, on évite les coups de feu et l'on n'a pas à craindre le dégagement de la fumée.

Pour charger le foyer, on a disposé une excavation généralement garnie en briques pour la propreté; le fond de cette excavation est plus bas que le cendrier, pour qu'on puisse facilement nettoyer l'appareil et enlever les cendres.

L'appareil lui-même est placé dans l'excavation, mais il ne doit pas toucher à la terre. On ménage tout autour une enveloppe d'air qui s'échauffe, le maintient plus longtemps à une température élevée, et s'échappe ensuite dans la serre.

De l'extrémité supérieure du foyer part un gros tuyau placé horizontalement sous les bâches et se relevant ensuite contre le mur de la serre, du côté opposé au foyer, pour sortir à l'endroit le plus élevé.

3° Il arrive parfois que l'on doive chauffer deux serres contiguës, dont l'une est chaude et l'autre tempérée. Si l'on emploie un simple poêle reposant sur le sol, il est préférable de le placer dans la serre chaude et de n'envoyer dans la serre tempérée que le tuyau dont la fumée est déjà refroidie. Si, au contraire, on emploie un fourneau placé sous le sol et dont le tuyau sort horizontalement, il vaut mieux placer l'appareil du côté de la serre tempérée.

L'espace que la fumée doit parcourir horizontalement devenant considérable, il est parfois utile de faire déboucher ce tuyau de fumée dans un poêle, dit d'*appel*, placé le long du mur, du côté opposé au foyer inférieur.

Ce second appareil a pour fonction d'attirer à lui la fumée du premier et de l'envoyer hors de la serre avec sa propre fumée. En ce cas, le second appareil de chauffage, étant placé dans la serre chaude, en élève rapidement la température, tandis que celle de la serre tempérée reste la même.

Il est toujours utile de séparer les deux serres, soit par une porte de communication qu'on ouvre ou qu'on ferme à volonté, soit par tout autre moyen, afin de régler la température de chacune d'elles.

Lorsqu'on chauffera au moyen d'un poêle intérieur et apparent, on devra de préférence employer comme combustible le bois et au besoin le coke, dans les grands froids qui demandent un feu soutenu, mais renoncer au charbon de terre. Si, au contraire, on chauffe, par un appareil placé en terre, l'emploi du charbon de terre est de beaucoup préférable à celui des autres combustibles.

Il n'est pas indifférent de se servir de tuyaux en terre ou en métal. Les tuyaux en terre s'échauffent difficilement, mais ils conservent longtemps leur chaleur, tandis que les tuyaux métalliques la perdent rapidement. Les meilleurs tuyaux sont ceux en cuivre et d'un diamètre un peu fort, parce qu'ils ne sont pas exposés à rougir ni à s'oxyder comme ceux en tôle, et qu'ils perdent plus difficilement leur chaleur. Si, par économie ou par tout autre motif, on employait des tuyaux en tôle, il faudrait que la tôle fût forte et que les tuyaux fussent galvanisés extérieurement.

On obvierait ainsi à l'oxydation de la tôle, inconvénient qui résulte de l'humidité qu'on doit constamment entretenir pour conserver les plantes en bon état de végétation.

Enfin, pour compléter ce qui concerne le chauffage des serres, nous ferons remarquer que le tuyau extérieur de fumée doit être un peu élevé pour faciliter le tirage, maintenu par une barre de fer assez solide pour résister aux coups de vents, et garni à sa partie supérieure d'un ventilateur et d'un tuyau mobile formant girouette, pour que l'expulsion de la fumée ne soit pas contrariée par le vent, de quelque part qu'il souffle. Il ne faut pas perdre de vue cette dernière considération ; elle est indispensable pour assurer un tirage régulier et, par suite, le bon fonctionnement des appareils employés, quel que soit leur système.

§ 2. CHAUFFAGE DES ÉTABLISSEMENTS DE BAINS.

I. Etablissements publics.

Le chauffage des établissements de bains peut être obtenu, soit par le chauffage direct des eaux d'alimentation, soit par le système de la circulation d'eau.

L'eau d'alimentation des baignoires ne devant jamais être chauffée à plus de 80°, on peut, dans le premier système, utiliser complètement les produits de la combustion, en augmentant la surface de circulation de ces gaz, sauf à rendre au tirage devenu insuffisant, une énergie assez grande par un petit appareil ventilateur placé dans la cheminée. C'est ce qui a été fait, par exemple, aux bains Vigier sur la Seine, et ce qui sera toujours aisé à faire dans les installations de ce genre, le ventilateur étant facilement mis en mouvement par l'intermédiaire d'une roue que commande le cours de la rivière.

On doit alors disposer le foyer dans le réservoir même et faire circuler les produits de la combustion dans une sorte de chaudière tubulaire. Toutefois, ce système offre quelques inconvénients, surtout lorsque les cabinets de bains sont disposés sur plusieurs étages, parce qu'il faut alors employer des machines accessoires pour élever l'eau à l'étage le plus élevé; soit l'eau froide d'alimentation si la chaudière est à ce niveau, soit l'eau de la chaudière si celle-ci est au niveau inférieur.

Le système de circulation d'eau chaude est plus avantageux, son installation se prête mieux à tous les cas possibles, enfin la conduite de marche du système est beaucoup simplifiée. Le réservoir d'alimentation des chaudières est à l'étage supérieur de l'établissement, et constitue une sorte de vaste poêle à eau, dont les parois sont protégées autant que possible contre la déperdition de la chaleur, par des revêtements en bois, avec interposition de laine, de feutre, ou d'autres matières mauvaises conductrices du calorique. Ce réservoir, dont l'alimentation est automatique au fur et à mesure de la dépense, est traversé par l'appareil de circulation d'un système de chauffage à l'eau chaude, placé dans les caves de l'établissement. Ce système peut, en outre, être employé au chauffage des cabinets de bains.

II. Installations privées.

La construction et l'aménagement des salles de bains dans les maisons particulières présente de plus grandes difficultés et réclame des systèmes plus variés que celle des grands établissements de bains publics, à cause des emplacements souvent insuffisants dont l'architecte dispose, et pour d'autres considérations résultant de l'agglomération des habitants dans un même immeuble et des dispositions administratives qui règlent les obligations du voisinage dans les grandes villes. En outre, on doit se préoccuper de l'arrivée de l'eau d'alimentation et de l'écoulement de celle qui a été utilisée.

Souvent, dans les grandes villes, le réservoir est établi à un niveau supérieur à la construction, de manière que l'eau arrive naturellement jusqu'aux étages les plus élevés; mais le cas inverse existe également, surtout dans les habitations de campagne, et il faut remédier à cet inconvénient, en refoulant l'eau jusqu'au niveau voulu. Le départ et l'écoulement de l'eau des bains doit aussi préoccuper l'architecte, de manière qu'elle ne nuise pas à la solidité et à la salubrité de la construction.

Indépendamment de ces considérations importantes, il existe une question secondaire quant à la construction, qui devient capitale quant à l'usage : l'établissement du chauffe-bain ; c'est de ce petit côté de la construction des bains particuliers que nous avons à nous occuper. Nous allons donc passer succinctement en revue les divers systèmes qui sont employés pour chauffer l'eau aux bains, aussi rapidement et économiquement qu'on peut l'exiger d'appareils généralement faibles et imparfaits, en comparaison de ceux qui sont employés par les grands établissements de bains publics et les hôpitaux.

Nous diviserons en trois sections les divers procédés et appareils de chauffage des bains : 1° le chauffage direct à l'intérieur de la baignoire ; 2° le chauffage par circulation d'eau chaude et froide par appareils tenant à la baignoire ou indépendants de celle-ci ; 3° le chauffage par procédés chimiques et autres.

1° *Appareils à chauffage direct.*

A. *Chauffe-bain mobile ancien.*

Cet appareil, qui était universellement adopté pour le chauffage des bains, il y a encore quarante ans, et qui est presque abandonné aujourd'hui, consiste en une sorte de cylindre en cuivre étamé à l'intérieur ou en tôle galvanisée. Ce cylindre, de 30 à 35 centimètres de diamètre à sa partie la plus large, et de 55 à 60 centimètres de hauteur, a la forme d'un arrosoir de jardinier, sauf qu'à son renflement, il est pourvu de deux tubulures en métal, de 25 millimètres de diamètre, s'élevant au niveau du sommet de l'appareil, auquel elles sont reliées par des poignées métalliques rivées sur le cylindre et sur les tubulures. Ces poignées, qui le consolident, servent en même temps à l'entrer dans la baignoire et à l'en retirer. Les sommets de cylindre et des tubulures sont hermétiquement clos par des couvercles métalliques, garnis de poignées placées sur le dessus.

Un fourneau cylindrique en fonte, terminé par une grille à sa partie inférieure, reçoit les charbons de bois, qu'on allume avant de l'entrer dans l'appareil. En cet état, on le descend dans la baignoire, dont l'eau peut être portée en peu de temps à la température normale des bains (33° à 36°). Lorsque cette température est atteinte, on ferme le cylindre et les tubulures au moyen des couvercles, et le foyer, privé de l'oxygène nécessaire à la combustion, s'éteint rapidement. On peut modérer le feu en fermant l'ouverture du cylindre de l'appareil, et en laissant découvertes les deux tubulures, qui descendent intérieurement jusqu'au niveau de la grille du cylindre en fonte.

Comme on le voit, ce chauffe-bain est excessivement simple; son emploi est facile et la dépense du combustible est insignifiante; mais il a deux défauts qui l'ont fait rejeter.

D'abord, il était assez léger, et il devait l'être, pour qu'on pût facilement l'entrer et le sortir. Mais, tenant peu de place dans la masse d'eau contenue dans la baignoire, il conservait difficilement son équilibre. On a obvié à cet inconvénient en suspendant aux tubulures des poids en plomb, qui lui ont donné l'assiette nécessaire. Mais ces poids en ont rendu la manœuvre difficile et pénible, première cause d'abandon.

Ensuite, défaut capital, le gaz acide carbonique, produit par la combustion des charbons de bois, n'ayant aucune sortie à l'extérieur, se répandait dans la salle de bain, dont la croisée devait rester ouverte jusqu'à ce que le bain fût amené à la température voulue. Ce défaut était extrêmement grave, en ce sens que l'air de la salle de bains était toujours plus ou moins vicié, ce qui pouvait disposer le baigneur à une congestion ; de plus, en hiver, la surface du bain était constamment refroidie par l'air extérieur, ce qui en retardait le chauffage. On a remédié à ce défaut en plaçant un petit tuyau au sommet du cylindre de l'appareil, latéralement, au-dessous du couvercle, et en envoyant ce tuyau dans une cheminée voisine ou disposée dans la pièce même. Cette disposition avait l'inconvénient que lorsqu'on voulait se servir du chauffe-bain ou le retirer de la baignoire, il fallait ajuster ou déboîter les tuyaux de la cheminée, désagrément que ne présentent pas les appareils plus nouveaux.

Aujourd'hui, cet appareil n'existe pour ainsi dire plus, et nous ne le mentionnons ici que pour compléter notre énumération des divers modes de chauffage.

B. *Chauffe-bain mobile, de M.* John B. Webster.

M. John B. Webster a inventé un appareil dont la dispostion se rapproche beaucoup du type que nous venons de décrire ; il n'a aucun des inconvénients que nous venons de signaler, et il peut chauffer rapidement une assez grande quantité d'eau. Nous en donnons la description d'après le " Scientific American ", de New-York.

L'appareil de chauffage en question se compose d'un cône tronqué en tôle étamée portant latéralement une ouverture fermée à joints étanches, par laquelle on allume le combustible qui est le meilleur marché. En Amérique, on se sert d'huiles ou d'essences minérales ; chez nous on pourrait employer l'esprit de bois ou une huile de qualité inférieure. On verse ce liquide inflammable dans un petit cylindre formant réservoir qui communique au foyer par un tube de petit diamètre, qui ne laisse passer à la fois qu'une petite quantité de liquide ; ce réservoir doit être disposé au-dessus du cylindre où a lieu la combustion, et en être complètement séparé. Plusieurs tubes inclinés, placés au-dessus du foyer, conduisent les gaz de la combustion dans un tuyau central qui sert de cheminée ; l'air nécessaire à la combustion arrive dans le foyer par deux tuyaux assez longs pour dépasser le niveau du liquide à chauffer.

Lorsque l'appareil est allumé et prêt à fonctionner, on le plonge dans la baignoire qui est remplie d'eau, en ayant soin de faire passer le tuyau de fumée dans une cheminée voisine, ou encore on le place dans un récipient distinct de la baignoire, en prenant la même précaution. Ce récipient est ordinairement en tôle étamée. Il reçoit l'eau froide à sa partie supérieure au moyen de tuyaux disposés à cet effet, et conduit l'eau chaude dans la baignoire au moyen de tuyaux placés à sa partie inférieure. Il doit donc être installé à un niveau supérieur à la baignoire.

On comprend que l'eau chauffée par le tube central de fumée arrive rapidement à une température très élevée par suite du courant d'air fourni par les deux tuyaux aérifères.

C. *Chauffe-bain fixe ordinaire.*

Ce chauffe-bain, qui est aujourd'hui en usage dans toutes les installations modernes, se compose d'un long cylindre vertical en cuivre ou en tôle galvanisée ; il renferme un foyer en tôle étamé qu'on alimente au moyen du charbon ou du gaz, et qui est entouré de l'eau à chauffer. L'aération du foyer se fait au moyen de trous ménagés dans le socle du cylindre. Au-dessus on dispose un chauffe-linge qui baigne extérieurement dans l'eau chaude.

L'eau à chauffer arrive à la partie supérieure du cylindre par des tuyaux disposés à cet effet, et son niveau s'établit bien au-dessus de la baignoire qui est alimentée par un tuyau placé au-dessus du foyer. Lorsqu'on veut vider l'eau contenue dans le cylindre, on se sert d'un robinet placé au-dessous du foyer.

Le fonctionnement de cet appareil est tellement simple, qu'il est presqu'inutile de le décrire. L'eau arrive froide dans le cylindre, s'y échauffe à une température assez élevée pour qu'on puisse obtenir un bain à la température normale avec une petite quantité de cette eau chaude mélangée à de l'eau froide. Ce système est excessivement commode : il réalise tout ce qu'on peut désirer dans une installation particulière ; mais il a le défaut d'être assez coûteux comme appareil et comme tuyauterie, ce qui en restreint l'emploi.

2° *Appareils à circulation d'eau.*

Ces appareils sont basés sur le fait physique que
l'eau chaude tend à s'élever à la surface du liquide,
tandis que l'eau froide reste à la partie inférieure. Si
l'on suppose une baignoire percée de deux ouvertures
superposées, qui font communiquer l'eau de la baignoire avec celle chauffée par un chauffe-bain quelconque, il s'établira entre les deux récipients un courant qui portera l'eau chaude du chauffe-bain dans la
baignoire par l'ouverture supérieure, tandis que l'eau
froide de la baignoire sera entraînée dans le chauffe-
bain par l'ouverture inférieure. Ces appareils, d'un
usage assez répandu dans les installations particulières, ne permettent pas l'emploi des baignoires de
location.

A. *Appareil ancien.*

L'appareil le plus simple consiste en une espèce de
marmite de Papin, en tôle étamée, qui repose sur un
fourneau.

Cette marmite est traversée en son centre par un
tube en tôle étamée de 7 à 8 centimètres de diamètre,
et dépassant son sommet de 10 à 15 centimètres pour
recevoir la cheminée. La fumée et les gaz brûlés s'é-
chappent donc par ce tube en émettant leur calorique à l'eau contenue dans la marmite, indépendamment de celui qu'elle reçoit directement du foyer.
Cet appareil est placé au pied de la baignoire, et
communique avec elle par deux tubulures correspon-
dantes percées l'une au sommet et l'autre au bas de
la marmite, et s'accordant parfaitement avec celles
pratiquées sur la baignoire.

De cette disposition, il résulte que l'eau contenue dans les deux vases se trouve en communication, que celle contenue dans la baignoire reçoit son calorique par transmission de couches de températures différentes, jusqu'à ce que l'équilibre soit établi.

B. *Appareil Chevallier*.

La disposition de cet appareil le rend préférable au précédent, sur lequel il a le grand avantage de chauffer plus vite une plus grande quantité d'eau, sans nécessiter une plus forte dépense de combustible.

Au pied de la baignoire est placé un cylindre en tôle étamée qui renferme un petit fourneau et son tuyau de fumée, tous deux en tôle étamée ; l'eau y arrive par deux tubulures superposées, communiquant de la baignoire dans le cylindre et réunies par un tube en caoutchouc bien adapté sur les tubulures, ce qui permet de déplacer légèrement le foyer en avant, si l'espace dont on dispose pour la salle de bains est assez restreint. Avant d'allumer le fourneau, qui est chauffé au bois ou au charbon de bois, mais rarement au charbon de terre et au coke, il est nécessaire que la baignoire soit remplie d'eau jusqu'au dessus de la seconde tubulure, pour que le cylindre en tôle étamée ne se dessoude pas. Le fonctionnement de ce chauffe-bain est, du reste, conforme au premier appareil que nous avons décrit.

Le dessus du cylindre est fermé hermétiquement ; il reçoit un seau en zinc qui plonge dans l'eau chaude et qui est retenu dans le cylindre par deux petites pattes qui s'engagent dans le couvercle du cylindre

et qui s'y arrêtent lorsqu'on fait tourner légèrement
le seau. Celui-ci reste vide pendant qu'on chauffe le
bain ; on y dispose les serviettes et la sortie de bain,
et on recouvre le tout du couvercle. De cette manière
l'on a du linge chaud en sortant du bain.

C. *Appareil Allez.*

Ce chauffe-bain se compose d'un véritable poêle, à
la flamme duquel on expose intérieurement un tube
en fonte recourbé de 5 centimètres de diamètre environ ; le tube se prolonge extérieurement du chauffe-
bain jusqu'à la baignoire ; c'est lui qui contient l'eau
du bain qu'on veut chauffer ; il la reçoit froide par le
trou inférieur de la baignoire et la rend chaude par
le trou supérieur.

L'eau s'échauffe, il est vrai, beaucoup plus rapidement que dans l'appareil précédent, mais en bien
plus petite quantité, ce qui compense le premier
avantage.

On peut, à la partie supérieure du poêle, ménager
un chauffoir pour le linge ; mais il est bon de garnir
ce chauffoir d'un double fond, séparé du premier
par du sable, afin que le linge ne soit pas exposé à
brûler.

D. *Appareil au thermo-siphon.*

Cet appareil se compose d'un petit fourneau en tôle
de 5 à 6 millimètres d'épaisseur et de 45 à 50 centimètres de diamètre sur 80 centimètres de hauteur ;
les parois intérieures sont tapissées de terre réfractaire à l'épaisseur de 5 centimètres, de manière à

pouvoir loger un serpentin de 33 cent. de diamètre, dont chaque hélice se développant sur un mètre ou à peu près de longueur, présente à l'action du feu une surface égale à 75 centim., trois ou quatre spires suffisent ; le tube de départ et celui de retour peuvent, jusqu'au plafond, être logés dans une entaille pratiquée dans la muraille. Arrivé au sommet de la pièce, une ouverture sous le plafond correspondant à un point de la baignoire permet à l'hélice de s'y engager en s'élevant extérieurement le long de la partie dorsale, pour plonger ensuite dans le liquide, s'étaler sur le fond sous forme de serpentin plat, et ressortir pour aller gagner l'entaille où se dissimule le tube de départ. Le serpentin est recouvert d'une forte planche en chêne, percée d'un grand nombre de trous qui constitue le nouveau fond de la baignoire. La partie du tube qui plonge dans la baignoire et se continue en serpentin doit être insérée de telle sorte qu'elle ne puisse gêner le baigneur. Du reste, la construction de cet appareil, étant confiée à un ouvrier intelligent, ne laissera rien à désirer sous le rapport de la solidité et d'un parfait fonctionnement, de la commodité surtout, car il permet d'entretenir la température du bain au même degré aussi longtemps qu'on le voudra.

On peut installer le fourneau dans la salle de bain même, dans le vestibule, ou dans un coin perdu de l'appartement ; on peut même le placer dans le soussol ou dans la cave, mais plus on l'éloigne de la baignoire, plus la dépense est élevée. Ce thermo-siphon a l'inconvénient d'être d'une installation dispendieuse et de ne pas pouvoir être employé dans tous les locaux, ce qui en limite l'emploi.

3° *Chauffage par réactions chimiques.*

Chauffage par la chaux vive, par M. BRANDELY.

« Ce mode de chauffage est surtout propre aux salles de bains particulières en ce qu'il ne demande ni feu, ni cheminée, et que, par conséquent, on n'a pas à craindre d'incendie, et qu'on peut l'employer partout. Il nous a été suggéré par diverses expériences de laboratoire, dans lesquelles nous nous proposions de distiller sans feu des substances éminemment volatiles et inflammables ; c'est ainsi que parfois la nécessité ouvre de nouveaux horizons à la science. Nous l'indiquons à nos lecteurs, sans en vouloir réserver le moindre profit pour nous, et nous le leur recommandons comme pouvant convenir au chauffage des bains dans les cas où il est impossible d'établir une installation avec feu comme moyen calorique.

« On sait que la chaux vive (oxyde de calcium) se transforme en hydrate de chaux (CaO, HO) par l'addition d'une quantité d'eau égale au trentième de son poids ; la chaleur développée dans cette transformation est telle qu'elle peut s'élever jusqu'à 280 et 300° dans le vase qui la contient et où s'opère cette transformation.

« Or, si l'on prend un vase en forme de cylindre, de 30 à 33 centimètres de diamètre, de 60 à 70 centimètres de hauteur, se terminant à son sommet par une disposition qui rappelle celle des alambics, et que l'on plonge dans l'eau de la baignoire, et dans le sens de sa longueur, le tube qui vient du cylindre, toute la

Chauffage.   14

vapeur développée par l'action chimique transmettra son calorique au liquide qui l'environnera ; le peu qui n'aura pu être utilisée s'échappera par l'extrémité du tube recourbé à angle droit à quelques décimètres au-dessus du niveau de l'eau. Une ouverture, se fermant avec un bouchon à vis et fermant hermétiquement, sera pratiquée au sommet de l'appareil afin d'y introduire l'oxyde de calcium (chaux vive) et l'eau. 6 à 8 kilogrammes de chaux vive seront plus que suffisants pour porter de 10° à 40° la température de deux hectolitres d'eau. »

On peut rattacher à ce même fait physique, et l'appliquer au chauffage des bains, la propriété que possède l'acétate de soude d'échauffer un liquide en se cristallisant. Nous en parlons plus loin, à propos du chauffage des wagons de chemin de fer, auquel ce procédé a été appliqué à titre d'essai (*voyez* page 264).

§ 3. CHAUFFAGE DES WAGONS DE CHEMINS DE FER.

Le chauffage des voitures dans les chemins de fer a vivement préoccupé le public et les administrations des voies ferrées. En France, la question était restée sans solution, les cahiers des charges des Compagnies ne prescrivant à cet égard aucune obligation. Aussi, pendant longtemps, le chauffage ne fut-il appliqué qu'aux voitures de première classe, puis il s'étendit insensiblement, et enfin aujourd'hui, en vertu de nouvelles conventions avec l'État, les Compagnies sont tenues de chauffer tous leurs wagons, dès que l'une d'elles aura trouvé et pratiqué un procédé de chauffage réellement applicable à tous les compartiments.

La question est ainsi entrée dans une voie nouvelle qui permet d'espérer que la solution ne s'en fera pas longtemps attendre. En tous cas, ces nouvelles obligations ont conduit à une suite considérable de tentatives dont nous croyons intéressant de dire ici quelques mots.

Presque tous les systèmes de chauffage ont été essayés pour les voitures de chemins de fer : chauffage par les poêles, par la vapeur, par la circulation d'eau chaude, et de plus, par d'autres systèmes dont nous n'avons pas eu à parler jusqu'à présent, leur application ne trouvant pas de place dans les édifices privés ou publics. Ce sont des appareils transportables, chargés soit d'eau ou de combustibles agglomérés, et soit enfin de matières donnant lieu à une réaction chimique, qui tous permettent un emmagasinage de chaleur que l'on dépense ensuite pour chauffer la capacité des véhicules.

De tous ces systèmes, celui basé sur l'emploi de l'eau chaude, soit à l'état de circulation, soit emmagasinée dans des bouillottes mobiles, est le seul qui semble à peu près adopté en France. Nous en parlerons donc plus loin avec plus de développements, nous bornant pour les autres à en citer brièvement les mérites ou défauts relatifs, ainsi que les Compagnies étrangères qui les emploient.

1° *Chauffage par les poêles.*

Ce procédé est absolument abandonné en France; les Compagnies allemandes, autrichiennes, russes, norwégiennes en font, au contraire, un grand usage. C'est incontestablement le procédé le plus économique, ainsi que l'a montré M. Regray, dans un remarquable ouvrage qu'il a publié sur cette question, auquel nous aurons souvent recours pour cette petite notice, mais il présente une série d'inconvénients qui l'ont fait justement repousser dans notre pays.

Tout d'abord il n'est, en réalité, applicable que dans des wagons du genre de ceux adoptés en Amérique, à couloir central, ou tout au moins sans cloisons complètes du haut en bas, et encore entraîne-t-il par la présence du poêle, la perte de plusieurs places. De plus, il est bien reconnu que c'est le procédé le plus malsain pour les voyageurs, dont la tête se trouve exposée à une température beaucoup plus élevée que la partie inférieure du corps. Il donne un chauffage très inégal, trop puissant à son voisinage, et insuffisant aux extrémités du wagon. Il oblige à une grande surveillance, et comporte des chances d'incendie qu'il faut éviter à tout prix.

En Allemagne, onze Compagnies sur vingt-et-une, se servent de ce mode de chauffage : sur les onze, deux seulement, l'Est prussien et la Compagnie du grand-duché de Bade l'appliquent aux wagons de toutes classes, les autres à ceux de 3ᵉ et 4ᵉ classe seulement. Les dépenses d'installation de ce système varient elles-mêmes dans des limites assez considérables, de 93 fr. 75 à 337 fr. 50 par voiture. Le chiffre de 250 francs peut être pris comme moyenne, la dépense par heure et par voiture pour une vitesse moyenne de 40 kilomètres à l'heure, varie de 0 fr. 0447 à 0 fr. 184.

Le poêle adopté par le chemin de fer du Hanovre semble être le meilleur type à citer. Ce poêle rectangulaire en fonte, placé au milieu de la voiture, est composé de six plaques boulonnées ensemble. La face antérieure est percée de trois portes pour le chargement, le foyer et le cendrier. La porte du foyer est doublée d'une grille à barreaux inclinés. La porte du foyer et celle du cendrier sont munies d'une soupape de réglage.

Au-dessous de la porte de chargement, le poêle est garni intérieurement de terre réfractaire. La partie supérieure du coffre est divisée en deux compartiments par une cloison réfractaire verticale qui force la fumée à redescendre pour s'échapper à l'extérieur par un tuyau placé au-dessus de la toiture. Le poêle est enveloppé d'un manteau supporté par des équerres à 0^m.50 du plancher. C'est par cet intervalle que s'introduit l'air froid de la voiture qui s'échauffe en montant jusqu'à trois bouches de chaleur placées au haut du manteau sur les faces latérales et antérieures. Une porte est pratiquée dans le manteau, en face des trois portes du poêle pour en faciliter la manœuvre.

Le compartiment où est placé le poêle communique avec la chambre de chaleur par deux tubulures, l'une inférieure, l'autre supérieure pour établir le circuit d'air. Les autres compartiments sont chauffés au moyen d'un circuit d'air passant soit sous la banquette, soit par dessus le dossier des cloisons. Un seul chargement suffit pour chauffer pendant trois ou quatre heures.

En Russie, le système de chauffage par les poêles est employé par presque toutes les Compagnies et appliqué à toutes les classes. Voici au sujet de ce mode de chauffage l'opinion émise par la grande société des chemins de fer russes.

Modicité des dépenses de construction et d'installation, rapidité du chauffage permettant de n'allumer les poêles que une demi-heure avant le départ des trains, faible dépense de bois.

14.

Mais d'un autre côté l'usage de ces appareils présente les inconvénients qui suivent :

Les poêles ne produisent pas de ventilation, l'air que renferme la voiture se vicie et n'est renouvelé que par l'air froid qui pénètre lorsqu'on ouvre les portes.

Des gaz délétères s'échappent du foyer. La chaleur est trop forte à proximité du poêle ; aussi les voyageurs évitent son voisinage. La chaleur ne se répartit pas uniformément dans la voiture, la différence de température entre le compartiment où est placé le poêle et les compartiments extrêmes, s'élevant de 6 à 12°, suivant qu'il n'y a que des demi-cloisons ou des cloisons pleines. Enfin les accidents à redouter, surtout avec des voitures avariées, sont la plus grande objection à opposer à ce système.

2° *Chauffage à l'air chaud.*

Ce système consiste à faire passer de l'air au contact d'un calorifère spécial à chaque véhicule, placé en dehors de la capacité occupée par les voyageurs, et à le répartir ensuite convenablement dans la voiture au moyen de tuyaux et de bouches.

Le chemin du Sud de l'Autriche, le Central suisse et l'Union suisse ont appliqué l'appareil Thamm et Rothmüller, avec quelques modifications, en Suisse. Il consiste en un cylindre horizontal en tôle, placé sous le châssis de la voiture entre les deux essieux. La base extérieure de ce cylindre est fermée par une porte, l'autre base est un fond plein d'où part la cheminée, se repliant sous la voiture et terminé de haut en bas par une mitre formant aspirateur. Le calorifère est ouvert à sa partie inférieure pour recevoir un cendrier, dont les faces verticales sont percées de trous pour l'admission de l'air. Le cylindre en tôle reçoit par sa porte un cylindre intérieur composé de barres de fer avec fonds à jour formant grille. L'une de ces grilles est mobile et reçoit le combustible. Deux écrans concentriques en tôle entourent le cylindre, formant entre eux et le foyer la chambre de circulation de l'air à chauffer. Cet air arrive à la fois de l'extérieur et du dessous des banquettes du milieu de la voiture par des ouvertures pratiquées dans le plancher. Il circule autour de l'appareil, et de là est conduit à des bouches placées sous les banquettes extrêmes.

Les résultats obtenus sont assez convenables. Avec une quantité de 14 kilogrammes de combustible, on peut chauffer huit heures sans nouveau chargement. La différence de température entre la base et le sommet de la voiture n'est guère que de 1°.5, et la température moyenne d'environ 13°.

Le Nord-Est suisse emploie l'appareil Moëy, foyer rectangulaire en fonte, alimenté au coke et muni d'une trémie de chargement. La chambre d'air chaud alimente quatre bouches placées aux extrémités de la caisse.

En France, on a essayé deux systèmes : l'un est dû à MM. Granvallet et Kiénast, l'autre a été inventé par M. Mousseron.

Le premier consiste en une caisse de fonte suspendue au châssis, vers le milieu de la voiture, contenant un serpentin en cuivre rouge, destiné à la circulation de l'air chaud. Un panier plein de combustible, qui ici est formé par des briquettes d'agglomérés, est placé au milieu des spires du serpentin, et la circulation de l'air est déterminée par le mouvement même du train. Ces essais ne furent pas suivis de succès.

L'appareil de M. Mousseron était également fixé vers le milieu de la caisse à l'extérieur. L'air, par l'effet de la marche du train, circulait dans une enveloppe du foyer, pour être ensuite distribué par des bouches de chaleur, la cheminée traversant la caisse contribuait au chauffage. Malgré des tentatives d'améliorations essayées sur la ligne de l'Est, ce système fut abandonné à son tour. Voici les conclusions que cette Compagnie a formulées au sujet de ce mode de chauffage.

L'air chaud se distribue à l'intérieur de la voiture suivant la loi des densités, de manière que les voyageurs ont toujours la tête plus chaude que les pieds ; les essais faits pour corriger ce défaut capital entraînaient dans les dispositions des complications coûteuses *et peu pratiques.*

L'air chaud avait souvent une odeur désagréable, par suite du contact avec des surfaces métalliques *chauffées ou d'un léger tamisage des gaz de la combustion à travers ces surfaces.* D'ailleurs, *l'expérience a montré que les voyageurs se plaignaient de ce mode de chauffage.*

3° *Chauffage par la vapeur.*

Le chauffage par la vapeur peut s'établir soit en prenant la vapeur à la chaudière même de la locomotive, soit en disposant une chaudière spéciale au milieu du train, ou bien encore en combinant les deux systèmes. Le principal reproche qu'on avait adressé à ce procédé, était d'entraîner avec lui une jonction spéciale des voitures, de gêner et souvent d'empêcher l'échange du matériel, de ne pouvoir chauffer suffisamment qu'un nombre restreint de voitures, de donner lieu à des accidents de fuite et d'engorgement des tuyaux, et enfin de diminuer la puissance de traction des locomotives, si on leur emprunte la vapeur du chauffage.

Quant à l'objection relative à la nécessité de l'accouplement des wagons, si elle a paru très importante lors de la conception de ce procédé, il nous semble que la pratique d'un autre perfectionnement considérable dans l'exploitation des chemins de fer, la ferait tomber aujourd'hui. Depuis quelques années, en effet, il s'est produit un travail considérable sur les freins des chemins de fer; en France en particulier, l'adoption des freins Smith ou Westinghouse, semble devenir générale. Or, leur installation entraîne la même nécessité d'accoupler tous les wagons d'un même train, les craintes de fuite dans les tuyaux, ou aux points de raccordements, qui présentaient la *même importance, ont pu être évités grâce aux détails* de construction. Aussi croyons-nous que cette première objection au chauffage par la vapeur pourrait être écartée.

Ce procédé est d'ailleurs assez répandu à l'étranger, en particulier sur les chemins de Bavière et de l'Est prussien. Voici en particulier la disposition due à M. Haag.

La vapeur est fournie, soit par la locomotive, soit par une petite chaudière verticale, placée sur un wagon spécial au milieu du train : cette seconde disposition doit, autant que possible, être préférée.

Les wagons sont reliés entre eux par un système de tuyaux formant un point mobile et flexible, à ro-

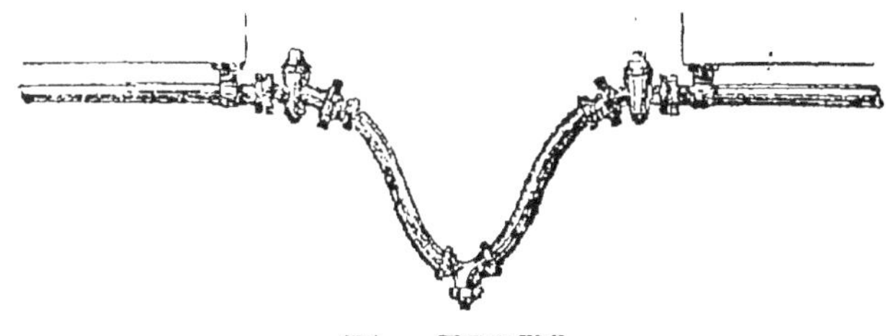

Fig. XXVIII.

binets d'arrêt et de décharge, représentés fig. XXVIII ; ils peuvent se démonter ou s'accoupler suivant les besoins, en même temps que l'on accroche ou sépare

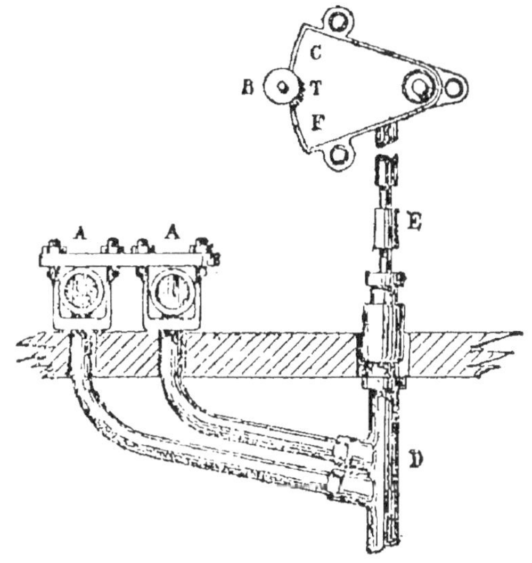

Fig. XXIX.

les wagons : tous les joints sont en métal contre métal.

Les raccords placés entre les voitures se vissent à une soupape automatique qui s'ouvre dès que la pression est au-dessous d'une demi-atmosphère. La con-

duite se termine par un robinet vissé à l'extrémité
du raccord de la dernière voiture. Les tuyaux sont
revêtus d'un mastic mauvais conducteur en ciment,
poil de vache, tourbe, huile, et minium.

La distribution de la vapeur peut se faire de deux
façons différentes.

La figure XXIX montre l'emploi de petits tuyaux,
tels que A, circulant par couples sous les banquettes.

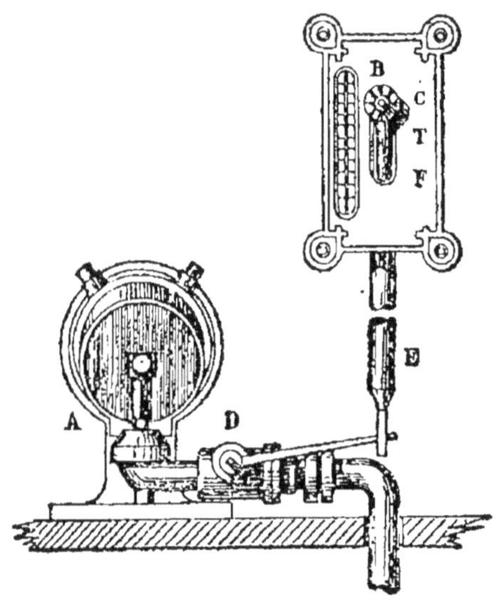

Fig. XXX.

Ils sont alimentés par deux embranchements d'un
même conduit D, qui communique directement avec
la chaudière. Dans ce conduit circule un piston qui,
mû par un bouton B, peut fermer l'un des branchements, ou tous les deux, ou bien les laisser s'alimenter
en plein. L'on obtient ainsi plus ou moins de chaleur : le voyageur lui-même en règle le degré en plaçant le bouton B en regard des lettres C (chaud), T
(tempéré), F (froid).

La figure XXX représente un autre système du
même genre, dans lequel un seul tuyau de grand

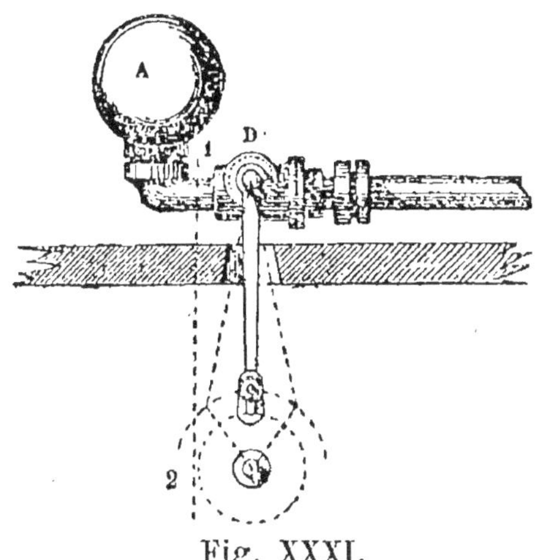

Fig. XXXI.

diamètre A, circule sous la banquette. La vapeur y
arrive par un long tube longitudinal, situé dans son

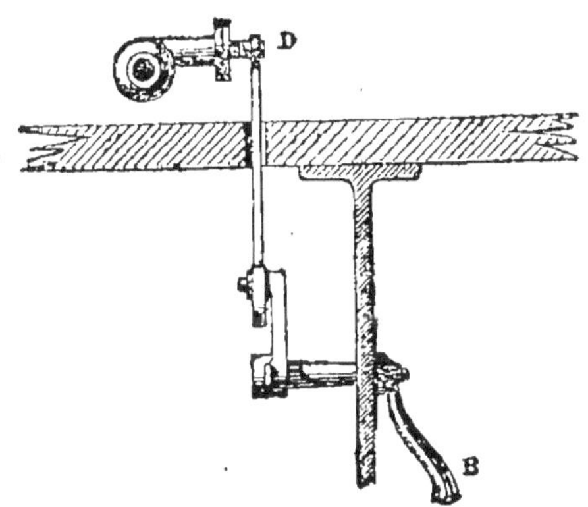

Fig. XXXII.

axe et percé de trous : les eaux de condensation sont
évacuées par un tube plus petit, placé à la partie inférieure.

Une valve D règle l'admission de la vapeur, et la température peut également varier suivant le désir du voyageur, qui n'a qu'à déplacer le bouton B verticalement pour le placer comme tout à l'heure, en regard des lettres indicatrices, C, T, F. La tige E est terminée par une fourchette qui entraîne le levier de la vanne D.

Ce dernier système est celui qu'on emploie le plus généralement au chauffage des wagons de troisième classe. L'appareil régulateur n'est pas, alors, sous la main du public. La valve est maniée du dehors, par les employés du train, au moyen d'un système de leviers commandés par la manette B, placée en dehors du wagon. Cette disposition est représentée par les deux figures XXXI et XXXII, la première en montre la vue de face, et la seconde en est la coupe, suivant la ligne 1, 2 de la figure précédente.

La tension de la vapeur est amenée à trois atmosphères au moyen d'un régulateur intercalé sur la conduite sous la main du mécanicien. Cette tension a été reconnue la plus favorable. Quand ce petit appareil est réglé au moyen d'une vis et d'un volant, un ressort à boudin, agissant sur une membrane en caoutchouc, maintient automatiquement à la pression voulue la tension de la vapeur dans la conduite.

Près du régulateur de pression, une soupape de sûreté est ajoutée à la conduite ; cette soupape s'ouvre sous une pression un peu supérieure à trois atmosphères. On peut chauffer par ce système un train de plus de douze voitures.

La durée des manœuvres diverses, purge, vidange, etc., ainsi que le chauffage d'un train formé sur un quai de gare, demande environ 1 heure.

Chauffage.   15

4° *Chauffage par l'eau chaude.*

Ce système est sans contredit le plus employé, en France notamment, il permet de donner une chaleur douce qui s'élève de quelques degrés au-dessus de la température extérieure, tout en tenant chaudement les pieds des voyageurs, première et indispensable condition d'un bon chauffage dans le cas actuel.

L'application de ce mode de chauffage peut se réaliser par différents procédés : circulation continue sous l'ensemble du train ; appareils fixes propres à un seul wagon ; appareils mobiles ou bouilloires, disposés dans chaque compartiment.

La circulation continue sous l'ensemble du train, entraîne à une liaison solidaire de tous les véhicules, et présente ainsi un inconvénient signalé déjà pour le chauffage par la vapeur. On n'en trouve guère l'application que sur les lignes de l'Amérique.

Appareils fixes.

Le chauffage à appareils fixes, propres à un seul wagon, est l'un de ceux qui sont appliqués en France. Nous le décrirons avec quelques détails.

La Compagnie de l'Est, qui s'en est occupée en premier, fit d'abord l'essai d'un appareil dû à MM. Weibel et Briquet. Il se compose d'une chaudière cylindrique en fonte, montée en dehors et en dessous de la caisse, entourant un espace annulaire plein d'eau : un foyer en fonte s'ouvrant en bas par une grille et en haut par une trémie de chargement et un tuyau de fumée, dont la cheminée s'élève en dehors de la voiture contre la paroi du fond dans une direction oblique, qui la garantit d'un refroidissement trop rapide.

De la partie supérieure part un tuyau en fer qui pénètre dans la voiture, alimente un premier tuyau de chauffe, monte à la toiture qu'il parcourt longitudinalement pour redescendre verticalement par l'intérieur des cloisons séparatives vers d'autres tuyaux de chauffe, et revenir à la partie inférieure de la chaudière. Les tuyaux de chauffe sont couchés sous les banquettes. Un vase d'expansion, muni d'un flotteur et placé sur la toiture, met la canalisation en communication avec l'air extérieur. Un robinet de vidange est placé au bas de la chaudière.

Cet appareil, qui ne coûte pas trop cher d'établissement ni de service, offre quelques inconvénients. Il répartit mal la chaleur, la canalisation intérieure est d'une pose et d'un entretien difficiles, enfin et surtout le voyageur ne peut se chauffer les pieds.

C'est M. Regray qui a supprimé ces inconvénients, en perfectionnant ces appareils à la suite de longues et consciencieuses études.

La circulation de l'eau se fait dans des chaufferettes en fonte, entre les sièges de chaque compartiment, elles sont encastrées dans le plancher et leur surface extérieure est striée, offrant une grande surface de rayonnement ; elles communiquent avec les conduits de circulation, placés sous les châssis à des niveaux différents.

Ces conduites sont en cuivre rouge ou en tôle, enveloppées d'une couche isolante, sauf la dernière partie de la conduite de retour, qui est laissée découverte, afin d'activer la circulation. La conduite d'eau chaude est courbée en S entre les chaufferettes, afin de fléchir ou de se redresser, suivant la dilatation ou la contraction de la conduite.

Le vase d'expansion greffé par une tubulure sur une des conduites, est placé sur le plancher sous une

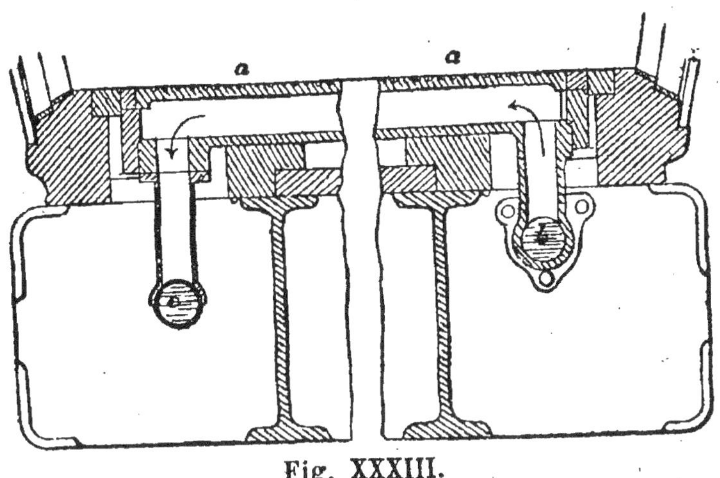

Fig. XXXIII.

banquette, il est muni d'un tuyau de trop plein aboutissant au dehors. Chaque chaufferette est munie d'un purgeur d'air.

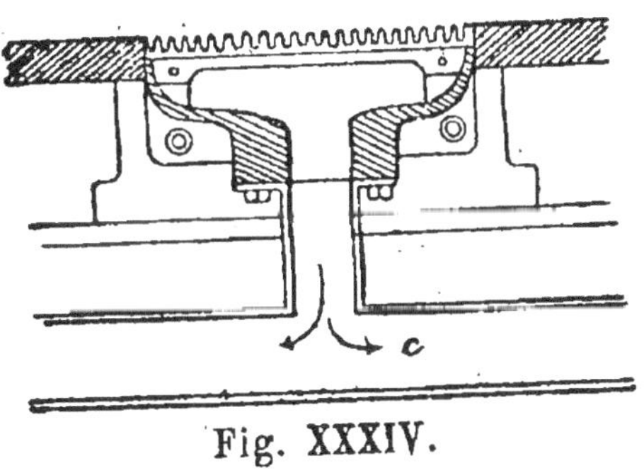

Fig. XXXIV.

La chaudière est formée d'une double enveloppe, l'eau circulant autour d'un foyer, surmonté d'une trémie qui limite la couche en combustion, et permet un chargement de combustible se renouvelant de lui-même pendant un certain temps.

Les figures XXXIV à XXXVII montrent la coupe longitudinale d'un chaufferette avec celle des tuyaux de

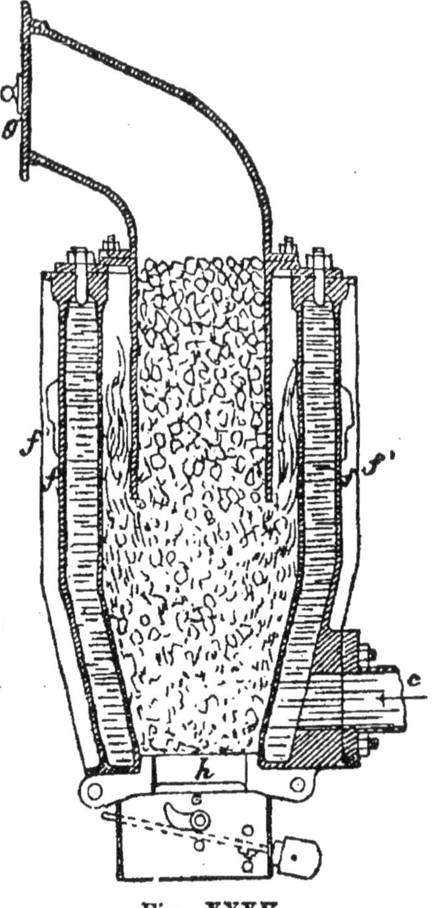

Fig. XXXV.

circulation, ainsi que les coupes horizontales et verticales de la chaudière.

Fig. XXXIV, coupe longitudinale d'un wagon du côté de la chaudière de l'appareil de chauffage.

Fig. XXXV, coupe transversale de la chaufferette du côté du retour d'eau.

Fig. XXXVI, coupe verticale de la chaudière.

Fig. XXXVII, coupe en plan.

a, chaufferette.

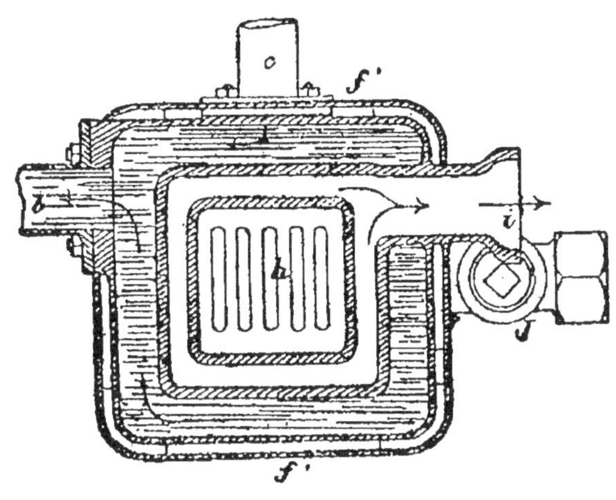

Fig. XXXVI.

b, tuyau de circulation de l'eau venant de la chaudière.

c, tuyau de retour de l'eau refroidie vers la chaudière.

Les flèches indiquent le sens des deux courants d'eau.

g, trémie de chargement.

h, grille et cendrier.

i, tuyau de fumée.

j, robinet pour le remplissage et la vidange de la chaudière.

f, chaudière à foyer intérieur, elle est entourée de feutre *f'* recouvert d'une enveloppe protectrice.

Chacune des chaufferettes présente une surface de rayonnement de $2^m.290 \times 0^m.200$, la conduite de raccordement est placée à $0^m.055$ en contre-bas.

Les parois de la chaudière ont $0^m.005$ d'épaisseur, laissant entre elles un vide de $0^m.030$. La trémie plus étroite que le foyer laisse aux flammes un passage de $0^m.025$ autour d'elle. Le chargement complet du foyer et de la trémie est de $6^k.400$ de coke.

La cheminée part d'une des faces latérales de la chaudière. Elle est munie d'une double enveloppe et d'un regard de nettoyage au bas de sa partie verticale. Dans les voitures de 1re classe elle passe sous la traverse de tête et se relève verticalement à l'extérieur du fond de la voiture à $0^m.70$ de l'angle; son diamètre est de $0^m.080$, sa hauteur au-dessus du pavillon de $0^m.35$. Dans les voitures de 2e et 3e classes, les cheminées montent verticalement le long de la paroi extérieure latérale de la voiture et débordent la corniche de $0^m.130$. Leur section est elliptique de $0^m.092 \times 0^m.050$ pour la 2e classe et $0^m.095 \times 0^m.060$ pour la 3e classe.

La capacité des appareils, variable avec chaque classe de wagons, est de 80 litres pour la 1re, 100 pour la 2e et 115 pour la 3e.

On y brûle du coke de gaz qui semble être le combustible à préférer. La dépense est de $1^k.400$ par heure et voiture en marche, soit 0 fr. 056, et $0^k.800$ en stationnement, soit 0 fr. 032. L'allumage doit se faire deux heures et demie avant le départ du train, on ne charge que toutes les trois heures, en ayant soin de piquer le feu à des intervalles de une heure et demie en marche, et une heure en stationnement.

La dépense d'établissement varie de 650 à 500 fr. par sorte de voiture.

La température moyenne des chaufferettes est de 59° avec des écarts de 4°. Celle du compartiment supérieur environ de 10° à celle du dehors. Le haut des compartiments à 2° environ au-dessous des parties inférieures.

Les seuls reproches à adresser à ce système sont les suivants : lenteur d'allumage, chance de congélation de l'eau dans les conduites, si l'eau se refroidit trop par un trop long intervalle sans mise en feu, difficulté de faire varier le chauffage suivant la température extérieure, le voyageur étant obligé d'avoir les pieds appuyés sur la chaufferette fixe. Enfin, obligation de remiser le wagon par suite d'avaries survenues dans l'appareil chauffeur.

5° *Appareils mobiles, bouillottes.*

Cette système offre cette grande supériorité de n'apporter aucune modification dans la construction du matériel roulant, il présente à peu près les mêmes avantages au point de vue du chauffage que la circulation à eau chaude avec appareils fixes. Car, si pour de longs parcours il oblige au renouvellement des bouillottes, il permet au voyageur, en les déplaçant, de ne pas tenir forcément les pieds dessus. Il supprime absolument toutes les chances d'incendie provenant de la présence de foyers attenants aux véhicules. Enfin, il est le plus économique, comme il résulte de nombreuses études comparatives.

La chaufferette n'a en moyenne que 78° au moment de son introduction dans la voiture; sa température s'abaisse à 33° après trois heures quarante-cinq minutes de voyage. Une heure après la mise des chaufferettes en voiture, les ouvertures restant closes, la température intérieure du wagon s'élève à 7° au-dessus de celle de l'extérieur.

L'emploi de ces appareils en tendant à se généraliser a nécessairement appelé l'attention des ingénieurs sur l'installation d'un système pratique d'emmagasinage de la chaleur, offrant une rapidité suffisante de manœuvre, et le moins de déperdition possible dans l'effet utile.

Cette organisation était indispensable pour pouvoir employer ce mode de chauffage, ainsi qu'on le conçoit facilement si l'on réfléchit aux seules difficultés que présenteraient dans une gare, comme celles de Paris, par exemple, le transport des bouillottes, des wagons à la chaudière, le renouvellement de l'eau ; d'autant plus que le chauffage et l'introduction des bouillottes dans les wagons doivent se suivre sans intervalles pour ne pas perdre la chaleur emmagasinée.

Deux ingénieurs, M. Forquenot, au chemin d'Orléans, et M. Regray, au chemin de l'Est, ont résolu ces difficultés par les procédés suivants.

A la Compagnie d'Orléans, on manœuvre les chaufferettes au moyen d'un charriot tricycle, portant un casier de vingt chaufferettes. Ce casier bascule autour de deux tourillons de manière à placer les chaufferettes horizontalement ou verticalement à volonté. Le tricycle étant chargé, on l'amène redressé dans le local des chaudières, on débouche les bouillottes, et on les place sous un jet de vingt robinets à vapeur que l'on abaisse dans les goulots. Ces vingt robinets

15.

sont établis sur un conduit relié à la chaudière par un robinet unique dont la manœuvre permet à elle seule de donner accès ou d'arrêter la vapeur dans les précédents. Quand la température des chaufferettes est au point voulu, on ferme le robinet d'introduction, on relève les tubes, puis on retire le charriot où les chaufferettes justaposées les unes contre les autres offrent une moindre surface de refroidissement que si elles étaient isolées, et se conservent chaudes pour longtemps. Pour faciliter le jeu des bouchons des chaufferettes, on a remplacé le système à vis par un système à bayonnette.

. Le système de M. Regray, au chemin de l'Est, fournit le réchauffage des bouillottes sans bouchage ni débouchage, par une immersion de cinq minutes dans un bain d'eau chaude. Une sorte de noria, installée dans un puits, est disposée pour recevoir les chaufferettes sur des crochets. Un tambour animé d'un mouvement continu amène successivement les maillons à la hauteur convenable, d'un côté pour le chargement de la bouillotte froide, de l'autre pour l'enlèvement de la bouillotte réchauffée. Des courbes directrices font pivoter les maillons de manière que les manœuvres d'introduction et de sortie de chaque chaufferette s'opèrent en quelque sorte automatiquement.

L'eau du puits est maintenue à une température voisine de 100° par la condensation d'un jet de vapeur venant d'une chaudière spéciale. Le trop plein retourne dans le réservoir d'alimentation de cette chaudière.

L'immersion dure cinq minutes, et l'on immerge vingt-quatre chaufferettes à la fois.

6° *Chauffage à l'aide de chaufferettes chargées de briquettes ou combustibles agglomérés divers.*

Ce système, qui offre de grandes analogies, tout au moins comme installation, avec le précédent, est appliqué par presque toutes les Compagnies allemandes ; il est à peu près abandonné en France, et avec raison, car c'est le plus coûteux des procédés employés, et l'un des moins sains, sans compter les chances défavorables d'incendie qu'il comporte.

Il laisse pénétrer dans les voitures les produits de la combustion qui, par la nature même de cette combustion, sont éminemment malsains.

Sur la ligne de Berlin-Anhalt, un des siéges de chaque compartiment est garni en dessous d'un grillage, à travers lequel pénètre l'air échauffé par sa circulation à travers une enveloppe couchée sur toute la longueur de la caisse, dans laquelle est disposée une caisse en tôle, contenant le combustible, formé de briquettes de charbon de bois pulvérisé et de nitre. L'air nécessaire à la combustion est puisé dans la voiture à l'aide d'un tuyau qui débouche vers le toit, et s'échappe ensuite par la porte d'introduction du combustible. La briquette, pesant 350 à 400 grammes, brûle pendant 4 ou 5 heures.

Dans le chemins de Westphalie, l'air brûlé circule dans un tuyau sous le compartiment et concourt au chauffage.

En France, la Compagnie de l'Est avait essayé les chaufferettes système Grandjean, disposées sous les pieds des voyageurs, chargées avec du charbon de Paris incandescent. De nombreuses raisons déjà énoncées ont fait renoncer absolument à ce procédé en France.

7° *Chauffage par les chaufferettes chargées de matières à réactions chimiques.*

Bien que dans cet ordre d'idée il ait été fait de nombreuses propositions, nous n'en citerons qu'une, parce qu'elle seule a trouvé une certaine place dans la pratique.

Ce système, imaginé par M. Ancelin, et employé par la Compagnie de l'Ouest, est basé sur la propriété qu'offre l'acétate de soude de fondre au-dessus de 59°, et de dégager en se cristallisant au-dessous de cette température sa chaleur latente, de manière à conserver pendant plusieurs heures une température voisine de 50°. Pour se refroidir de 80° à 50°, l'acétate de soude émet environ quatre fois plus de chaleur que l'eau.

Les inconvénients que présente ce système de chauffage sont les suivants. Il faut environ une heure et demie pour porter la température d'une chaufferette à 80°, ce qui peut être une grande source de gêne dans les services. La dilatation qu'éprouve la matière en se refroidissant, occasionne de graves détériorations dans les chaufferettes. Enfin, cette substance présente le phénomène qu'on a appelé surfusion, c'est-à-dire qu'elle a cette propriété de rester liquide au-dessous de son point normal de solidification. Il en résulte alors que; pendant cette période, l'appareil ne remplit nullement le service auquel il est destiné.

En résumé, on voit qu'à l'étranger les systèmes les plus employés sont les poêles et les chaufferettes à briquettes. Les lignes de l'Est bavarois et de l'Est prussien ont adopté le chauffage à la vapeur, uniquement employé en Amérique. En France, au contraire, le chauffage à l'eau chaude, et surtout avec les bouillottes mobiles, semble avoir reçu la préférence. Souhaitons, dans l'intérêt du public, que les expériences soient promptement terminées, et que le chauffage des wagons devienne d'une pratique générale et régulière.

§ 4. DU SÉCHAGE.

L'opération du séchage a pour objet, comme son nom l'indique, de dessécher une substance solide, c'est-à-dire de faire évaporer les dernières portions d'eau qu'elle contient. On en trouve l'application dans une foule d'industries ; sans entrer ici dans des explications détaillées, relatives aux particularités propres à chacune de ces industries, et qui sont amplement traitées dans les Manuels spéciaux qui s'y rapportent, nous croyons utile d'en résumer au moins les principes généraux.

Le séchage peut s'obtenir par une série assez nombreuse de procédés :

Séchage à air libre.

    — par l'air chaud.

    — par rayonnement.

    — par le contact de surfaces métalliques chauffées par la force centrifuge.

    — par de l'air à la température ordinaire, desséché et mis en mouvement par une action quelconque dans le vide.

Le séchage à l'air libre est incontestablement le plus simple de tous ces procédés, seulement il est intimement lié aux divers états de l'atmosphère, à son degré d'humidité, et, dans nos climats en particulier, est trop variable pour pouvoir être utilisé d'une façon générale.

Le séchage à l'air chaud est basé sur la propriété que possède l'air d'absorber, pour arriver au point de saturation, des quantités d'eau de plus en plus grandes à mesure que sa température s'élève.

Ainsi, si on considère un mètre cube d'air à la pression normale de $0^m.76$, voici les poids de vapeur d'eau nécessaires pour le saturer à différentes températures :

$$
\begin{array}{lr}
\text{à} \quad 0^o & 5^{gr}.20 \\
\text{à} \quad 15^o & 12^{gr}.83 \\
\text{à} \quad 40^o & 46^{gr}.40 \\
\text{à} \quad 60^o & 105^{gr}.84 \\
\text{à} \quad 100^o & 295^{gr}.00
\end{array}
$$

Lorsqu'il s'agit de calculer les éléments d'installation d'un séchage à air chaud, il faut chercher à connaître les données suivantes : la quantité d'eau à évaporer par heure, qui dépend de la nature des corps traités et du poids d'eau dont ils sont imprégnés, la température de l'air chaud saturé à sa sortie du séchoir, qui devra être le plus élevée possible, comme il ressort du tableau précédent.

Les dimensions du séchoir devront être telles que l'air ne s'échappe que complètement saturé, et se renouvelle dans toute l'étendue du séchoir.

Enfin, pour que l'effet cherché soit toujours obtenu, on devra se placer dans les conditions les plus défavorables en faisant son calcul, c'est-à-dire supposer l'air extérieur à une température supérieure à celle qui correspond à la moyenne annuelle pour le lieu considéré, et en même temps toujours complétement saturé.

Il est alors facile de calculer le volume d'air chaud nécessaire à introduire, sa température à l'entrée, et la quantité de combustible à dépenser, ce qui permet d'établir les dimensions du calorifère qu'il faut construire.

Voici un exemple de calcul de ce genre, que nous empruntons à M. Péclet.

Supposons qu'il s'agisse d'évaporer 25 kilog. d'eau par heure, la température de sortie de l'air étant de 30°, la température intérieure étant de 150° et l'air saturé.

1 mètre cube d'air sec à 30° peut dissoudre 28 gr. d'eau.

Pour dissoudre 25 kilog. d'eau, il faudra :

$$\frac{25000}{28} = 893^{\text{m.c.}}$$

Mais comme l'air introduit était déjà saturé, et qu'à la température de 150° il contenait 13 gr. par mètre cube, il ne dissoudra donc de nouveau que 15 gr., et pour enlever les 25 kilog., il en faudra non pas 893$^{\text{m.c.}}$, mais :

$$\frac{25000}{15} = 1660^{\text{m.c.}} \text{ environ.}$$

Pour avoir le poids de ce volume d'air, il suffit de chercher ce qu'il devient ramené à 0°, et de multiplier par 1 kil.3.

$$\frac{1660}{1 + 0,00367 \times 30} \times 1,3 = 1950 \text{ kil.}$$

Pour connaître la température à laquelle il faut chauffer l'air pour le faire pénétrer dans le séchoir, et exécuter l'opération proposée, il suffit de chercher la quantité de calories nécessaires pour évaporer 25 kilog. d'eau.

$$25 \times 650 = 16250$$

Le poids de 1950 kilog. sera donc introduit à une température telle qu'en se refroidissant à 30°, il dégage 16250,

$$\frac{16250 \times 4}{1950} = 33°,33$$

La température d'introduction dans le séchoir sera donc :

$$30° \times 33°,33 = 64° \text{ environ.}$$

Et pour échauffer à 64°, 1950 kilog. d'air pris à 15°, on dépensera :

$$\frac{1950 (64 - 15)}{4} = 23887 \text{ calories.}$$

D'où il est facile de déduire la quantité de combustible dépensé par heure.

Il suffit de diviser le nombre approximatif de 24000 par la puissance calorifique du charbon, si l'air employé à la combustion est employé directement au séchage, ou l'augmenter de 1/5 environ, si on emploie un appareil tel qu'un calorifère.

L'air qui sert à alimenter la combustion ne peut, pour ainsi dire, être jamais directement employé au séchage, parce qu'il entraîne toujours un peu de fumée qui nuirait à l'opération, en altérant les substances à sécher. Il faut avoir recours à un appareil de chauffage.

Les séchoirs doivent présenter aussi peu d'ouvertures que possible, et celles-ci doivent pouvoir être fermées hermétiquement ; les parois doivent être mauvaises conductrices de la chaleur.

La disposition des matières dans le séchoir a une grande influence, elles doivent offrir une surface de séchage aussi grande que possible, ne pas apporter de difficulté dans la circulation de l'air qui, s'il ne se répand partout uniformément, n'exécute qu'un travail incomplet.

Ordinairement on fait arriver l'air par le bas du séchoir, et sortir par le haut. Mais cette disposition est vicieuse, parce que les ouvertures étant ainsi disposées dans le sens naturel de marche de l'air, il tend à s'échapper trop vite sans se saturer complètement. Il est préférable de renverser les rôles des orifices, en retirant ceux de sortie placés au niveau du sol, avec une cheminée d'appel.

On peut également disposer l'appareil de chauffage à l'intérieur du séchoir, et agir sur l'air de la capacité qui n'est renouvelé que par intermittence, quand on constate qu'il s'est saturé complètement.

Il est bien reconnu aujourd'hui que, pour opérer le séchage de matières quelconques, il ne suffit pas de chauffer, mais qu'il faut encore ventiler, soit d'une façon continue, soit par périodes intermittentes. Aussi, dans le premier système d'emploi d'air chauffé en dehors du séchoir, faut-il disposer la cheminée d'écoulement de façon à assurer une ventilation ; on peut y arriver facilement en y faisant passer le conduit de fumée du calorifère.

On peut avec avantage, dans beaucoup d'usines, employer pour cet usage la chaleur perdue des chaudières à vapeur.

On peut encore chauffer un séchoir par la vapeur.

Ce moyen diffère du précédent en ce qu'on fait circuler la vapeur d'eau dans des tuyaux en tôle disposés de manière à ce qu'ils aient assez de pente pour ramener l'eau condensée dans la chaudière génératrice. Il est évident que la vapeur d'eau ne tarde pas à chauffer beaucoup les tuyaux, et que l'air qui les entoure, en leur enlevant sans cesse du calorique, s'échauffe, devient plus léger, s'élève et fait place à une nouvelle couche.

La figure 31, pl. I, montre, en coupe verticale, un séchoir à trois étages, qui est chauffé au moyen d'un appareil semblable à celui que nous avons décrit dans le chauffage des serres.

Le séchage par rayonnement qui s'applique aux étoffes, surtout pour des opérations qui doivent être exécutées très promptement, s'obtient en faisant passer les étoffes devant des tuyaux chauffés, ou même plus simplement, en les disposant dans une caisse au-dessus de laquelle circule un brasier.

Le séchage par application contre des surfaces métalliques chauffées s'emploie également beaucoup pour les étoffes. Généralement on se sert de cylindres chauffés intérieurement par de la vapeur d'eau, et sur lesquels on fait circuler les étoffes.

M. Clément a trouvé par expérience que, dans un contact de ce genre avec une plaque métallique chauffée à 100°, la quantité d'eau évaporée par heure et par mètre carré a été de 6^{k}94.

Le séchage par la force centrifuge est une application mécanique, dans lequel les procédés de chauffage n'interviennent pas ; nous n'avons donc qu'à le mentionner.

Le séchage à l'air desséché et mis en mouvement par une force quelconque n'est qu'une modification du premier procédé de séchage à l'air naturel, qui se trouve ainsi soustrait aux variations hygrométriques extérieures. Le séchage peut s'obtenir par un passage de l'air sur des matières avides d'eau, telles que la chaux vive ; le mouvement de l'air peut s'obtenir par un système de ventilation, soit à l'aide de la chaleur, soit à l'aide de machines. Quant au procédé le plus avantageux à employer, c'est une question que nous avons étudiée dans la partie consacrée spécialement à la ventilation.

§ 5.   CHAUFFAGE DES LIQUIDES.

Le chauffage des liquides, qui présente des buts variés, est un des problèmes industriels les plus intéressants des applications de la chaleur, par son importance et la multiplicité de ses procédés. Sans entrer ici dans l'étude complète de chacune des variétés de cette question, qui se trouve d'ailleurs traitée avec tous les dévoppements voulus, dans de nombreux *Manuels*, faisant partie de l'*Encyclopédie-Roret*, traitant de matières spéciales, et dont l'examen complet n'était pas possible avec notre cadre, nous avons cru devoir en résumer ici les principes essentiels, afin de ne laisser inabordé aucun des sujets du problème général du chauffage.

1° *Distillation*.

La distillation a pour but de séparer une substance volatile d'une ou de plusieurs autres fixes ou volatiles, mais à des températures plus élevées.

L'opération de la distillation se divise en réalité en deux parties : 1° soumettre à la chaleur le mélange à distiller pour réduire en vapeur le corps vaporisable; 2° condenser les vapeurs de manière à recueillir le corps qui en résulte.

La nature du vase où s'effectue l'opération dépend de la nature même du liquide qui y est soumis; c'est toujours une sorte de chaudière, où la présence des soupapes de sûreté n'est plus indispensable, parce qu'on donne toujours à la section du tuyau de dégagement un excès de grandeur qui facilite l'opération, et assure le libre dégagement de la vapeur.

Quant aux calculs relatifs à la quantité de chaleur à dépenser, aux grandeurs des surfaces de chauffe, ils s'exécutent d'après les mêmes principes.

Partant des éléments connus relatifs à l'eau, il faut tenir compte de la température à laquelle se produit l'ébullition du liquide, de la quantité de chaleur qu'il absorbe dans son changement d'état, qui est susceptible d'élever à une certaine température un même poids d'eau, et de la chaleur spécifique de la substance. On en déduit la quantité de chaleur qu'absorbera pour se réduire en vapeur 1 kilog. de ce liquide, que l'on compare à celle que nécessite 1 kilog. d'eau, en déduisant le rapport de ces deux quantités.

Ce nombre connu, il est facile de savoir quelle quantité de liquide vaporisera 1 kilog. de houille, sachant qu'il vaporise 6 kilog. d'eau.

De même, admettant que dans une chaudière ordinaire on aurait de 15 à 20 kilog. de vapeur d'eau par mètre carré de surface de chauffe, on aura facilement la nouvelle surface nécessaire pour le liquide considéré.

La quantité de combustible à brûler par heure, la surface de grille, la section de la cheminée, etc., se calculeront de la même façon.

Si le liquide est un mélange, il faut connaître quelle est la proportion du mélange qu'il faut réduire en vapeur pour entraîner complètement la totalité de la substance la plus volatile ; on calculera ensuite la proportion des diverses substances contenues dans cette fraction ; pour savoir ensuite la dépense de combustible dans ce cas, on fera le calcul analogue au précédent pour chacune des opérations dans lesquelles se subdivise tout le travail, transformation en vapeur de deux quantités connues de liquides différents et échauffement au point d'ébullition de la portion non distillée. En réunissant les éléments tirés de chacun de ces calculs, on obtiendra les résultats définitifs relatifs à l'opération.

Citons un exemple, pour montrer combien ces calculs sont simples.

Soit à distiller de l'alcool. Son point d'ébullition est à 78°,41, il absorbe dans son changement d'état une quantité de chaleur capable d'élever le même poids d'eau à 207°, sa chaleur spécifique est 0,622. Il en résulte que, pour transformer en vapeur 1 kilog. d'alcool, il faut dépenser une quantité de chaleur égale à

$$78°,41 \times 0,622 + 207 = 255,$$

soit les 2/5 environ de celle nécessaire pour transformer en vapeur 1 kilog. d'eau.

Un kilogramme de houille pourra réduire en vapeur :

$$\frac{6 \times 5}{2} = 15 \text{ kilog. d'alcool.}$$

Chaque mètre carré de surface de chauffe produira par heure :

$$\frac{15 \times 5}{2} = 37,5 \text{ kilog. de vapeur.}$$

Lorsque les vapeurs sortent de la chaudière, elles doivent arriver dans un espace dont les parois, en absorbant leur chaleur latente, les fasse retourner à l'état liquide. Ce qui est important à connaître, c'est la surface que devra présenter l'appareil de condensation. Cette détermination est facile à faire quand on connaît la nature du fluide qui doit absorber la chaleur, et qui est toujours l'air ou l'eau, la température moyenne de ce fluide, la quantité de vapeur à condenser dans un temps donné, la chaleur qu'émet cette vapeur, et enfin la quantité de chaleur qui passe dans un temps donné à travers les parois de la surface où circule la vapeur.

Ainsi, pour la vapeur d'eau, on sait que le poids condensé par heure et par mètre carré de surface, dans un condensateur en cuivre de 2 à 3 millimètres d'épaisseur est de

1 kil.40, si le condensateur est en contact avec l'air à 15°.

107 kil., si le condensateur est en contact avec de l'eau à 20°.

S'agit-il d'un autre liquide ou d'un mélange, on recherchera d'abord le rapport entre les quantités de chaleur émises par la condensation de 1 kilog. de vapeur de ce liquide et 1 kilog. de vapeur d'eau; on en déduira ensuite avec les résultats précédents, les quantités de vapeur condensées par heure et par mètre carré de surface de l'appareil.

La chaleur considérable qui se dégage dans la condensation peut être en partie utilisée au chauffage même du liquide sur lequel on opère. L'appareil condenseur est dans ce cas double : la première partie est plongée dans le liquide même à distiller qu'on envoie ensuite dans la chaudière, la seconde plonge dans l'eau, et sert à achever complétement la condensation.

Lorsqu'on soumet un mélange à la distillation, le problème définitif à résoudre est quelquefois assez complexe. Ainsi, dans la distillation des vins, on obtient un courant continu de vapeur d'eau et d'alcool, et l'on peut se proposer de séparer en totalité ou en partie l'eau de l'alcool. La réalisation de ces conditions a conduit à une complication dans la construction du condensateur. Aux deux parties dont nous avons parlé, vient s'en ajouter une troisième, destinée à analyser les vapeurs disposées de manière à livrer au dernier serpentin les vapeurs d'alcool suffisamment pures, et à renvoyer à la chaudière les vapeurs aqueuses.

Tous ces appareils reposent sur les principes suivants :

Dans un réfrigérant, les premières vapeurs condensées sont les plus aqueuses, les dernières les plus alcooliques ; si une partie des vapeurs échappent à la condensation, elles seront d'autant plus alcooliques que leur température est moins élevée.

Le mélange des deux liquides bout à une température d'autant plus basse, et les vapeurs sont d'autant plus alcooliques, que la proportion relative d'alcool est plus grande.

Lorsque la vapeur d'eau pure rencontre une liqueur alcoolique, à une plus basse température, la vapeur d'eau se condense en grande partie, et la chaleur résultant de la condensation forme des vapeurs alcooliques.

Nous n'entrerons pas dans la description des appareils combinés sur ces principes, en vue de la rectification de l'alcool, qu'on trouvera entièrement exposés dans le *Manuel de la Distillation des Vins, etc.,* qui fait partie de l'*Encyclopédie-Roret.*

2° *Évaporation des liquides.*

L'évaporation des liquides a pour objet, comme la distillation, de séparer une ou plusieurs substances volatiles mêlées ou combinées les unes avec les autres; mais tandis que dans la distillation, le but principal est de recueillir les substances transformées en vapeur, dans l'évaporation, au contraire, on cherche à recueillir les substances fixes ou les moins volatiles, aussi se fait-elle dans des vases ouverts, et peut-elle s'effectuer à toutes les températures.

L'évaporation de liquides dans des vases ouverts par l'action directe d'un foyer, est une opération qui se retrouve dans une foule d'industries, et où souvent la question d'emploi économique du combustible joue le plus grand rôle.

Lorsqu'un liquide, en contact avec l'air libre, est soumis à la chaleur, l'émission des vapeurs précède toujours le point d'ébullition. Or, cette émission de vapeurs est accompagnée d'une perte de chaleur, et si la surface du liquide exposé à l'air libre est trop grande, il pourra arriver que la perte de chaleur égale la quantité que le liquide reçoit du foyer, la température du liquide ne croîtra plus et l'opération ne se fera qu'aux dépens d'une grande consommation de combustible.

M. Péclet a fait de nombreuses expériences pour établir les diverses données relatives de la question, d'une part pour trouver les quantités de chaleur absorbées pour la vaporisation de 1 kilog. d'eau à diverses températures; de l'autre, les pertes de chaleur, par le rayonnement d'un mètre de surface d'eau soumise aux mêmes températures, d'où il résulte que l'évaporation dans des chaudières ouvertes coûte plus de combustible aux températures inférieures qu'à celle de l'ébullition, et d'autant plus que la température est moins élevée.

Le tableau suivant, dressé par lui, renferme les poids et les volumes d'air à 0°, et sous la pression ordinaire, pour évaporer 1 kilog. d'eau à différentes températures, ainsi que les quantités de chaleur absorbées par cet air

	kil.	m. c.	Calories.
à 20°	73.75	56.73	369
à 30°	40.35	31.04	303
à 40°	22.82	17.55	228
à 50°	15.24	11.72	190
à 60°	8.11	6.24	122
à 70°	5.07	3.90	90
à 80°	2.66	2.04	53
à 90°	1.19	0.91	27

Les appareils se composent ordinairement d'une chaudière plus ou moins longue, avec un foyer placé à une extrémité et une série de carneaux enveloppants où circule l'air brûlé. Lorsque l'on peut opérer à une température assez élevée, il est bon de disposer les chaudières en cascade, où le liquide passe par des températures croissantes.

La masse du liquide n'a d'influence dans aucun cas, et il n'y a jamais d'économie à réaliser en donnant aux chaudières une trop grande profondeur.

Lorsqu'on opère à la température d'ébullition, et que le contact de l'air est nuisible, on peut fermer la chaudière par un couvercle, en y pratiquant une issue suffisante au dégagement de la vapeur ; les pertes par rayonnement ou refroidissement dues aux couvercles sont très grandes, et il faut toujours les recouvrir de matières mauvaises conductrices.

Quant à la surface de chauffe, on admet que dans un appareil bien établi, on compte sur 15 à 20 kilog. de vapeur par mètre carré et par heure, et que l'on obtient 6 kilog. de vapeur par kilogramme de houille. Connaissant la capacité calorifique d'un corps quelconque, la chaleur qu'il absorbe en se volatilisant, la température d'ébullition, on pourra facilement adapter les données précédentes à chaque cas particulier.

Il peut se présenter certaines circonstances où l'économie du combustible ne soit pas le point le plus important à observer, mais bien la rapidité d'exécution de l'opération. C'est ce qui se présente dans la cuisson des sirops de sucre. On a alors recours au chauffage à la vapeur, qui permet d'opérer à de hautes températures, l'effet étant promptement produit, et la cause se supprimant à volonté quand le résultat cherché est obtenu.

Dans les ateliers, où cette opération se fait sur une grande échelle, il faut installer un système de ventilation, pour déterminer l'évacuation des vapeurs qui s'accumulent au-dessus des appareils ; le plus simple et le meilleur consiste à disposer une sorte de cloison au-dessus des chaudières, communiquant par un conduit avec la cheminée d'évacuation des produits de la combustion.

Enfin on peut déterminer l'évaporation dans le vide, ou tout au moins par l'emploi simultané d'une diminution de pression et de la chaleur, en chassant l'air dans un espace clos au-dessus du liquide, le remplaçant par de la vapeur d'eau, que l'on fait condenser à son tour et qui produit une sorte de vide au-dessus du liquide à traiter. Cette méthode est très employée aujourd'hui dans les fabriques de sucre. Nous renvoyons pour l'étude plus approfondie de ces appareils au *Manuel du Fabricant et Raffineur de Sucre*, qui fait partie de l'*Encyclopédie-Roret*.

3° *Chauffage direct des liquides.*

Dans une foule d'opérations industrielles, on doit se servir comme agent de traitement de l'eau chaude, soit pour séparer par dissolution, puis cristallisation, une substance des corps étrangers qu'elle renferme, soit pour les opérations de lessivage, etc.

Les calculs relatifs à cette question, comme dépense en combustible, surface de chauffe, etc., sont identiques à ceux que l'on exécute au sujet de l'évaporation.

C'est surtout dans les opérations du lessivage ou du blanchissage, que l'on s'est préoccupé de construire des appareils ingénieux, où l'on cherche à utiliser le mieux possible la chaleur dépensée, tout en atteignant complètement le but que l'on se propose, en particulier, en faisant circuler la lessive d'une façon continue, à travers la masse de linge à blanchir, par la pression de la vapeur produite, au-dessus du liquide qui s'accumule au fond de l'appareil. On blanchit également à la vapeur en faisant agir sur le linge non plus l'eau chaude directement, mais de la vapeur d'eau qui pénètre la masse, en élève la température et s'écoule condensée avec la lessive que le linge contenait. Ces matières sont traitées en détail dans le *Manuel du Blanchiment et du Blanchissage*, qui fait partie de l'*Encyclopédie-Roret;* nous y renvoyons le lecteur.

DEUXIÈME PARTIE

DE LA VENTILATION

CHAPITRE PREMIER.

Objet de la ventilation.

La ventilation consiste dans le renouvellement de l'air d'un espace clos. On comprend l'importance considérable que prend une telle question lorsqu'il s'agit de locaux d'une grande superficie, habités par des réunions plus ou moins nombreuses d'individus. Aussi, dans le chauffage domestique, confond-on cette opération avec celle du chauffage proprement dit, en cherchant à y pourvoir au mieux par les ventouses et le tirage des cheminées ou des poêles; on comprend sans peine que, pour les édifices publics, les grandes salles de réunion, d'hospices, etc., on ait dû se préoccuper d'une installation spéciale qui, tout en fonctionnant concurremment avec celle du chauffage, n'en est pas moins distincte.

Nous ne nous occuperons ici d'étudier le problème de la ventilation, qu'en le restreignant au cas des édifices et des lieux habités, laissant de côté une autre partie non moins importante, l'aérage des mines, qui se trouve traitée dans le *Manuel de l'Exploitation des Mines*, de l'*Encyclopédie-Roret*.

Lorsqu'il s'agit de renouveler l'air par la ventilation dans un local quelconque, qui ne sert pas à l'habitation, ou à des réunions d'individus, il suffit de faire arriver de l'air pris au dehors, et de rejeter l'air enfermé dans le local en question. Tel est le but que l'on cherche à remplir, lorsqu'il s'agit des caves, des cabinets d'aisance, des magasins de réserve, où les produits renfermés ne réclament pas un chauffage en hiver. Mais pour les lieux habités, il faut de plus satisfaire à de nouvelles conditions. L'air que l'on introduit doit être chaud en hiver, frais en été, et de plus, dans les endroits chauffés, il doit contenir une certaine humidité, afin que l'air chauffé ne soit pas obligé de prendre cette humidité aux dépens des habitants du local.

L'état convenable d'humidité de l'air renfermé dans un local, se mesure à l'aide d'un instrument spécial trouvé par de Saussure et appelé *hygromètre*. Il est basé sur la propriété qu'offre un cheveu, légèrement tendu, de se raccourcir quand il se dessèche, et de s'allonger quand il absorbe l'eau ; et en même temps de reprendre exactement les mêmes longueurs quand on le replace dans des conditions identiques. On comprend aisément que ce cheveu fixé à une de ses extrémités, portant à l'autre un petit poids, et s'enroulant sur un tambour qui porte une aiguille fixée avec son axe, déterminera des déplacements de cette aiguille qui seront toujours les mêmes pour des conditions d'humidité semblables, et qu'il sera facile, par expérience, de déterminer sur un arc placé en regard de l'aiguille, une graduation qui rendra ensuite toutes les observations de la plus grande simplicité.

Les physiciens et les médecins sont d'accord pour admettre, qu'une des conditions convenables, de l'air respiré dans les lieux d'habitations, est que cet air, à la température de 15 à 16°, renferme une quantité de vapeur d'eau correspondant à un poids d'eau de 7 grammes environ par mètre cube d'air. Dans ces conditions, l'hygromètre de Saussure marque environ 75°.

Il est encore utile, lorsqu'on étudie les conditions de ventilation, de pouvoir se rendre compte de la vitesse avec laquelle l'air circule dans la salle, afin de calculer ensuite à l'aide des orifices d'entrée et de sortie les quantités d'air qui sont introduites dans un temps donné. Cette observation se fait à l'aide d'un instrument appelé *anémomètre*. Le plus simple, et qui donne les indications les plus certaines, est dû à M. Combes. Il se compose d'un petit moulinet à quatre ailes de mica, dont l'arbre est en communication avec un appareil enregistreur, permettant d'évaluer le nombre de tours faits dans un espace déterminé de temps.

Pour que les observations, faites avec cet appareil, puissent donner des résultats utiles, on doit opérer avec certaines précautions. L'anémomètre doit être engagé à quelque profondeur dans un canal aboutissant à l'orifice où l'on veut mesurer la vitesse. Ce canal doit être régulier. Une disposition d'embrayage et de débrayage du compteur permet de le mettre en prise, ou de l'arrêter aux moments précis de deux observations faites sur une montre.

Quantités d'air nécessaire à renouveler.

Bien que le problème de la ventilation soit toujours le même, on comprend que, dans son application, il présentera des variétés, selon la nature des genres d'établissements. En cherchant à se rendre compte des causes qui vicient l'air et obligent à ventiler, on reconnaît d'abord que le nombre des individus présents dans un même local est celui qui tient la plus grande place, et que c'est lui qui régit principalement le degré auquel doit être faite la ventilation.

L'homme vicie de plusieurs manières l'air où il vit. D'abord par la respiration qui ne se fait qu'aux dépens de l'oxygène contenu dans cet air, auquel il substitue de l'acide carbonique, et apporte ainsi une modification constante dans l'air ambiant. Ensuite par la transpiration, qui contient des substances très rapidement putréfiables.

Il y a lieu également de tenir compte des effets de combustion, soit de foyers de chaleur, soit de foyers lumineux, des appareils d'éclairage qui ne peuvent fonctionner qu'aux dépens de l'oxygène de l'air ambiant, auquel ils substituent des gaz non respirables, et qui dans certains cas, comme pour les salles de spectacle, par exemple, jouent un rôle considérable.

On sait que l'air est composé d'oxygène et d'azote dans les proportions de 20,8 parties et 79,20, et de plus qu'il contient toujours une certaine quantité d'acide carbonique, environ 0,0004 à 0,0006.

En admettant que l'homme exécute en moyenne 25 inspirations par minute, absorbant dans chacune $0^l.666$ d'air, on voit qu'en 24 heures cela produit un volume de 24 mètres cubes environ. M. Dumas a montré par expérience que l'homme adulte transforme en acide carbonique et en eau, en une heure, la quantité totale d'oxygène contenue dans 90 litres d'air. L'air expiré contient en acide carbonique 0,048.

A cette consommation d'oxygène uniquement due à la respiration, et qui oblige à renouveler l'air ambiant dans les mêmes proportions relatives, il faut encore ajouter les quantités d'air vicié par la transpiration, et qu'il faudra également renouveler. Cette transpiration est incessante et elle trouve son origine dans le fait même de la respiration. La transformation en acide carbonique de l'oxygène que l'homme inspire est une véritable combustion, et l'on peut assimiler chaque individu à une sorte de calorifère consommant environ 10 grammes de carbone par heure, opération qui donne lieu à l'émission de 73 unités de chaleur. De cette chaleur, une partie se disperse dans les corps environnants, une autre est employée à former la vapeur de la transpiration cutanée, emportant avec elle la chaleur qui l'a produite puisqu'elle ne se condense pas. On a reconnu que la quantité de vapeur fournie par la transpiration est en moyenne de 38 grammes, de telle sorte que sur les 73 unités de chaleur, 48 seulement concourent à l'échauffement des corps voisins. La raison dominante qui exige une ventilation correspondante à la vapeur émise dans la transpiration provient de ce fait bien établi, que cette vapeur contient des substances animales encore inconnues, très rapidement putréfiables, surtout à mesure que la température s'élève, et qui, si on n'en débarrassait pas les locaux habités, ne tarderaient pas à en vicier rapidement l'air. Cela est d'autant plus nécessaire qu'une réunion considérable de personnes se trouveront enfermées dans le même endroit, et que la température s'y élèvera, ce qui résultera du seul fait de leur présence, indépendamment du chauffage auxiliaire.

Cet échauffement de l'air ambiant d'une salle, par la seule présence d'êtres animés, est, en effet, beaucoup plus grand qu'on ne se l'imaginerait au premier abord.

Ainsi, si l'on suppose l'air extérieur à 0°, et l'air intérieur chauffé à 20°, qu'on introduisît par heure 6 mètres cubes d'air pris à l'extérieur, la quantité de chaleur consommée par heure serait de

$$\frac{6 \times 1,3 \times 20}{4} = 39$$

En admettant qu'il n'y ait aucun refroidissement par les parois, on voit que cette température de 20° pourra être facilement maintenue par la seule présence de quelques personnes, sans être obligé de recourir à aucun chauffage auxiliaire.

On admet, en général, que dans les lieux habités, il est nécessaire de fournir par heure et par individu, 500 litres d'air pour les besoins de la respiration, et 6 mètres pour emporter les produits de la transpiration. Soit donc entre 6 et 7 mètres cubes d'air par heure, et par tête d'habitant. Au point de vue de la pratique, ce chiffre doit être considéré comme un minimum ; il est généralement dépassé, porté à près de 10 mètres dans les conditions ordinaires, et même au-delà à 30 et 40 quand il s'agit des hôpitaux, où les causes qui vicient l'air sont très nombreuses, et exigent une ventilation d'une intensité spéciale.

Comme nous le disions plus haut, il faut encore tenir compte des autres éléments de consommation de l'oxygène de l'air ambiant, en particulier, les appareils d'éclairage. M. Péclet, qui a soumis ce problème à l'étude expérimentale, a donné le volume d'oxygène absorbé par différentes substances employées à l'éclairage, et en a déduit les volumes d'air qu'il était ainsi nécessaire de renouveler par heure, en admettant que moitié de l'oxygène de cet air fourni soit seulement absorbé.

Nature de l'éclairage.	Quantité de la matière brûlée par heure.	Volume d'air nécessaire.
Chandelle.	11 gr.	$0^m.322$
Bougie.	11 gr.	$0^m.322$
Lampe à huile (gros bec).	42 gr.	$0^m.266$
Bec de gaz.	100 litres.	$25^m.$

Quant aux appareils de chauffage, alimentés par l'air ambiant, il faut distinguer si le volume nécessaire à leur marche est inférieur ou supérieur à celui qué réclame la respiration. Dans le premier cas, il n'y a pas lieu à tenir compte de leur présence, parce que le même air qui a servi à la respiration peut encore alimenter la combustion. *Dans le second, au contraire, on négligera la première cause relativement à celle-ci.*

Enfin, quand les vaisseaux sont très grands, *l'air qui s'y trouve contenu au moment où l'assemblée s'y réunit, peut suffire par lui-même aux besoins divers* pendant un certain temps du moins, et la ventilation ne devient plus nécessaire que si le séjour dépasse une certaine durée, mais il n'y a guère que les églises qui présentent ces conditions particulières.

Nous avons dit, qu'en général, on devrait ventiler avec de l'air frais en été et de l'air chaud en hiver. Mais il y a cependant une autre considération importante dont il faut bien tenir compte, et qui peut modifier les termes de la proposition précédente.

La respiration, comme on sait, est une combustion qui produit un dégagement de chaleur. On calcule que la quantité de charbon dégagé pendant une heure par un individu, en respirant, est de 73 unités, dont il y a lieu de retrancher la portion relative à la formation de la vapeur de la transpiration qui ne se condense pas, et est entraînée par la ventilation, ce qui réduit ce nombre à environ 48 unités.

Imaginez une salle où se réuniront un nombre considérable de personnes, une salle de spectacle, par exemple. Elle doit être chauffée à un degré convenable lors de l'entrée du public; mais l'on voit que peu de temps après, par suite de la respiration des assistants, de la chaleur dégagée par les appareils d'éclairage, non seulement il est inutile de ventiler avec de l'air échauffé, mais, au contraire, il faut ventiler avec de l'air frais, à une température inférieure à celle que présentait la salle au début, si l'on veut rendre agréable au public le séjour de la salle, de manière que les spectateurs puissent y séjourner plusieurs heures consécutives sans être obligés de sortir à l'air froid, pour respirer un peu d'air pur.

On pourrait même affirmer que, dans ce cas, la simple ventilation ordinaire est généralement insuffisante, il faudrait pouvoir mieux renouveler l'air qu'on ne le fait, en introduire des masses plus considérables à un degré de fraîcheur suffisant pour maintenir la température intérieure au même point qu'au début. Ces conditions sont rarement remplies, et c'est ce qui explique comment il fait si chaud dans les salles de théâtre.

CHAPITRE II.

Procédés et appareils de ventilation.

La ventilation peut s'effectuer par trois procédés différents :

Ventilation naturelle.
Ventilation par la chaleur.
Ventilation mécanique.

§ 1.   VENTILATION NATURELLE.

Il est rare, pour ne pas dire qu'il ne se présente jamais, que la température à l'intérieur des habitations et en dehors soit la même. Si l'on considère une pièce quelconque d'une maison pourvue d'une cheminée plus ou moins élevée et dans laquelle l'air extérieur puisse communiquer par les fissures des portes et des fenêtres, on voit que, si la température est plus élevée dans la pièce qu'au dehors, l'air s'écoulera au dehors par la cheminée, et sera remplacé par de l'air extérieur pénétrant par les fissures des portes et fenêtres, et inversement si la relation se présente en sens contraire. Ainsi donc, il y aura tendance à un écoulement continu dans un sens ou dans l'autre. Comme généralement le débouché de la cheminée a lieu au niveau du plancher de la pièce, tandis que les joints des fenêtres, ou même de petites ventouses spéciales se rencontrent vers le plafond, on voit qu'il y aura un renouvellement perpétuel de l'air du local considéré. Mais il est rare que ce mode produise des effets suffisants pour les habitations, son efficacité n'a lieu qu'autant que la cheminée d'appel présente une grande hauteur. Cette condition, qui est naturellement satisfaite dans certaines mines, carrières, tunnels, etc., permet au contraire de se servir très utilement dans ces divers cas de la ventilation naturelle.

Nous croyons toutefois devoir indiquer sommairement ici deux modes très simples d'installation de ventilation naturelle, appropriés aux pièces destinées à l'habitation.

Dans le premier, dû à Mac-Kinnel, on établit deux tuyaux concentriques, sur le plafond de la pièce, s'inclinant à une certaine hauteur, et débouchant au dehors. Le tuyau enveloppant part du plafond même, et est un peu moins haut que le tuyau intérieur; il sert à l'entrée de l'air, le second sert à la sortie, descend un peu en contre-bas du premier et porte à sa base une sorte de plateau annulaire qui empêche l'air venant du dehors de s'y engouffrer directement. On pourrait avec avantage prolonger le conduit d'arrivée ainsi formé pour l'air naturel, de façon à le faire déboucher sur les parois de la pièce et un peu plus bas.

M. Muir emploie une disposition analogue, seulement le tuyau, de forme quadrangulaire, est divisé intérieurement par des cloisons, pour établir les passages correspondants à chaque sorte de courants. De plus, la cheminée extérieure est munie d'un chapeau, et de faces à lames de persienne. Cette disposition, analogue à celle des appareils fumivores, soustrait l'appareil à l'action des vents plongeants, et assure la ventilation malgré les perturbations atmosphériques.

§ 2. VENTILATION PAR LA CHALEUR.

Si, par un moyen quelconque, on échauffe la colonne d'air contenue dans une cheminée, reliant leur espace clos avec l'air extérieur, cette colonne devient moins dense que l'air intérieur, celui-ci tend à pénétrer dans l'espace clos, si on lui a préparé des orifices convenables d'introduction.

On peut produire la ventilation dans ce cas de deux manières : soit en échauffant l'air qui doit sortir, soit en échauffant l'air à son entrée. Ce dernier mode rentre dans les procédés de chauffage avec introduction d'air chaud dans un local, dont l'écoulement a lieu par le haut de la pièce. Nous nous occuperons principalement du premier, qui constitue la ventilation proprement dite.

Ce système d'appel, obtenu en échauffant la colonne d'air dans sa cheminée d'évacuation, est des plus simples et des plus parfaits. Pour fonctionner d'une façon continue, il exige deux conditions : que la colonne d'air soit échauffée de façon à rester toujours à la température à laquelle la communication a été établie, et que l'introduction de l'air dans la pièce égale l'évacuation faite par la cheminée.

Le seul obstacle à la simplicité de ce système, ce sont les grandeurs des sections des orifices d'entrée et de sortie de l'air, pour que la ventilation réponde aux chiffres que nous avons posés précédemment, sans que la vitesse de l'air dépasse les limites, 1^m à $1^m.50$ par seconde, au delà desquelles elle pourrait apporter une gêne, et surtout entraîner à une grande dépense de combustible.

La hauteur de la cheminée d'appel joue un grand rôle dans l'effet produit, car la vitesse d'écoulement est presque proportionnelle à la racine carrée de la hauteur.

En revanche, les accroissements de température de l'air écoulé n'apportent que de faibles accroissements de tirage, de telle sorte que la dépense en combustible croît beaucoup plus rapidement que l'effet utile. Ainsi, M. Péclet a montré que, pour des excès de température variant de 30° à 100°, les quantités d'air froid appelé varient seulement comme 4,93 est à 7,33, c'est-à-dire 1 à 1,5, tandis que la consommation de combustible augmente, elle, dans la proportion de 1 à 5.

Au point de vue économique, qui a une importance de premier ordre, on voit donc qu'il ne faut pas chercher à trop échauffer la colonne d'air dans la cheminée d'appel, mais que l'on devra donner à celle-ci la plus grande hauteur possible, bien qu'on ne puisse guère dépasser 30 mètres lorsqu'il s'agit de les élever au-dessus du niveau du sol.

M. Péclet, dans son *Traité sur la Chaleur*, a étudié ce problème en détail, et a posé un certain nombre de formules qui permettent de calculer tous les éléments d'établissement de ce procédé de ventilation.

Ainsi, en désignant par x le poids total de l'air appelé, par P celui du combustible brûlé, soit de la houille dégageant 7500 calories, et par t la température de l'air dans la cheminée :

$$x = \frac{30000\,P}{t}$$

Comme nous le disions plus haut, les éléments les plus intéressants à déterminer, étant donné que pour économiser le combustible, on ne cherche pas à échauffer l'air dans la cheminée d'appel au delà d'un certain point, sont les dimensions à donner à cette cheminée, pour y faire passer dans un temps donné une certaine quantité d'air.

Or, si l'on appelle :

H, la hauteur de la cheminée.

D, son diamètre, ou son côté.

L, la longueur totale du canal d'écoulement, L étant la longueur d'un canal ramené à la même section que celle de la cheminée, et présentant la même résistance que le circuit réel.

t, la différence de température entre l'air intérieur et extérieur.

a, le coefficient de dilatation des gaz, 0,00367.

La vitesse, v, d'écoulement de l'air dans cette cheminée par seconde sera donnée par la formule :

$$V = 8,85 \sqrt{\frac{H\,a\,t\,D}{L + 4D}}$$

Quant à la quantité de combustible à brûler pour enlever par heure un volume déterminé d'air, il est facile à calculer. En effet, supposons qu'il faille appeler 20,000 mètres cubes d'air par heure dans la cheminée d'appel, et que le foyer étant placé directement dans la cheminée, toute la chaleur dégagée dans la combustion soit utilisée à échauffer l'air ; admettant qu'il y ait 25° de différence dans la température de l'air extérieur et de l'air chauffé dans la cheminée, l'air pesant environ 1^k.3 le kilog., et exigeant 4 fois moins de chaleur que l'eau pour être échauffé de 1° ; admettant encore que la houille dégage 7000 calories par kilogramme consommé, le poids cherché sera égal à :

$$\frac{20000 \times 1,3 \times 25}{4 \times 7000} = 23^{k}.22$$

Le foyer, placé dans la cheminée d'appel, doit toujours être situé de préférence au point le plus bas de cette cheminée ; les résultats obtenus sont beaucoup plus considérables que si on le plaçait au contraire au sommet. Outre l'économie et l'accroissement de l'effet utile, on se met à l'abri des petites variations de conduite du foyer, et des actions atmosphériques extérieures.

L'on devra donc, à moins d'empêchements spéciaux, placer le foyer au bas de la cheminée, y jeter, au moyen de conduits souterrains, tout l'air à emporter, qui débouchera sur ou sous le foyer. Cet air devra déboucher directement sur le foyer, ou mieux encore par dessous, afin de s'échauffer le plus possible ; on évite d'ailleurs ainsi les difficultés de mélange entre l'air chauffé par le foyer et l'air vicié, qui forme un obstacle à la ventilation.

§ 3. VENTILATION PAR LES APPAREILS MÉCANIQUES.

L'effet produit, en chauffant l'air dans la cheminée d'appel, consiste à apporter dans cette colonne une dépression par rapport à la pression de l'air extérieur, à un appel de celui-ci qui tend à se précipiter dans la cheminée en passant à travers le local que l'on veut ventiler. Or, il est bien évident que le même résultat peut être obtenu à l'aide d'un appareil qui aspire l'air dans la cheminée, cet appareil étant mû par une force motrice quelconque.

On peut aussi, en renversant le rôle de ces appareils, s'en servir pour refouler de l'air pris au dehors dans le local à ventiler.

Pour estimer la valeur relative de ces deux systèmes, il faut chercher quel est celui des deux qui donne lieu à la plus petite dépense de combustible. A ce seul point de vue, les appareils mécaniques devront l'emporter, et sans entrer à ce sujet dans des développements très étendus, on conçoit facilement que l'on peut avec eux utiliser à peu près complètement la chaleur dépensée, alors que dans le chauffage simple, dans la colonne d'appel, il s'écoule une grande quantité d'air brûlé, dont la chaleur n'est pas utilisée et forme une perte véritable. Mais cette considération seule ne suffit pas, il faut tenir compte des frais considérables d'installation auxquels conduisaient ces constructions, ainsi qu'à ceux de marche, d'entretien et de réparation. D'autre part, il est des cas où, sous aucun prétexte, la ventilation ne saurait être interrompue, ce qui est difficile à réaliser avec des machines ; il est vrai, par contre, que pour des mines, par exemple, la présence de gaz explosif, comme le grisou, ne permet pas de mettre l'air appelé en présence d'une température même peu élevée.

L'on voit que le problème est beaucoup plus complexe qu'il ne paraît au premier abord. En résumé, on peut dire d'une façon générale que les machines ne peuvent être employées avec avantage, que si les volumes d'air à appeler deviennent considérables, cas auquel il faut dans la ventilation par la chaleur produire une élévation de température qui fait croître démesurément la dépense de combustible ; ou bien encore si par suite de circonstances locales on dispose gratuitement de la force motrice, auquel cas il n'y a pas à hésiter dans le choix ; et enfin, et alors d'une manière exclusive si l'on se trouve en présence d'un mélange explosif à aérer.

La ventilation par les machines ne reçoit guère d'applications que pour l'aérage des mines, il est assez rare de la voir employée pour les édifices publics. Ce n'est guère que dans les cas restreints où la force motrice se trouve gratuitement à la disposition qu'on y a recours. Aussi à cause des exemples très peu nombreux qui se présentent, nous n'entrerons pas dans une étude détaillée de ce système, nous nous bornerons à indiquer parmi les nombreux appareils employés, les quelques modèles qui sont appliqués à la ventilation des habitations.

Ces appareils sont les ventilateurs à force centrifuge. Imaginez un tambour fixe fermé de toute part, dont l'axe soit muni d'ailettes parcourant dans leur mouvement de rotation la capacité du tambour. L'air contenu dans le tambour recevra la vitesse des ailettes, et en vertu de la force centrifuge s'y portera à la circonférence, en même temps qu'une sorte de vide aura lieu près de l'axe. Si maintenant on pratique sur la paroi du tambour une ouverture dirigée suivant la tangente à sa circonférence, et qu'on mette le centre en communication avec l'air extérieur, l'air primitivement contenu dans le tambour sera chassé au dehors et sera remplacé par de l'air pris au dehors par la tubulure centrale. On voit immédiatement comment cet appareil peut servir à la ventilation en aspirant l'air d'un espace clos, où l'air extérieur pourra à son tour pénétrer par un orifice convenablement ménagé. Il se passe ici les mêmes phénomènes que dans les pompes rotatives.

Les ailes du ventilateur peuvent être planes ou courbes, et l'on peut établir une rotation convenable entre les aires de sortie et d'entrée de l'air.

Nous n'entrons pas dans des calculs, d'ailleurs très compliqués, au sujet de l'établissement des ventilateurs, fort peu employés, comme nous l'avons dit, pour les édifices.

On peut renverser le rôle du ventilateur, lui faisant aspirer de l'air pur au dehors, pour le chasser par insufflation dans des conduits et le répandre dans un emplacement qu'il traverse pour retourner au dehors. Cette application ne se rencontre guère que pour remplacer les machines soufflantes dans les appareils métallurgiques.

CHAPITRE III.

Divers exemples d'installations de ventilation.

—

1° *Ventilation des Appartements.*

Il est rare que l'on ait à disposer un système de ventilation particulier pour les pièces ordinaires de nos habitations. Les mesures prises dans l'établissement des appareils ordinaires de chauffage suffisent à ce service, et le réalisent même convenablement quand on a eu la précaution de construire des ventouses avec prise d'air au dehors.

En effet, les tuyaux de cheminée ont ordinairement $0^m.32$ de diamètre, et comme la vitesse de l'air chaud peut s'élever jusqu'à 2 mètres, on débite environ 50 mètres cubes d'air à l'heure, ce qui correspond à la présence de six à huit personnes.

Nous renvoyons d'ailleurs pour l'étude en détail de cette question, au *Manuel du Poêlier-Fumiste,* où elle a été traitée en détail, et nous nous occuperons ici de préférence de la ventilation des grandes capacités.

2° *Ventilation des Hôpitaux.*

Il est assez inutile d'insister beaucoup sur l'importance considérable que prend le problème de la ventilation, quand on s'occupe des hôpitaux où les conditions de salubrité sont indispensables, et où l'on a non seulement à renouveler l'air par suite des conditions ordinaires de la vie, mais encore et surtout par suite des exhalaisons de toute sorte résultant de la nature du personnel séjournant. Aussi, comme nous l'avons déjà dit, on ne se contente plus du chiffre de 7 mètres d'air à l'heure par individu, on l'augmente beaucoup, et le porte environ à 30 et 40 mètres par lit.

Cette question a été traitée par des hommes très distingués, que leur position mettait à même de bien connaître les conditions utiles à satisfaire. Pendant longtemps on avait pensé qu'une ventilation naturelle à l'aide d'orifices disposés sur des parois opposées des salles, celle d'entrée sur le plancher, celle de sortie au sommet, pouvait suffire en donnant des sections convenables à ces orifices. Cela est vrai dans une certaine mesure lorsqu'il s'agit de grandes salles habitées par une réunion nombreuse d'individus dans des conditions normales de santé, comme les salles de casernes. Mais ce système est absolument insuffisant lorsqu'il s'agit de salles d'hôpitaux, où le meilleur moyen de combattre les infections contagieuses, est, ainsi que l'a prouvé l'expérience, d'établir des ventilations très énergiques qu'on ne peut obtenir qu'en les provoquant par une disposition spéciale.

C'est M. Péclet qui a posé les principes de chauffage et de ventilation de ces sortes de bâtiment.

La ventilation doit être continue, le jour et la nuit, dans toutes les saisons. Elle doit être suffisante pour que l'on ne trouve pas de différence, à en juger par l'impression faite sur nos organes, entre l'air extérieur et celui des salles.

La ventilation ne doit pas être moindre de 15 mètres cubes par heure et par lit, mais les appareils doivent être disposés de manière à pouvoir au besoin doubler ce volume.

Le chauffage de l'air ambiant des salles doit avoir lieu par des appareils spéciaux placés au milieu des pièces, et non par l'air de la ventilation qui devrait pénétrer à une température trop élevée.

Les foyers d'appel pour la ventilation doivent être distincts des foyers de chauffage.

Les conduits d'évacuation d'air doivent être pratiqués dans les murs avec des bouches à coulisse, l'une en bas pour l'hiver, l'autre en haut pour l'été, et installée derrière chaque lit.

Une cheminée d'appel partant du sol avec un foyer direct, placé à la partie inférieure près de l'appareil de chauffage, est une des meilleures conditions à adopter.

L'air de la ventilation doit circuler avec une vitesse assez petite pour ne pas gêner les malades, de 1 mètre au maximum par seconde. Les orifices d'entrée et de sortie doivent donc être à grande section.

Il faut, autant que possible, prendre l'air au nord et au point le plus élevé.

On voit, d'après les prescriptions énoncées par M. Péclet, que le meilleur mode de ventilation pour les hôpitaux, est le système de ventilation par la chaleur, avec foyer au bas de la cheminée d'appel.

Nous avons donné sur ce mode d'aérage assez de détails pour n'avoir plus à y revenir.

A propos de la ventilation des hôpitaux, nous citerons un des rares exemples où l'on ait eu recours à des machines pour la ventilation, et cela, comme on le verra, par suite des circonstances particulières où l'on se trouvait placé.

L'hôpital Lariboisière a reçu une installation de chauffage à la vapeur, et l'on a pu trouver dans cette installation une force motrice dans cette vapeur, assez peu coûteuse, pour l'appliquer à la marche de ventilateurs opérant la ventilation par insufflation.

La vapeur, formée sous une pression de 4 à 5 atmosphères, est détendue dans une machine spéciale, de manière à conserver une pression de 1 1/2 atmosphère seulement, et est alors employée au chauffage de l'édifice.

La machine, dans laquelle se produit la détente, fait mouvoir un ventilateur qui aspire de l'air recueilli au sommet du clocher de la chapelle, et le refoule dans des tuyaux en tôle qui le portent à chacun des pavillons et à chacun des chauffoirs. Dans l'épaisseur du mur de tête de chaque pavillon, existe une cheminée qui reçoit l'air insufflé et permet de le distribuer aux divers étages. Sous le plancher de chaque salle, et contre le caniveau qui contient les tuyaux à vapeur et de retour d'eau, se trouve une galerie en maçonnerie partant de la cheminée; l'air forcé circule dans cette galerie, d'où, par un certain nombre d'orifices ménagés à sa paroi, il se répand autour des tuyaux à vapeur et y prend une température de 20 à 30°; alors il entre dans la salle par des ouvertures pratiquées dans la plaque de fonte qui recouvre le caniveau. Les sections de ces ouvertures sont calculées pour que l'air, à sa sortie, ne possède qu'une faible vitesse.

Des cheminées aboutissant au grenier, et creusées dans chaque mur latéral des salles, sont destinées à évacuer l'air vicié, à l'aide de deux orifices munis de portes, placés au niveau du sol, et à $2^m.50$ au-dessus que l'on ouvre l'un ou l'autre suivant la saison.

L'air sort du ventilateur avec un excès de pression de $0^m.04$ d'eau.

3° *Ventilation des Prisons.*

Le problème de la ventilation ne présente peut-être jamais de conditions aussi complexes, que lorsqu'il s'agit des prisons. Cela d'abord par suite des dispositions du local, et de la multiplicité des pièces à ventiler, surtout dans les prisons cellulaires, et ensuite par la nature même des habitants, beaucoup de détenus ayant des habitudes de malpropreté qui exigent pour leur assurer un séjour sain, une ventilation beaucoup plus grande que dans toute autre circonstance.

M. Péclet conseille, pour le régime cellulaire, d'établir le chauffage des cellules par l'air de ventilation, chauffé lui-même dans un canal placé près des cellules et renfermant des tuyaux à eau chaude ou à vapeur; et en même temps par une circulation de l'air des cellules autour d'une portion limitée des tuyaux; l'air doit sortir de chaque cellule en traversant la chaise percée, et se rendre par un tuyau pratiqué dans l'épaisseur des murailles, dans un canal creusé dans le sol et de là dans une cheminée d'appel placée à côté des fourneaux destinés au chauffage. Une température de 15° maintenue pendant 10 heures, et une ventilation de 10 mètres cubes par heure dans le jour et moitié pendant la nuit paraissent convenables.

Nous avons, à propos du chauffage à la vapeur et à l'eau, cité la remarquable installation de la prison de Mazas, établie par M. Grouvelle. La ventilation de cet édifice, organisée en même temps par le même ingénieur, est également un exemple des plus intéressants à citer pour le service des prisons.

Le système employé en principe est le système des foyers d'appel, à feu nu et direct, placé en bas de la cheminée d'appel; mais toute la perfection des résultats obtenus réside dans la judicieuse installation des détails du service que nous allons étudier.

Le système du foyer d'appel offre cette garantie, qu'en disposant la cheminée dans des conditions de grandeur appropriées, il suffit de maintenir le feu en activité et cela avec une seule charge dans le cours de la nuit, pour que la ventilation soit assurée et n'éprouve pas de variations. Ainsi, à Mazas on a constaté que, trois heures après l'extinction du feu, la ventilation n'était réduite que de moitié.

Le poêle d'appel est en fonte, garni intérieurement d'une chemise réfractaire, se chargeant par le haut avec assez de combustible pour fonctionner 6 ou 8 heures. Il est couronné d'un tuyau qui monte dans la cheminée générale et débouche dans le tuyau de fumée de l'appareil chauffeur. En hiver, la ventilation a simplement lieu sous la seule action du tuyau de fumée de l'appareil chauffeur, qui se rend dans la cheminée d'appel à 6 ou 8 mètres de hauteur.

Le système général de distribution de ventilation est organisé pour ramener tout l'air enlevé des diverses parties du bâtiment dans une cheminée unique, placée autant que possible au point central. Il suffit d'un seul ouvrier pour conduire l'opération, qui présente une régularité beaucoup plus grande qu'en distribuant la répartition sur plusieurs débouchés différents.

Le canal général d'arrivée de l'air vicié doit déboucher directement sur le foyer d'appel, et tous les passages d'appel doivent être établis sous terre, sans étranglement ni coude brusque.

Chaque bâtiment a son conduit spécial, muni d'un registre de réglage.

La ventilation des cellules est descendante, le tuyau d'appel doit être de préférence placé dans les murs intérieurs.

Mazas, comme on le sait, présente dans la disposition générale de ses bâtiments une forme étoilée, aboutissant à une rotonde centrale. Chaque corps de bâtiment, établi suivant un des rayons de l'étoile, possède son canal général souterrain, relié à la cheminée d'appel d'une part, et avec chacune des cellules, où la ventilation est indépendante.

Dans chaque cellule est installé un siège d'aisance, avec un tuyau de descente particulier à la cellule et qui débouche dans un grand caveau établi sous le corridor et où sont placés les tonneaux de vidange; c'est par ce tuyau que l'air vicié est appelé en contre-bas.

Ce grand caveau du côté extérieur est fermé par un système de portes hermétiques, permettant de faire le service de changement des tonneaux, sans que la ventilation en subisse la moindre variation; du côté intérieur, il est relié avec un conduit spécial, où ils aboutissent tous, et qui lui, à son tour, conduit l'air vicié sur le foyer d'appel.

Chaque cellule est munie d'un tonneau de vidange. Le tuyau de descente plonge dans ce tonneau. On y ajuste latéralement un petit ajutage en zinc, ouvert à son extrémité, muni là d'une étoile en cuivre, destinée à régler la ventilation. Ce système s'oppose à toute communication de causerie entre deux cellules voisines par les tuyaux de ventilation.

Les prises d'air se font dans les corridors, ce qui permet de donner de l'air frais ou chaud, suivant les saisons.

En employant des bouchons partiellement obturateurs sur les sièges, on peut ouvrir les fenêtres de chaque cellule sans troubler la ventilation, et éviter en été un échauffement trop grand, qui se produirait sans cela et incommoderait les prévenus.

4° *Ventilation des Théâtres.*

La meilleure solution du problème de la ventilation des théâtres a exercé la sagacité de nombreux ingénieurs; les conclusions présentées offrent des oppositions assez grandes, sans que jusqu'ici rien ne semble assigner à aucune d'elles une valeur véritablement supérieure aux autres.

D'Arcet, qui s'est beaucoup occupé de cette question, a admis un système de ventilation ascendant, où il adopte comme foyer d'appel le lustre, instrument puissant d'autant plus intéressant à utiliser qu'il dispense d'en établir un autre.

Il a déterminé ainsi les conditions à remplir :

L'air doit être maintenu dans tout l'édifice à une température moyenne de 16°.

Le renouvellement de l'air dans la salle doit se faire d'une façon continue, sans cependant que la vitesse du courant puisse gêner les spectateurs. Il faut que cet air soit saturé à moitié d'eau.

Pour réaliser ces conditions, le lustre, placé au-dessous d'une cheminée d'appel, aspire directement l'air de la salle. L'air extérieur, préalablement chauffé, est directement versé dans les corridors, d'où il s'écoule ensuite dans la salle, par l'intermédiaire de caniveaux disposés dans des faux planchers sous les loges ou les galeries. Par cette disposition, on n'apporte pas de gêne dans la salle, et l'on peut avoir des conduits d'arrivée à section suffisante.

La ventilation en été devient un peu plus difficile, mais en élevant un peu le lustre et le rapprochant de la cheminée d'appel, on élève sa température et augmente le tirage.

Quelques auteurs, MM. Tripier, Joly, etc., ont proposé une solution inverse, dont l'application semble donner d'excellents résultats, et où la ventilation est descendante.

L'air pur est pris au dehors par une ouverture faite dans le toit et qui débouche dans la salle, le long de la jonction du plafond de la salle et du rideau de la scène. La ventilation est obtenue à l'aide d'une cheminée d'appel avec foyer à sa base, ou mieux par une série de cheminées d'appel, débouchant par des orifices au niveau du plafond de chaque étage de la salle, et venant toutes se réunir dans une grande cheminée où s'exerce l'action du foyer. La ventilation et le chauffage forment dans ce cas deux systèmes absolument distincts.

5° *Ventilation des Ecoles.*

Cette question très intéressante a donné lieu à des travaux nombreux d'auteurs tous compétents. Nous croyons pouvoir les résumer simplement en présentant ici quelques extraits de l'Instruction publiée par une commission spéciale créée dans le département de la Seine pour l'examen de cette question.

La Commission adopte le chauffage à air chaud de préférence à tout autre, du moins pour les écoles communales, chauffage pouvant s'obtenir soit par un calorifère général, soit par autant d'appareils indépendants qu'il y a de salles à chauffer.

Les conditions importantes que ces appareils doivent remplir sont les suivantes : régularité de chauffage, c'est-à-dire uniformité de chauffage des classes habitées pendant toute la durée du jour, régularité de ventilation, c'est-à-dire passage d'air en quantité égale autour de chaque élève.

Pour satisfaire à ces conditions, l'appareil de chauffage ne doit pas avoir un grand pouvoir rayonnant, car les parties qui en sont voisines seraient trop échauffées, et par suite il aura une enveloppe peu conductrice.

Le tuyau de fumée, traversant la salle, doit être abandonné, par suite des inconvénients qu'il présente.

Mais il faut alors pouvoir suppléer à la grande surface de chauffe que l'on perd alors.

L'appareil se composera d'un foyer et d'une surface de chauffe placée au-dessus ou à côté ; le tout enfermé dans une enveloppe peu conductrice, ouverte par le haut pour laisser échapper l'air chaud qu'elle contient. Il sera muni de prises d'air extérieur qui pourront être appliquées directement dans les épaisseurs des planchers, sauf pour les salles du rez-du-chaussée, où il faudra les remonter afin d'éviter les miasmes provenant des ruisseaux.

Pour enlever régulièrement l'air vicié, il faut établir des bouches de départ en aussi grand nombre que possible, avec une canalisation réservée dans les épaisseurs des planchers et reliée à une cheminée d'appel. Il convient qu'il y ait une bouche par groupe de quatre élèves. Leur installation demande un soin spécial, pour qu'elle n'apporte pas d'entraves ou n'ait pas à souffrir elle-même du service de balayage, etc. La solution de ces dernières parties de détail se trouvera dans la nature du matériel employé pour les bancs, tables, etc.

Les divers branchements de canalisation dans le plancher se raccorderont avec les cheminées d'appel par des coudes arrondis. Le moyen le plus simple pour chauffer ces cheminées, c'est d'y faire entrer le tuyau de fumée de chaque appareil, au point le plus bas près du plancher. Toutes ces cheminées d'appel seront ramifiées dans les combles où une cheminée unique, assez élevée et pourvue d'appareils convenables pour la mettre à l'abri de l'action des vents.

Voici les éléments fixés par cette commission pour les valeurs des différentes parties de l'appareil.

	Centim. carrés par élève.
Section libre des prises d'air extérieur.	35 à 45
Section libre du canal vertical d'air chaud, et des bouches d'arrivée au plafond.	35 à 45
Section libre des bouches de départ sous le parquet.	60 à 80
Section de la canalisation dans le plancher.	40 à 60
Section de la cheminée d'appel. . . .	30 à 40
Surface de chauffe, pour classe cubant 4 mètres cubes par élève.	400 à 800

La ventilation d'été peut être facilement obtenue par un petit poêle spécial placé dans la cheminée d'appel.

6° *Ventilation des Lieux d'aisance.*

Bien que l'assainissement des lieux d'aisance soit toujours très important à établir, même dans les maisons particulières, c'est surtout dans les établissements publics qu'il forme une des conditions importantes de la salubrité.

Le meilleur procédé consiste à établir une ventilation dirigée de haut en bas à travers les appareils, au moyen d'une cheminée d'appel, débouchant d'une part au sommet de la fosse, et de l'autre au sommet de l'édifice avec ou un foyer au bas ou une conduite chauffée quelconque provenant du système général du chauffage. Enfin, dans un édifice qui est pourvu d'un système de ventilation, il suffit de faire déboucher le conduit d'appel précédent, dans la cheminée générale à une certaine hauteur.

On rencontre dans beaucoup d'édifices publics des lieux d'aisance, alors qu'il n'y a pas de chauffage ni de ventilation établie. Nous donnerons comme exemple les gares de chemin de fer, par exemple. Un système très simple d'installation de ventilation, et qui donne d'excellents résultats est le suivant : On établit dans les murs un tuyau d'appel, dans lequel débouchent des conduits aboutissant dans la salle au niveau du plafond, au-dessus de chaque siège ou urinoir, par une sorte de petit châssis en tabatière, derrière lequel on fait brûler un petit bec de gaz, qui détermine une ventilation très énergique, et sert à l'éclairage la nuit venue.

Les questions de ventilation se rattachent étroitement aux questions plus générales d'hygiène, dont, avec raison, on se préoccupe tant depuis quelques années.

Les dernières épidémies, si meurtrières, qui ont ravagé nos pays ou les voisins, ont appelé vivement l'attention de tous sur l'étude des conditions salubres de l'existence quotidienne. De nombreux congrès, où les voix les plus autorisées se sont fait entendre, ont grandement servi à la propagation de notions que l'on ne devrait jamais perdre de vue. Et, de ces travaux divers, il est ressorti cette conséquence, facile à prévoir, que la bonne ventilation des lieux habités est une des conditions indispensables pour la sécurité de la santé publique.

Toutes les enquêtes faites sur ces tristes sujets de la contagion ont établi que les foyers pestilentiels coïncident, presque toujours, avec des emplacements mal aérés, où le manque d'air et surtout de renouvellement d'air, ce qui constitue le propre de la ventilation, faisait absolument défaut.

Si certaines exceptions se sont révélées, elles ne contredisent en rien la règle générale, et il est certain que le développement de la contagion, dans des lieux où tout semblait disposé pour s'y opposer, résulte toujours d'incidents particuliers, quelquefois difficiles à découvrir, indépendants alors des précautions humainement possibles à réaliser, et qui, ainsi que nous le disions, ne renversent aucunement les prescriptions générales.

On ne saurait donc trop apporter de soins pour assurer le parfait accomplissement de cet ordre de service.

C'est surtout dans la construction des immeubles destinés aux agglomérations nombreuses que l'on devra y apporter plus d'attention, en tenant bien compte de cet important facteur, que les individus ainsi réunis, manquant souvent des moyens propres à leur assurer le confortable de l'existence, on doit s'attacher à multiplier, dans de semblables locaux, tous les moyens propres à établir une excellente ventilation naturelle, pour parer le plus possible aux situations défavorables par elles-mêmes.

La plupart des municipalités se sont justement préoccupées de ces questions capitales. Les anciens réglements sur les conditions à remplir dans les habitations ont été modifiés. Ainsi, ces courettes exiguës, que l'on rencontre dans les anciennes constructions, ne sont plus tolérées aujourd'hui. Leurs dimensions restreintes, ainsi que leur mode d'établissement, en faisaient en effet des foyers éminemment propres aux développements des principes pestilentiels. Beaucoup d'entre elles constituaient des sortes de puits à section étroite, presque hermétiquement clos, pourvus d'un seul orifice au sommet; les plombs qui y sont disposés pour l'évacuation des eaux ménagères et autres liquides sont déjà des siéges d'émanations dangereuses; ces plombs devraient être proscrits d'une façon absolue, soit dit en passant. Mille autres sources faciles à découvrir tendent à faire de ces courettes des foyers dangereux. Ces agencements doivent être abandonnés sans recours, et il ne suffira pas de leur donner les dimensions plus larges imposées actuellement par les réglements en vigueur, il faudra encore, comme il est prescrit d'ailleurs, soit par des cheminées spéciales plus hautes que l'édifice, soit par des ventouses ménagées à travers les planchers et aboutissant au dehors, assurer un mouvement continu de l'air dans ces conduits pour y empêcher toute stagnation et s'opposer ainsi au développement des germes pestilentiels.

Chaque jour voit naître un progrès nouveau, grâce aux efforts persévérants d'une foule de travailleurs. C'est ainsi que, dans presque toutes les grandes villes, la question des égouts reçoit une solution plus conforme aux principes de la science, et que les conditions de salubrité nécessaires à la vie sont mieux assurées chaque jour. Là encore le problème de la ventilation vient se poser avec des difficultés bien grandes pour éviter les retours au dehors d'émanations de toutes sortes qui se produisent au sein des matières si diverses entraînées dans ces conduits, et dont la nature se prête évidemment à la fermentation. Nous ne saurions entrer ici dans l'étude de ces questions, qui demanderaient à elles seules un volume pour exposer ce qui a été fait et dit.

Nous nous contenterons, pour terminer, d'enregistrer la conclusion généralement adoptée aujourd'hui, et qui résulte des nombreux travaux d'ingénieurs distingués. Un bon régime d'égout, en dehors des conditions propres de construction, exige encore un service d'eaux abondantes, de façon à déterminer un entraînement rapide des matières charriées. On combat ainsi le développement de la fermentation, et l'on s'oppose aux émanations dangereuses sur le parcours du réseau. Enfin, certaines précautions, telles que des siphons toujours remplis d'eau fraîche, siphons interposés entre l'égout et chacun des conduits qui y aboutissent, assurera le fonctionnement de ce système, sans qu'on ait à en supporter aucun inconvénient.

FIN.

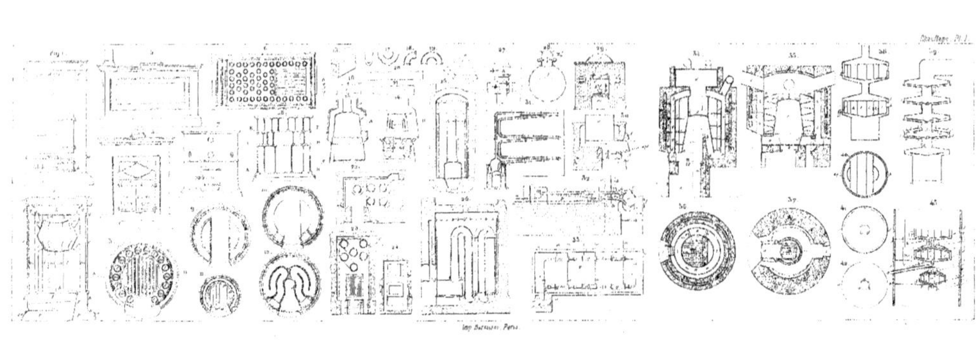

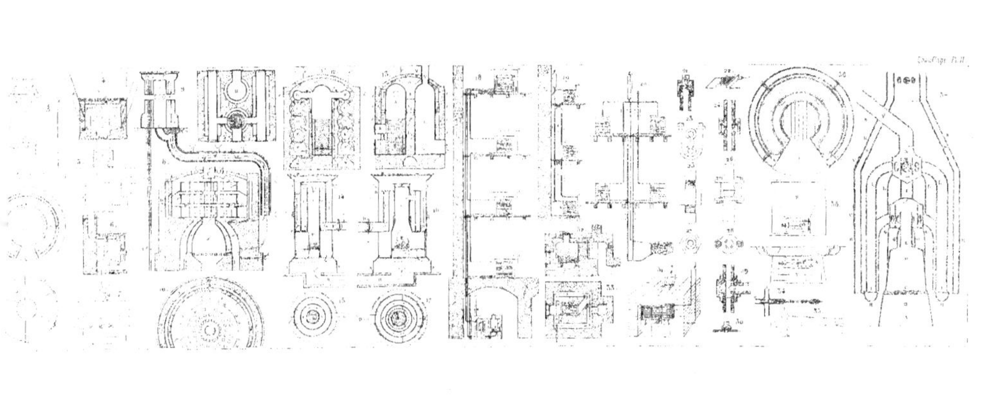

TABLE DES MATIÈRES

Chauffage.   18

DEUXIÈME PARTIE.
De la Ventilation.

BAR-SUR-SEINE. — IMP. SAILLARD.